Mars et Vénus
se rencontrent

Mars et Vénus
sous la couette

John Gray

MARS ET VÉNUS SE RENCONTRENT

Cinq étapes pour trouver l'âme sœur...
et la garder !

Suivi de

MARS ET VÉNUS SOUS LA COUETTE

Pour que la passion résiste au temps

*Traduit de l'anglais (États-Unis)
par Anne Lavédrine*

Version condensée établie par Paul Dewandre,
fondateur des ateliers Mars et Vénus en France

ÉDITIONS FRANCE LOISIRS

Titres originaux : *Mars and Venus on a Date*
Mars and Venus in the bedroom
Publiés par Harper-Collins, New York, NY

© 2004, Éditions Michel Lafon, pour la langue française

© 1997, Mars Productions Inc. pour l'édition américaine de *Mars et Vénus se rencontrent*
© 1995, J.G. Productions, Inc. pour l'édition américaine de *Mars et Vénus sous la couette*

Édition du Club France Loisirs,
avec l'autorisation des Éditions Michel Lafon

Éditions France Loisirs,
123, boulevard de Grenelle, Paris
www.franceloisirs.com

Le code de la propriété intellectuelle n'autorisant, aux termes des paragraphes 2 et 3 de l'article L. 122-5, d'une part, que les « copies ou reproductions strictement réservées à l'usage privé du copiste et non destinées à une utilisation collective » et, d'autre part, sous réserve du nom de l'auteur et de la source, que les « analyses et les courtes citations justifiées par le caractère critique, polémique, pédagogique, scientifique ou d'information », toute représentation ou reproduction intégrale ou partielle, faite sans le consentement de l'auteur ou de ses ayants droit ou ayants cause, est illicite (article L. 122-4). Cette représentation ou reproduction, par quelque procédé que ce soit, constituerait donc une contrefaçon sanctionnée par les articles L. 335-2 et suivants du Code de la propriété intellectuelle.

ISBN : 978-2-298-00044-3

Mars et Vénus
se rencontrent

*À mon épouse, mon âme sœur Bonnie Gray.
Son amour radieux continue de faire jaillir
le meilleur de moi-même.*

Introduction

Pour les générations qui nous ont précédés, le couple et le mariage avaient des visées bien différentes de celles d'aujourd'hui. Les hommes comme les femmes recherchaient un partenaire susceptible de leur apporter la sécurité. Les femmes attendaient d'un homme qu'il se révèle fort et capable de prendre soin d'elles ; les hommes aspiraient à trouver une compagne douce afin de fonder un foyer. Cette dynamique en vigueur depuis des millénaires a soudain changé.

Nous attendons désormais davantage de nos relations de couple. Des millions d'hommes et de femmes sont aujourd'hui en quête d'une âme sœur avec qui partager un amour, une tendresse et un bonheur durables.

Nous ne nous satisfaisons plus de trouver une personne qui acceptera de nous épouser : nous recherchons des partenaires dont l'amour pour nous grandira à mesure qu'ils nous connaîtront mieux. Nous voulons vivre heureux pour toujours, comme dans les contes de fées, rencontrer et reconnaître celui ou celle qui saura combler notre quête d'une grande proximité, d'une bonne communication et d'une vie privée épanouissante. Il nous faut donc revoir notre approche amoureuse.

Car même si la chance vous sourit, si vous ne savez pas mener votre approche amoureuse vous risquez fort de ne pas reconnaître votre future moitié et donc de ne pas vous unir. Voici dix-huit ans, le destin a placé sur mon chemin la femme de ma vie, mais je ne me suis pas montré capable de faire fonctionner notre relation. Bonnie et moi sommes sortis ensemble pendant environ un an et demi, nous avons rompu et nos chemins se sont séparés. Quatre ans plus tard, nous nous sommes retrouvés. Mais, cette fois, comme nous avons procédé différemment lors de notre approche amoureuse, nous avons fini par nous marier et sommes heureux depuis lors. Créer les conditions adéquates pour que l'amour puisse grandir nous a permis d'ouvrir nos cœurs à une véritable « union spirituelle », celle qui « survit en dépit de tout ».

Lors de notre première relation, nous savions sans doute déjà que nous nous aimions, mais pas assez pour lier nos vies. Et comme nous n'avions pas encore compris les subtilités des relations de couple, nous en avons conclu à tort que nous n'étions pas faits l'un pour l'autre.

Nous avons entamé notre deuxième relation forts de connaissances nouvelles sur les différences entre hommes et femmes. À mesure que notre attachement grandissait, nos cœurs s'ouvraient. Alors seulement nous avons pu nous vouer mutuellement un amour inconditionnel. Nous étions deux âmes sœurs. Cette certitude m'a permis de demander sa main à Bonnie et l'a incitée, à son tour, à me l'accorder.

J'ai pu exercer mes compétences de conseiller conjugal dans le cadre d'entretiens privés avec mes clients ou au cours de séminaires. Les progrès de mes « élèves » n'ont pas tardé : à peine commençaient-ils à comprendre que le mode de pensée ou les émotions varient selon qu'on est homme ou femme qu'ils observaient une réelle amélioration dans leur communication et leur relation tout entière. Encouragés par ce nouvel espoir, ils osèrent enfin laisser libre cours à un amour profond, oublier leurs anciennes rancœurs, panser les plaies susceptibles de verrouiller leurs sentiments et ranimer les flammes du romantisme et de la passion.

Les bienfaits que j'ai constatés dans le cadre de ma vie conjugale comme dans celle de mes patients et des participants à mes séminaires m'ont encouragé à écrire Les hommes viennent de Mars, les femmes viennent de Vénus, *ouvrage traduit en quarante langues et qui s'est vendu à plus de dix millions d'exemplaires dans le monde.*

Mon bureau reçoit encore plus de trois cents lettres et appels quotidiens, émanant de personnes dont l'existence a été transformée par ce livre et les ateliers organisés dans son sillage. Mais si le livre et les ateliers ont aidé bien des couples, il manquait un pendant destiné aux célibataires.

Il arrive souvent que des personnes vivant seules ou des jeunes couples soulèvent des questions auxquelles Les hommes viennent de Mars, les femmes viennent de Vénus *ne répond pas directement. C'est en cherchant des réponses pratiques à leurs interrogations que j'ai peu à peu compilé les principes et les conseils que je livre ici. Cet ouvrage s'adresse en premier lieu aux célibataires comme à tous ceux qui entament une histoire et souhaitent vivre un grand amour durable.*

Mars et Vénus se rencontrent *propose en outre des réponses pratiques aux désillusions auxquelles les célibataires et les couples de fraîche date se heurtent le plus fréquemment. Combien de fois nous arrive-t-il, au début d'une relation, de nous méprendre sur la signification des actes de notre partenaire ? Une approche plus juste du clivage masculin-féminin fera des prémices de la conquête une source de joie, de soutien, de plaisir et de plénitude, et non une cause potentielle de frustration, de découragement, de souci et d'embarras.*

Aucun livre au monde ne peut se substituer à vous pour juger de l'opportunité de vos choix amoureux ; il peut en revanche vous inciter à regarder dans la bonne direction et vous aider à mettre en place les conditions pour y voir plus clair. Une fois que vous aurez fait vôtre la philosophie sous-jacente de Mars et Vénus se rencontrent, *vous serez prêt à reconnaître votre âme sœur*. Si vous relevez les défis de chacune des cinq étapes que je définis ici, le grand amour, celui qui dure toute une vie, sera à votre portée.

John GRAY
Mill Valley, Californie.

PREMIÈRE PARTIE

Construire une relation étape par étape

Hommes et femmes s'interrogent

Lors de mes séminaires, il arrive souvent que des femmes célibataires viennent me décrire un début de relation amoureuse qui les avait fait rêver mais avait tourné court : « Je ne comprends pas pourquoi ça n'a pas marché », me disent-elles, dépitées. Pourquoi leur nouvel amoureux a-t-il changé d'avis, alors que la relation paraissait si prometteuse ?

Pour la plupart des femmes, les hommes sont des êtres mystérieux et leurs interrogations les plus courantes révèlent combien elles interprètent mal leur fonctionnement :

- Comment attirer l'homme qui me conviendra ?
- Pourquoi les hommes ne rappellent-ils pas ?
- Pourquoi les hommes hésitent-ils à s'engager ?
- Comment faire pour qu'un homme ouvre son cœur ?
- Pourquoi est-ce à moi de faire tous les efforts nécessaires pour que cette relation perdure ?

Ces interrogations traduisent une préoccupation centrale : fonder une relation durable et pleine d'amour, qui comblera tous leurs besoins.

Même si eux aussi aspirent à réussir leur vie de

couple, les hommes se posent des questions tout autres :

– Comment savoir ce qu'une femme désire ?
– Comment savoir si elle est bien la femme de ma vie ?
– Pourquoi veut-elle toujours discuter de notre relation ?
– Tout va si bien, en ce moment : pourquoi bouleverser cet équilibre en habitant ensemble ou en se mariant ?

Si les questions de chacun des sexes reflètent une conception différente du processus amoureux, elles se rejoignent sur deux points :
- les hommes comme les femmes rêvent de relations de couple emplies d'amour,
- et ils ne se comprennent pas du tout.

Que l'on soit martien ou vénusienne, il nous arrive parfois de nous sentir insatisfaits de notre relation. La situation peut paraître sans espoir, mais il n'en est rien. Dès que les hommes et les femmes réalisent qu'ils abordent la séduction et les rapports de couple de façon radicalement différente, ils disposent des informations nécessaires pour chercher les réponses à leurs questions. En revanche, tant qu'ils n'auront pas décrypté en profondeur leurs différences, ils demeureront incapables de comprendre leurs partenaires et continueront de se créer des problèmes inutiles. Ces différences sont étudiées en profondeur dans *Les hommes viennent de Mars, les femmes viennent de Vénus*.

Dans *Mars et Vénus se rencontrent*, nous allons voir comment passer par les cinq étapes du processus amoureux, ainsi que le rythme différent des hommes et des femmes, pour observer dans la deuxième partie ce qui attire les hommes et ce qui attire les femmes, et enfin chercher dans la troisième partie comment trouver l'âme sœur.

Étape n° 1 : *l'attirance*

Cette première phase débute quand vous êtes séduit(e) par une personne que vous rencontrez. Cette étape vous permet de savoir si vous souhaitez faire plus ample connaissance.

Étape n° 2 : *le questionnement*

Au cours de cette deuxième étape, l'attirance que vous éprouviez laisse place à un sentiment de doute : l'autre vous plaît-il réellement ? Toute la difficulté consiste à admettre le caractère normal de ces interrogations et à ne pas se laisser emporter par elles.

Étape n° 3 : *l'exclusivité*

À ce stade, vous éprouvez l'envie de bâtir une véritable relation à deux. Vous voulez donner et recevoir de l'amour dans un cadre exclusif. Vous souhaitez vous détendre et disposer de plus de temps à partager avec l'autre. Toute l'énergie que vous avez consacrée jusqu'à présent à la recherche de l'âme sœur peut alors être redirigée vers la construction d'une relation d'amour et de romantisme.

Étape n° 4 : *la proximité*

Vous vous sentez suffisamment à l'aise pour baisser votre garde et vous livrer plus que par le passé. Vous connaissez les meilleurs côtés de l'autre ; il vous reste à accepter les aspects moins attrayants que vous allez vous découvrir mutuellement.

Étape n° 5 : l'engagement

Assuré d'avoir trouvé votre âme sœur, vous vous engagez. Il est temps de laisser libre cours à votre amour, de vivre pleinement votre joie et votre bonheur, en paix et dans la tendresse. Beaucoup de couples commettent l'erreur de se précipiter dans une relation sérieuse, ponctuée par un mariage ou une cohabitation, sans comprendre que les étapes précédentes sont vitales pour emmagasiner des expériences positives et résoudre vos inévitables désaccords et déceptions avant d'aborder les défis plus sérieux de l'engagement total, de la cohabitation et de la création d'une famille.

Tout au long de *Mars et Vénus se rencontrent*, nous explorerons en détail les cinq étapes du processus amoureux et les diverses questions qui se posent à chacun de ces stades. Chaque chapitre vous fournira un aperçu fondamental des réactions différentes des hommes et des femmes à l'égard du chemin de la séduction, ce qui vous livrera les clés nécessaires pour déchiffrer les propos de votre partenaire et pour lui répondre ensuite de manière à être compris.

CHAPITRE 1

Première étape : l'attirance

Même si l'attirance que nous ressentons pour un membre du sexe opposé relève d'abord de l'instinct, si nous voulons que celle-ci perdure il nous faut apprendre à nous présenter sous notre jour le plus séduisant mais également laisser apparaître notre capacité à soutenir l'autre. Il ne suffit pas de dire : « Me voilà ; accepte-moi comme je suis. » L'alchimie qui préside à la naissance d'un couple participe d'un équilibre délicat entre des dons mutuels. Le mélange du masculin et du féminin doit s'effectuer de façon graduelle.

Pendant cette première phase du parcours amoureux, on est avant tout motivé par l'espoir de voir ses attentes et ses vœux comblés par une relation à deux. Si nous ne croyons pas que cette relation va satisfaire nos besoins, nous ne tarderons pas à nous en désintéresser. Il est très facile, à ce stade, de mal interpréter les actes et les réactions de son partenaire et de se laisser décourager simplement parce qu'on pense ou qu'on ressent des choses différemment. Le grand défi, au début d'une relation, consiste donc à entretenir votre attirance mutuelle et de lui donner l'occasion de croître tandis que vous apprenez à mieux vous connaître.

EXPRIMER VOTRE MOI LE PLUS POSITIF

Pour préserver l'attirance éprouvée à l'égard de l'autre, nous devons donner le meilleur de nous-même. Un homme qui ignore tout des us et coutumes en vigueur sur Vénus risque, en dépit de tous ses efforts, de geler involontairement le rapport de séduction. Il faut admettre que rares sont ceux qui comprennent ce qu'une femme ressent ou ce qu'elle attend de la vie. Quand un Martien s'intéresse à une femme, il tend tout naturellement à la traiter comme il aimerait qu'on le traite. Or, en voulant l'impressionner, il ne réussit qu'à la décevoir.

Un homme qui ignore tout des us et coutumes en vigueur sur Vénus risque, en dépit de tous ses efforts, de geler involontairement le rapport de séduction.

Par exemple, au lieu de prendre le temps d'écouter sa partenaire et de faire plus ample connaissance avec elle, il parlera de lui ou de ses théories sur l'existence. Il se fait fort de l'impressionner ainsi et, comme elle pose des questions, il pense avoir atteint son but. Quand il laisse enfin à sa compagne l'occasion de parler, il croit à tort qu'elle sollicite son avis et se met en devoir de proposer des solutions à ses problèmes ou des réponses à ses interrogations. Voilà comment, sans même deviner pourquoi ni comment, il refroidit l'intérêt qu'elle lui porte.

Lors de leur premier rendez-vous, Larry a invité Phoebe au restaurant. J'occupais par hasard la table voisine de la leur et j'ai pu constater que, pendant tout le dîner, il a tenu les rênes de la conversation. Il s'exprimait tout à fait comme un professeur face à une élève et Phoebe le regardait dans les yeux et l'écoutait attentivement, hochant la tête de temps à autre avec un petit sourire. Un spectacle consternant.

Il était flagrant que Larry avait l'impression de faire du mieux qu'il pouvait pour lui montrer l'attirance qu'il avait pour elle. Or il était tout aussi clair que Phoebe, loin d'être conquise, s'ennuyait ferme et se sentait négligée, ne répondant que par politesse, sans aucun plaisir.

Ils auraient pu passer une excellente soirée, mais chacun est rentré chez lui déçu. Aucune communication n'avait pu s'établir entre eux puisque Larry avait monopolisé la conversation.

Si Larry avait compris le mode de pensée des Vénusiennes, il aurait posé plus de questions à sa compagne, afin de l'inciter à se dévoiler. Et si Phoebe avait mieux compris les Martiens, elle n'aurait pas hésité à participer plus activement à la conversation, au lieu de se contenter d'écouter poliment.

Comme nul homme ne comprend d'instinct les usages en vigueur sur Vénus, le Martien tend à se comporter avec les femmes comme un éléphant dans un magasin de porcelaine : sans même avoir conscience de l'effet désastreux qu'il produit. Il ignore qu'une femme se sentira plus soutenue et impressionnée s'il l'écoute avec intérêt au lieu de disserter et de lui prodiguer des conseils. Savoir cela peut tout changer.

LUI DEMANDER
SON NUMÉRO DE TÉLÉPHONE

Toute la complexité du parcours amoureux réside dans le fait que le sexe opposé représente un mystère. Ainsi, un homme s'interrogera sur l'opportunité de demander son numéro de téléphone à une femme qui l'intéresse. Il hésitera quant à la marche à suivre car il doute encore de lui plaire vraiment. Et cela parce qu'il ne devine pas l'étendue de son pouvoir de séduction. Il ignore par exemple qu'elle remarque un homme lorsqu'il :

- prend l'initiative de croiser son regard ;
- la remarque, tout simplement ;
- se montre impatient de mieux la connaître ;
- lui pose des questions sur un ton amical ;
- la regarde tandis qu'elle lui parle ;
- lui consacre toute son attention.

Dès qu'un homme montre à une femme qu'il la place au-dessus des autres, il gagne en attrait à ses yeux. Au cours de mes séminaires, j'ai souvent entendu des participantes expliquer que, même quand un homme ne les attirait pas au premier abord, le fait qu'il s'intéresse à elles le rendait plus séduisant. Si vous osez lui demander son numéro de téléphone ou l'inviter à sortir, elle sera tentée de répondre par l'affirmative uniquement pour vous récompenser d'avoir pris ce risque.

Un homme capable de faire le premier pas sans nécessairement attendre en retour plus que le simple plaisir de faire connaissance avec sa partenaire n'en devient que plus attachant. Une femme devine très bien si l'assurance d'un homme dépend de la façon dont elle répondra à ses avances. Si à tout moment elle doit veiller à éviter de le blesser, cela le rendra moins attirant. Lorsqu'elle peut simplement jouir de l'intérêt qu'elle lui inspire, il lui plaira nettement plus. La plupart des hommes ignorent toutefois qu'ils possèdent ce pouvoir unique de faire battre le cœur des Vénusiennes de manière si simple.

POURQUOI LES FEMMES NE COMPRENNENT PAS LES HOMMES

La femme non plus ne comprend pas toujours comment fonctionne un Martien. Ainsi, il lui arrive de croire à tort qu'un homme, surtout si elle souhaite passer sa vie avec lui, devrait deviner d'instinct ses besoins et qu'il prendra automatiquement ceux-ci en considération et lui prodiguera les petites attentions qu'elle-même prodiguerait à l'autre pour lui témoigner son intérêt. Et quand il ne comble pas ces attentes irréalistes, elle en conçoit frustration et découragement.

Elle commet aussi souvent l'erreur d'exprimer son attirance pour son partenaire en lui posant des questions pour le faire parler. Elle l'écoute patiemment car, dans son esprit, plus elle l'écoutera attentivement, plus l'intérêt qu'il lui porte s'accroîtra. Cette règle se vérifie sur Vénus, mais pas sur Mars. Un homme qui pérore se focalise de plus en plus sur ce qu'il raconte, et non pas sur son interlocutrice. Pour retenir son intérêt, elle doit participer de façon plus active à la conversation et y mettre plus d'elle-même.

La manière dont une femme s'exprime fait une différence énorme. Sur Vénus, quand deux amies se retrouvent, elles profitent de l'occasion pour partager en toute liberté les petits problèmes, les frustrations, les déceptions et les sujets de récrimination de la semaine. La volonté exprimée par l'une de « tout partager » de ses soucis s'inscrit comme un compliment envers l'autre, un gage de confiance et d'amitié.

Sur Vénus, quand deux amies se retrouvent, elles profitent de l'occasion pour partager en toute liberté les petits problèmes, les frustrations et les déceptions de la semaine.

Une telle attitude avance votre cause sur Vénus, mais pas sur Mars. Un homme risque d'en tirer des conclusions erronées. Lorsqu'une femme s'étend sur ses sentiments négatifs et sur ses problèmes quotidiens, au lieu d'apprécier le fait qu'elle partage ses soucis avec lui, il en déduit à tort qu'elle est difficile à contenter. Or, si les femmes sont attirées par les hommes qui leur témoignent de l'intérêt, ces derniers recherchent plutôt des partenaires dont ils ont l'assurance qu'ils seront capables de les combler. S'ils ont l'impression que cette tâche est trop difficile, ils tendent à se décourager.

Les hommes sont attirés par les femmes dont ils ont l'assurance qu'ils seront capables de les combler.

En somme, pour qu'un homme et une femme puissent tous deux donner le meilleur d'eux-mêmes dans le cadre des premières rencontres, la Vénusienne devra veiller à partager les aspects positifs de son existence, tout en évitant de s'appesantir sur ses expériences plus décevantes. La conversation doit demeurer légère, centrée sur l'actualité et sur le quotidien de chacun (considéré sous un angle positif).

Il n'est pas question pour autant de camper un rôle, car l'authenticité se classe au premier rang des qualités humaines, indépendamment du sexe. Tout le monde possède des côtés plus positifs que d'autres, tout le monde a des hauts et des bas, et tout le monde cumule une part d'autonomie et une part de dépendance. Pour séduire un homme, la femme devra mettre en valeur son moi positif et optimiste, ainsi que son autonomie. Plus tard, elle pourra lui révéler les autres aspects de sa personnalité. Chaque chose en son temps.

Dans l'optique de faire bonne impression et d'apprendre à connaître autrui, il est primordial de dévoiler d'abord sa facette positive, et ce au cours des trois premières étapes du processus amoureux – l'attirance, le questionnement et l'exclusivité. Ensuite, lors de la quatrième étape, celle de la proximité, nous pourrons nous préoccuper de nos caractéristiques moins plaisantes.

Une fois que nous connaissons les meilleurs aspects de la personnalité de l'autre, nous sommes à même d'accepter ses défauts.

De ce fait, lorsque surviennent les défis propres à toute relation de couple, nous serons mieux à même de nous montrer conciliants. Une proximité trop rapide peut fragiliser une femme et pousser son compagnon à s'écarter. Or, si les hommes tendent à chercher trop vite l'intimité physique, les femmes commettent souvent l'erreur de se précipiter dans une proximité émotionnelle.

QUAND UNE FEMME DONNE TROP LORS D'UN RENDEZ-VOUS

Avec les meilleures intentions du monde, chacun fait l'erreur de traiter son partenaire de la façon dont on voudrait que celui-ci nous traite. Une femme croit donc souvent que si elle offre à un homme le soutien qu'elle-même espère recevoir, l'intérêt qu'il lui porte grandira. Lorsqu'il se montre attentif, elle lui témoigne un intérêt exagéré. Lorsqu'il se montre plein de considération, elle réplique par une considération excessive en retour. Et lorsqu'il l'aide, elle veut immédiatement lui rendre la pareille, au lieu de se contenter de sourire et de le remercier.

Il est difficile pour une femme de comprendre que, une fois qu'elle s'est montrée réceptive aux avances d'un homme et qu'elle a apprécié ses efforts, elle ne lui doit rien de plus. Elle lui a déjà donné ce qu'il désire le plus : l'occasion d'apprendre à la connaître, de lui faire plaisir et d'établir une relation avec elle. Une femme doit toujours se rappeler qu'elle est « l'unique ». C'est un privilège pour son prétendant que d'avoir l'occasion de passer du temps à son côté. Si elle en fait trop, l'attirance qu'elle inspire déclinera.

Lorsqu'une femme s'est montrée réceptive aux avances d'un homme et a su apprécier ses efforts, elle ne lui doit plus rien.

Quand un homme est attiré par une femme, il se réjouit de sa capacité à la rendre heureuse. Cette perspective fait jaillir le meilleur de lui ; il se sent bien. La persistance de son intérêt amoureux repose en grande partie sur la possibilité pour lui de recevoir encore plus d'appréciation. Il est motivé pour en faire plus. Cette conquête le motive et il est important qu'une femme lui offre cette possibilité. Dans le cas contraire, son intérêt pour elle va s'amenuiser et ne perdurera pas jusqu'à l'issue des cinq étapes du parcours amoureux.

OUVRIR LA PORTIÈRE DE LA VOITURE

Les femmes qui ne comprennent pas les hommes commettent fréquemment l'erreur de donner en retour, ce qui dilue leur intérêt pour elles, au lieu de recevoir simplement leurs attentions, ce qui intensifierait cet intérêt. Ce malentendu se révèle avec une acuité toute particulière lors d'un rendez-vous. Il vient la chercher : elle est élégante, très belle. Il le remarque et la complimente. Elle s'en réjouit. Il la guide jusqu'à la voiture, déverrouille la portière du passager et l'aide à s'installer. Elle sourit et le remercie. Puis il referme la porte et contourne la voiture pour s'asseoir au volant. Et là, que fait sa compagne ? Tend-elle le bras pour déverrouiller sa portière ou le laisse-t-elle se débrouiller ?

Une femme qui ne maîtrise pas les lois de l'attraction masculine sera souvent tentée d'ouvrir l'autre portière, même si cela implique d'inconfortables contorsions. Au premier abord, un tel effort peut paraître équitable et attentionné, mais il ne sera pas perçu ainsi. Elle se donne trop de mal et compromet le romantisme de la situation.

Quand une femme se donne trop de mal pour plaire, elle ne maintient pas entre elle et son compagnon la distance nécessaire pour qu'il la courtise.

Certaines m'objecteront qu'il leur semble égoïste de ne même pas faire l'effort de tendre le bras pour déverrouiller sa porte. Bien sûr, si un bouton près de vous permet d'actionner l'ouverture, ne vous en privez pas, mais vous tortiller et vous pencher, surtout en tenue habillée, ne laissera pas une impression de grâce. L'approche amoureuse doit donner à l'homme l'occasion de montrer son intérêt en faisant preuve d'attentions, tandis que la femme accepte celles-ci en prenant le temps d'évaluer si ces petits gestes accomplis par cet homme lui font réellement plaisir.

Pourquoi se donner la peine d'escorter galamment son invitée jusqu'à son siège si elle doit par la suite effectuer des contorsions pour ouvrir l'autre ? Ne gâchez pas ses efforts de gentleman. Donnez-lui la possibilité de faire ces petits gestes, sous peine de mettre en échec la finalité même du rendez-vous et provoquer une confusion des rôles.

Quand une femme se penche pour déverrouiller la porte de son partenaire, elle met en échec la finalité même du rendez-vous amoureux et provoque une confusion des rôles.

Certains hommes sont souvent tellement habitués à ce que les femmes de leur entourage se mettent en quatre pour leur faciliter l'existence qu'ils éprouvent parfois une légère surprise face à une partenaire qui ne leur témoigne pas la même sollicitude. Peut-être même vont-ils grommeler en leur for intérieur : « Je lui ai ouvert la portière, elle aurait au moins pu déverrouiller la mienne. » Cela peut momentanément les rendre plus distants et froids, mais ils comprennent vite que vous ne l'avez pas fait parce que cela vous aurait contrainte à des contorsions inconfortables. Plus important encore, ils constateront que vous semblez souriante, heureuse, comblée... grâce à eux ! Ils en concevront de la fierté : « Oui, je lui ai ouvert la portière, se diront-ils, je l'emmène dans un endroit élégant et elle est contente. » Ces sentiments positifs chasseront tout désir de ronchonner et l'attirance et le respect qu'ils vouent à leur invitée augmenteront encore.

APPELER OU NON
APRÈS UN PREMIER RENDEZ-VOUS

Il arrive fréquemment qu'un homme demande à une femme son numéro de téléphone ou l'invite à sortir, puis ne la rappelle jamais, ce qui laisse l'intéressée perplexe. Elle se demande pourquoi il réagit ainsi. « Est-ce que j'ai dit ou fait quelque chose qui lui a déplu ? » s'interroge-t-elle. « A-t-il quelqu'un d'autre dans sa vie ? Aurai-je un jour de ses nouvelles ? Dois-je accepter les invitations d'autres hommes ? Comment m'assurer qu'il ne téléphonera pas pendant que je prends ma douche ? » Rien n'agace plus une femme qu'un homme qui ne rappelle pas ; or la plupart des hommes ne conçoivent même pas qu'elle tienne tant à recevoir un coup de téléphone.

Même s'il a passé une soirée agréable, un homme ne rappelle pas nécessairement.

Il existe une explication à sa conduite, laquelle rassurera grandement les femmes. Une fois que vous saisissez que les hommes ne considèrent pas du même œil que vous le processus de séduction, vous saurez interpréter plus justement leurs gestes, mais aussi réagir d'une manière appropriée.

Un homme ne veut pas se montrer trop demandeur

Si un homme se montre trop empressé auprès d'une femme, cela ne la séduit guère, en général. Et s'il rappelle le lendemain parce que lui éprouve le besoin d'être rassuré, bien des femmes se détacheront de lui. De fait, un homme qui a confiance en lui est beaucoup plus attirant ; la plupart d'entre nous le savent d'instinct. Mais nous ne comprenons pas toujours pour autant combien nous pourrions faire progresser notre cause auprès de la dame de nos pensées en lui téléphonant le lendemain d'un rendez-vous pour lui redire quelle bonne soirée nous avons passée. Rien ne lui procurera un plus grand plaisir que de deviner que son ami l'apprécie vraiment et qu'il souhaite la revoir. Une

nfiance en lui le rend effectivement plus atti‑
t lui permet aussi de rassurer sa compagne
ne elle aime l'être.

La plupart des hommes ne devinent pas combien une femme apprécie qu'on la rappelle au lendemain d'un rendez-vous.

Les options dont une femme dispose

Lorsqu'un homme attend plus longtemps pour la rappeler qu'elle ne le juge souhaitable, une femme lui en voudra généralement pour deux raisons. En premier lieu, elle ne comprend pas qu'il vient de Mars et donc qu'il ne connaît pas les usages vénusiens. En second lieu, elle attend depuis plusieurs jours son coup de fil, avec un sentiment grandissant d'impuissance. Elle aimerait l'appeler mais elle se retient de le faire.

Tout son entourage lui recommande de s'abstenir d'appeler et une partie d'elle-même résiste instinctivement à s'y abaisser mais, en même temps, une autre partie de son être rêve de décrocher le téléphone. Elle préférerait nettement que l'initiative de cet appel vienne de lui. Si c'est lui qui téléphone, en effet, elle se sentira entourée, tandis que si elle doit se charger de téléphoner et poser des questions pour se voir rassurée, cela restera quoi qu'il advienne moins agréable.

Mais la situation n'est pas sans espoir. Une meilleure compréhension de la psychologie masculine ouvre de nouvelles options.

Première possibilité : remplir vos journées

La première solution consiste à remplir votre vie d'activités et d'amitiés de manière à éviter de faire le pied de grue devant votre téléphone. Il n'est pas de plus grande erreur que de mettre votre vie en suspens pour un homme. En effet, nous sommes toujours plus attirés et intrigués par une femme dotée d'une vie bien remplie, dans laquelle elle jongle pour nous ménager une place. Vous le séduirez moins s'il sent que vous attendez qu'il remplisse votre existence et votre emploi du temps.

Dans une certaine mesure, une femme devrait considérer ses histoires romantiques comme un dessert exceptionnel, ses relations avec ses amis et sa famille figurant l'essentiel du repas. Si vous attendez avec anxiété qu'un soupirant vous appelle, cela signifie qu'il vous faut renforcer vos rapports avec vos proches.

Trop compter sur un homme finit toujours par saper une relation. Nul Martien ne peut satisfaire tous les besoins d'une Vénusienne. Certains s'en croient capables, mais ils se leurrent et c'est une grossière erreur d'en attendre autant d'eux. La pression que cela fait peser sur eux les incitera tôt ou tard à prendre le large.

Deuxième possibilité : l'appeler

La seconde solution qui s'offre à vous est de lui téléphoner. Les femmes qui ont connu des problèmes en rappelant résistent souvent à l'employer ; d'autres continuent à rappeler mais d'une manière qui ne favorise pas l'histoire en cours. Elles en concluent alors que celle-ci n'aurait pas fonctionné de toute façon et tournent la page. Si on comprend mieux les réactions masculines, il devient possible d'avoir une agréable conversation téléphonique, laquelle vous rassurera autant que vous l'espérez et facilitera l'épanouissement de votre relation. Pour appeler un homme après un rendez-vous, mieux vaut toutefois suivre les lignes de conduite énumérées ci-après.

- *N'appelez pas si vous êtes fâchée contre lui*

    Mieux vaut évacuer vos sentiments auprès d'une amie. Après quoi, vous vous sentirez probablement beaucoup mieux, à plus forte raison si vous vous remémorez que les hommes viennent de Mars et obéissent donc à des règles différentes. N'oubliez jamais que quand un homme n'appelle pas, c'est parce que ses instincts diffèrent des vôtres.

- *Ne lui posez pas de questions*

    Il y a quelques questions à ne surtout pas poser.

    – *Tu es très pris cette semaine ?* ou *Que fais-tu le week-end prochain ?*
    Que voulez-vous qu'il vous réponde ? « Oui, je dispose de beaucoup de temps : ma vie est un désert et je n'ai pas d'amis. » Vous le trouveriez alors peu désirable – et vous vous sentiriez bien cruelle. Pendant la première étape, toute remarque laissant supposer que vous envisagez de faire votre vie avec lui risque de le faire fuir. Ce type de question se révèle tout aussi prématuré que si vous lui demandiez s'il souhaite bientôt se marier et fonder une famille ! Il vous fera savoir tout cela quand il s'y sentira prêt.

    – *Tu as envie de me revoir ?*
    Voilà qui est un peu trop direct. Vous risquez de passer pour une femme exigeante, voire « collante ». Votre interlocuteur se sent happé vers une relation à laquelle il ne se sent pas nécessairement prêt. Rap-

pelez-vous que vous vivez seulement les débuts d'une relation. Ce n'est que plus tard qu'on doit penser à s'engager et à un possible avenir commun.

- *Appelez-le pour le remercier, l'encourager*

Au lieu d'appeler un homme pour lui poser des questions qui le feront fuir, appelez-le pour l'encourager, pour le remercier, pour partager vos sentiments positifs, ce qui comblera son besoin à lui d'être apprécié.

Si votre interlocuteur n'a pas l'impression que vous cherchez à l'obliger à émettre des commentaires rassurants, la joie que votre attitude positive suscitera en lui suffira à vous rassurer.

Voici quelques exemples de commentaires qu'il aimera entendre :

« J'ai adoré le spectacle que nous avons vu l'autre soir ; d'ailleurs, j'ai acheté le CD. Quelle mise en scène incroyable ! Ma chanson préférée est... »

« Je me suis amusée comme une folle à la fête foraine. Quand je pense que je n'étais encore jamais montée sur la grande roue ! J'ai raconté à ma sœur notre aventure sur... »

« Merci encore de m'avoir aidée à assembler les étagères de mon garage. Elles sont vraiment très pratiques. J'ai commencé à ranger dessus mes vieux disques... »

« J'ai repensé à ce que tu m'as raconté hier soir. Tu as raison, je crois que je vais... »

Il n'existe pas de chemin plus sûr pour gagner le cœur d'un homme que de lui exprimer votre appréciation des choses qu'il vous a apportées et de le complimenter à leur sujet. Un homme qui voit ses gestes ou ses cadeaux recevoir un accueil positif devient plus enclin à s'éprendre d'une femme. Voilà le mécanisme qui fait grandir son affection pour vous.

• *Passez sous silence ce qui vous a déplu*

Dans la première étape du parcours amoureux, gardez pour vous ce qui vous a moins plu. Sinon, votre petit ami risque d'en déduire que vous êtes difficile à contenter. Or l'attirance qu'un homme éprouve pour une femme grandit quand il sent qu'il pourrait la rendre heureuse.

Un homme sent naître un lien affectif qui l'unit à sa compagne au fur et à mesure qu'il réussit à la rendre heureuse.

Les femmes ignorent souvent tout de ce volet de la sensibilité martienne. Si bien qu'au sortir d'une séance où ils ont vu un navet, elle songera : « Eh bien, tout n'est pas perdu : nous pourrons au moins nous émerveiller de la nullité de ce film. » Elle aura envie de parler du film, qu'il soit bon ou mauvais.

Les Vénusiennes voient en effet leurs liens affectifs se resserrer dès qu'elles se sentent écoutées et comprises. Elles apprécieront de ce fait de disséquer en détail une mésaventure survenue au cours d'un rendez-vous, sans même deviner les sentiments que leur attitude éveille chez leur partenaire, alors qu'un homme prendra personnellement les critiques émises par sa compagne. Elle pensera qu'elle le trouve inapte à la combler et il se détournera d'elle.

• *Ne lui donnez aucun conseil ; au contraire, demandez-lui son avis*

Même si vous pensez que votre partenaire tirerait grand profit de vos conseils dans tel ou tel domaine, veillez à ne jamais lui donner un avis qu'il n'a pas sollicité. Et, même quand il vous demande de l'aider, montrez-vous prudente. Les hommes aiment en effet ressentir qu'ils pourraient guider leur compagne grâce à leur expertise. Ils ont besoin de penser qu'ils ont quelque chose à lui offrir. Lorsqu'une femme apporte plus à son partenaire que lui ne pense pouvoir lui apporter, cela produit sur lui un peu le même effet que si elle le courtisait.

Voilà pourquoi vous ne devez en revanche jamais hésiter à solliciter son avis sur quelque point que ce soit. Cela ne fera que stimuler son intérêt à votre égard. Vous lui permettrez de se sentir plus utile et donc plus fier de lui, ce qui ne peut que l'inciter à vous apprécier davantage. Plus une femme s'intéresse à ce qu'un homme peut lui apporter, plus lui-même verra la passion qu'elle lui inspire grandir.

Si vous n'êtes pas d'accord avec ses conseils, voici quelques méthodes pour lui permettre de sauver la face. Il s'agit du type de commentaire qu'un autre homme lui adresserait pour lui témoigner son respect :

« C'est une bonne idée. Je n'y aurais jamais pensé. Merci, cela m'aide beaucoup. »

« C'est très intéressant. Cela va m'aider à décider comment agir. »

« Je n'avais absolument pas considéré les choses sous cet angle-là. Merci. »

« Voilà qui va beaucoup m'aider. Je n'avais pas réalisé que... Je commence à entrevoir une solution, à présent. »

COMMENT INVITER UN HOMME À SORTIR

Ces considérations expliquent que cela fonctionne toujours mieux lorsque c'est l'homme qui invite son amie à sortir. Il existe cependant quelques méthodes qui pourront permettre à une femme d'inviter un homme sans se montrer trop agressive, ni prendre le risque de se retrouver dans la position du chasseur.

Au lieu de proposer une sortie romantique, demandez-lui de vous prêter main-forte dans un domaine quelconque ou de vous accompagner quelque part. À partir du moment où vous avez réellement besoin de lui, il devient parfaitement licite de l'appeler à la rescousse. Efforcez-vous tout de même de présenter cela comme une requête pratique plus que romantique. Voici quelques exemples :

« Est-ce que tu voudrais bien m'aider à choisir un barbecue, ce week-end ? »

« Est-ce que tu accepterais de m'aider à déplacer des cartons dans mon garage ? »

« Est-ce que tu veux bien m'aider à changer les ampoules sous mon porche ? »

« Tu ne voudrais pas m'accompagner faire le tour des concessionnaires automobiles ? Je dois changer de voiture. »

« Est-ce que tu voudrais bien passer me chercher après que j'aurai déposé ma voiture au garage ? »

« Est-ce que tu accepterais de m'accompagner chez le vétérinaire ? Mon chien est vraiment malade et j'ai peur d'y aller toute seule. »

« Voudrais-tu m'aider à choisir un nouvel ordinateur ? » »

« Puis-je te demander de venir m'aider à déplacer les meubles de mon salon ? »

Chacun de ces exemples donne à un homme la possibilité de se comporter en ami prévenant et, bien plus important, de se réjouir de venir en aide à sa compagne – et donc de voir son attirance pour elle s'accroître.

LES PRESSIONS QU'UNE FEMME SUBIT

Quand un homme se montre très empressé pendant la première étape de la relation avant de faire marche arrière, une femme se sentira parfois tenue de le dédommager et de lui accorder des faveurs sexuelles. Elle a tant reçu de lui qu'elle croit devoir lui rendre la pareille et, en comblant ses besoins sexuels, elle espère réveiller son intérêt pour elle. Mais en donnant ainsi d'elle-même plus qu'elle ne se sent réellement prête à le faire, elle risque de saboter la relation amoureuse : le mieux est l'ennemi du bien.

Pour qu'une femme vive au mieux cette phase de questionnement, il lui faut savoir accueillir les avances d'un homme sans en concevoir aucun sentiment d'obligation. Si elle n'a guère l'habitude qu'on la courtise ou lui témoigne des marques d'empressement, elle risque d'autant plus de se sentir redevable des attentions que son partenaire lui prodigue. Une personne affamée et sans argent en vient naturellement à penser qu'elle donnerait n'importe quoi pour une assiettée de nourriture. De la même façon, une femme qui se sent aimée, voire adorée, peut être tentée de faire n'importe quoi pour que cette situation idyllique perdure. Il s'agit là d'une attitude malsaine.

Une femme doit en effet comprendre que, en recevant les attentions d'un homme et en réagissant avec chaleur et tendresse, elle lui donne déjà beaucoup en retour. Hélas, bon nombre d'entre elles l'ignorent et en déduisent qu'elles ne donnent pas assez en échange de ce qu'elles reçoivent.

De ce fait, quand vous devinez que votre partenaire aimerait obtenir plus de vous, au lieu de vous sentir flattée par son désir, vous sabotez le processus amoureux en vous laissant envahir par un sentiment d'obligation qui vous pousse à accepter une proximité hors de proportion avec l'état de votre relation. Au lieu de laisser votre soupirant continuer à s'évertuer à vous plaire, vous prenez l'habitude de vous attacher à le satisfaire. Ce qui compromet inévitablement votre position et l'intérêt qu'il vous porte.

Pourquoi Sharon se sentait redevable

Sharon me décrivit la situation en ces termes : « Au début, Kevin se montrait adorable. Il écoutait le moindre de mes propos et se comportait en vrai gentleman. J'adorais tout ce qu'il me disait ; il était aussi drôle qu'intéressant. Nous passions des moments merveilleux ensemble. Puis, après une soirée de passion, tout s'est arrêté. »

Sharon ne savait plus que penser : pour elle, ils étaient deux âmes sœurs destinées à se marier, mais Kevin n'avait pas dépassé le premier cap, l'attirance. Sharon déclara : « Cela fait trop mal. Je préfère ne pas revivre une telle expérience. Je n'ai pas besoin d'un homme à ce point. »

Lorsqu'elle en sut plus long sur la psychologie martienne, Sharon comprit qu'elle avait tout simplement mal interprété les signaux émis par Kevin. Ainsi, au lieu de conclure de l'attention passionnée qu'il lui témoignait qu'il était forcément son âme sœur, elle aurait dû songer qu'ils ne se connaissaient que depuis quelques jours. Alors qu'elle envisageait déjà un couple exclusif, ils n'avaient même pas abordé la phase de questionnement.

Après avoir suivi un atelier Mars & Vénus, Sharon m'a confié qu'elle se sentait vraiment bête : « Bien sûr, il disait qu'il m'aimait, m'expliqua-t-elle, et il n'y a rien de mal à cela. Seulement, il ne m'aimait pas assez pour rester auprès de moi. La raison pour laquelle je me sens blessée est que nous avons fait l'amour et que, après, il m'a rejetée. Si nous n'avions pas été aussi loin et nous étions contentés de baisers et de caresses, je me sentirais moins flouée. »

En fait, à un certain stade de leur relation, Sharon avait jugé Kevin tellement formidable qu'elle s'était sentie tenue d'exaucer le moindre de ses désirs. Il lui paraissait équitable de l'égaler en générosité. Mais lui apportait-il réellement tout ce qu'elle désirait ? Sharon souhaitait se marier... avait-il comblé ce vœu ?

Quand elle eut pris conscience de ce malentendu, Sharon comprit qu'elle n'avait pas besoin de renoncer à sortir avec des hommes de peur de souffrir. Il lui suffisait de se fixer des limites plus strictes sur le plan sexuel.

Cette conclusion lui permit de tirer un trait sur sa relation avec Kevin. Au lieu de se sentir victime, elle lui sut gré de lui avoir ouvert de nouveaux horizons. Comprenant clairement à présent comment elle s'était elle-même placée en situation de souffrir, elle put pardonner à ce garçon et lui souhaiter un avenir heureux.

Le moral au beau fixe, elle envisagea par la suite l'approche amoureuse sous un angle nouveau. Elle admettait éprouver le besoin d'avoir un homme dans sa vie, mais sans pour autant ressentir aucune impatience de nouer une relation plus intime. Au lieu de renoncer aux hommes, elle renonça tout bonnement à se sentir redevable envers eux. Elle vécut des flirts et des rendez-vous agréables, puis rencontra l'homme de sa vie. Mais, fidèle à ses nouveaux principes, elle attendit de se sentir prête pour accepter des rapports intimes.

BESOINS ET OBLIGATIONS

L'histoire de Sharon illustre un point primordial : bien souvent, les femmes nient avoir besoin d'un homme parce qu'elles ne veulent pas qu'on fasse peser sur elles des contraintes. Dès qu'elles perçoivent qu'il n'est pas question de cela, elles peuvent flirter librement et prendre plaisir aux attentions masculines.

Une femme qui réalise qu'aucune obligation n'en résulte pour elle peut flirter librement et prendre plaisir aux attentions masculines.

Une femme encline à se sentir redevable des avances qu'un homme lui prodigue ne peut en revanche se montrer réceptive. Il arrive couramment que des jeunes femmes se croient obligées de payer leur part de l'addition au restaurant afin de ne pas être tenues de coucher avec leur soupirant. C'est une façon toute vénusienne de lui annoncer qu'il ne doit pas espérer grand-chose d'elles.

Ces femmes réagissent ainsi parce qu'elles devinent les désirs de leur cavalier et préfèrent éviter qu'il se méprenne à leur sujet. L'inconvénient de cette approche est que l'homme en déduira que sa compagne n'est pas du tout réceptive à ses avances. Museler la partie de son être qui a besoin d'affection masculine réduit sa capacité à se sentir attirante et à être attirée par l'autre.

Le fait d'apprécier les cadeaux d'un homme ne vous met absolument pas dans l'obligation de lui offrir plus qu'un remerciement et un sourire en retour.

La plupart des hommes ne s'attendent pas à ce qu'une femme accepte des rapports intimes ; ils espèrent juste que ce sera leur soir de chance. Ils ne raisonnent pas ainsi : « J'ai payé le dîner, donc elle devrait passer la nuit avec moi. » Sachez que refuser de laisser un homme régler l'addition pour ne rien lui devoir est aussi insultant pour lui que pour vous-même : si vous pensez qu'un homme cherche à acheter vos faveurs, pourquoi acceptez-vous de sortir avec lui ?

LE DÉSIR D'INTIMITÉ EST INNOCENT

Il est tout à fait normal de la part d'un homme d'aspirer à plus d'intimité physique et ce l'est tout autant pour une femme d'être heureuse de ressentir l'intérêt de son compagnon. Et si la plupart des Martiens ne s'attendent pas à ce qu'on leur tombe dans les bras le premier soir, il en est tout de même quelques-uns qui comptent bien qu'une femme leur cédera.

Quand on ne comprend pas ce qui constitue les bases d'une relation appelée à aboutir, on croit souvent que passer à l'acte évitera une vie amoureuse décevante. Pourtant, c'est exactement le contraire.

Une juste perception des vertus de la lenteur et du respect des cinq étapes du processus amoureux aidera les hommes et les femmes à mieux apprécier les jeux de la séduction et à trouver le grand amour. Quand un homme accoutumé aux femmes « rapides » en rencontre une qui souhaite prendre son temps, il est normal qu'il résiste un peu. Mais s'il existe entre eux plus qu'une simple attirance physique, il saura respecter ses vœux et s'adapter à son rythme.

Au lieu de repousser toutes les avances masculines, apprenez à simplement refuser de façon ferme et polie la dimension sexuelle, si vous ne vous sentez pas prête à donner un tel tour à la relation. C'est une manière pour l'homme de montrer son amour en respectant ce choix. Si tel n'est pas le cas et que votre galant continue à pester, c'est qu'il n'est pas disposé à entamer une relation sérieuse, et vous vous rendez un fier service à tous les deux en mettant un terme à l'expérience.

Une femme qui ne se sent pas prête peut, sans se départir de sa politesse, opposer un refus ferme aux avances de son partenaire.

Si votre compagnon vous presse de lui céder et que vous ne savez comment l'éconduire de peur de le blesser, rappelez-vous que vous ne lui devez rien. Un homme a seulement besoin de se penser capable de combler son amie et de conserver l'espoir de parvenir un jour à ses fins. Vous pourrez vous contenter d'un simple : « J'aime beaucoup cela, mais je ne me sens pas prête à aller plus loin pour le moment. Arrêtons-nous là. »

Refuser d'avoir des rapports sexuels n'implique pas que le couple renonce à toute intimité charnelle. Les hommes ont besoin d'intimité physique pour que leur cœur s'ouvre, pour ressentir amour et désir, et s'engager envers leur compagne. De même que l'intérêt romantique que son interlocuteur lui porte stimule une femme, le Martien se montre très sensible aux réponses qu'elle donne à ses avances sexuelles. Mais elle n'a pas besoin d'aller jusqu'au bout pour qu'il se sente comblé.

COMMENT DIRE NON

La meilleure tactique consiste toujours à dire les choses clairement et fermement. Les approximations ne fonctionnent pas en la matière. Bien des hommes perçoivent comme une invitation à persévérer un « je ne sais pas. Nous devrions peut-être attendre ». Et ils continueront à pousser leur avantage jusqu'à ce qu'ils se heurtent à un refus sans équivoque. Les hommes doivent respecter les limites que leurs compagnes leur imposent, mais celles-ci doivent surveiller les messages qu'elles diffusent.

Quand un homme caresse une femme et qu'elle écarte sa main, il comprend le plus souvent : « Pas tout de suite ; je ne suis pas prête. » Si vous souhaitez qu'il s'abstienne de répéter ce geste, il vous faudra le lui dire expressément. S'il ne respecte pas ce premier refus, levez-vous et partez. Inutile de vous emporter, vous pouvez tout simplement déclarer : « Je t'apprécie beaucoup, mais je ne me sens pas prête à cela. » Après quoi, vous rentrerez chez vous ou du moins changerez de pièce.

QUAND RENONCER À TOUTE RELATION EST UNE ERREUR

Si vous ne savez pas dire non ni fixer les limites de l'intimité sexuelle que vous souhaitez accepter, vous serez peut-être tentée de renoncer aux hommes jusqu'à ce que vous en rencontriez un que vous n'aurez pas à repousser. Vous attendez de croiser l'homme parfait. Plus question de fréquenter des hommes tant que vous ne sentirez pas d'emblée que vous vous trouvez face à l'homme de votre vie.

Mary raisonnait ainsi. « Pour moi, l'aspect le plus pénible d'une rupture est de savoir qu'il me faudra de nouveau, un jour, me déshabiller devant un autre homme », expliquait-elle. Comme cela la gênait de devoir répondre par oui ou par non aux avances d'un homme, elle avait résolu d'éviter toute relation. Son credo : « J'en ai assez de fréquenter sans cesse des types qui ne me conviennent pas. Désormais, je ne sortirai avec un homme que si je sens qu'il pourrait se révéler l'homme de ma vie. »

Ce type d'attente est irréaliste. Avec une telle attitude, Mary risque de rester célibataire toute sa vie. N'oubliez pas qu'on ne peut pas évaluer l'adéquation d'un partenaire avant la quatrième étape du parcours amoureux, la proximité. Faire de cela une condition préalable n'a aucun sens.

POURQUOI LES FEMMES EN FONT TROP

Les femmes tendent à accomplir trop d'efforts au début d'une relation lorsqu'elles ne comprennent pas le mode de pensée masculin. L'homme rêve de rendre sa partenaire heureuse. Son bonheur suffit à le combler.

Ce n'est que lorsqu'un homme est content de lui qu'il est le plus motivé pour combler une femme. Plus sa vie est ordonnée, plus il aspire à rencontrer une femme pour la partager. Son autonomie et son indépendance chéries lui semblent soudain bien creuses. Il lui manque quelque chose. Rendre une femme heureuse comblera ce vide dans son existence. Voilà pourquoi une femme ne doit jamais se sentir obligée de faire plaisir à un homme : c'est en lui donnant la possibilité de la satisfaire qu'elle le comblera le mieux.

Une femme ne doit jamais se sentir obligée de faire plaisir à un homme.

Beaucoup de femmes jugent ce concept difficile à comprendre car lorsqu'elles-mêmes se sentent autonomes et indépendantes, cela ne leur donne pas envie de prendre soin d'une autre personne, mais plutôt de trouver quelqu'un qui prendra soin d'elles. Quand une femme se sent vide et rêve d'une relation amoureuse, elle est en général épuisée d'avoir trop donné aux autres. Une histoire d'amour représente pour elle l'occasion de se détendre et de laisser quelqu'un d'autre endosser la responsabilité de ses besoins.

Chez une femme, un sentiment de vide va de pair avec l'envie de recevoir. Si elle continue à donner et ne reçoit rien en échange, cela la rendra très malheureuse. Un simple merci accompagné d'un sourire de son partenaire ne lui suffira pas. À l'inverse, un homme qui se sent vide et qui réussit à combler les besoins d'une femme se satisfera amplement d'un sourire et d'un remerciement en retour.

TOMBER INSTANTANÉMENT AMOUREUSE

Outre leur incompréhension du psychisme masculin, il est une autre raison qui pousse les femmes à trop donner. Il arrive qu'elles voient ou même imaginent une chose, au sujet de celui qu'elles viennent de rencontrer, qui suscite en elles un élan de certitude : « Voici l'homme de mes rêves, l'homme de ma vie, l'homme idéal. »

> *Quand une femme tombe amoureuse, elle a parfois l'impression de recevoir déjà tout ce qu'elle pourra jamais désirer.*

La simple présence de celui qu'elles aiment les satisfait tellement qu'elles en viennent à se demander ce qu'elles peuvent faire pour se montrer dignes d'un être aussi merveilleux. Comment gagner son amour ? Que faire pour lui ? Comment s'assurer qu'il les aime ? Elles mettent ensuite ces idées en pratique. Mais, à mesure qu'elles le courtisent de la sorte, elles perdent de leur intérêt à ses yeux...

Une Vénusienne qui a compris les étapes successives du parcours amoureux abordera la situation de façon tout autre. Même amoureuse, elle n'oubliera pas que, malgré l'impression d'entretenir une vraie relation de couple avec cet homme « idéal », elle en est encore bien loin. Même si celui qu'elle fréquente possède des atouts potentiels, ils n'en sont encore qu'à la première étape.

CHAPITRE 2

Deuxième étape : le questionnement

Dès qu'un être commence à occuper une place prépondérante dans nos pensées, nous passons alors à la deuxième étape du parcours amoureux, la phase de questionnement. Quand naît l'envie de mieux connaître l'autre et d'envisager avec lui une relation de couple, il est tout naturel d'éprouver soudain des doutes. Chez certains, ce bouleversement a la violence d'un raz de marée ; chez d'autres, il s'agira d'un simple frémissement.

Que cette personne soit ou non l'homme ou la femme de votre vie, vous allez ressentir des doutes à son égard. Malheureusement, beaucoup de célibataires ignorent le caractère nécessaire de cette phase et en concluent *à tort* que cela signifie que leur partenaire ne leur convient pas.

Même si vous êtes en présence d'une âme sœur, vous n'en savez sans doute encore rien dans cette deuxième étape du parcours amoureux.

Cette phase de doute incite fréquemment un homme à commettre l'erreur de penser que, s'il n'est pas sûr de lui, il ferait mieux de continuer à regarder autour de lui et à accumuler les expériences. Il ne devine pas que réagir ainsi risque de l'empêcher de jamais acquérir la conviction qu'il est en présence de la bonne personne.

QUAND L'HERBE SEMBLE PLUS VERTE AILLEURS

Pendant cette période de questionnement, l'herbe vous paraîtra plus verte dans les pâturages voisins. Les hommes redeviennent plus sensibles au charme de la gent féminine dans son ensemble. Il faut dire que la plupart des hommes possèdent une image mentale de leur partenaire idéale qui coïncide très rarement avec la réalité. Mais ce n'est qu'une fois qu'ils auront réussi à établir de véritables liens solides avec une femme que ce fantasme perdra de sa force pour laisser la place à une personne bien vivante.

Tant qu'un homme n'aura pas rendu une femme heureuse, il continuera à la confronter à son image idéale. Ce qui l'incitera à remettre ses sentiments en question. « Je l'apprécie, mais elle ne ressemble pas à l'idée que je me fais de la femme de ma vie », songera-t-il. À mesure qu'il fera plus ample connaissance avec une créature bien réelle, qu'il sentira de véritables liens de désir, d'affection et d'intérêt se tisser entre eux, son besoin de la voir cadrer avec son fantasme s'amenuisera. Mais ce processus prend du temps, même avec la femme de sa vie.

Tant qu'un homme n'a pas réellement rendu une femme heureuse, il continuera à s'accrocher à une image idéale.

Dans cette deuxième étape, l'homme doit se fixer pour objectif de creuser pour voir s'il y a un trésor sous son pré plutôt que de focaliser sur la couleur de l'herbe des autres pâturages. Peut-être n'en trouvera-t-il pas, mais il ne le saura jamais, à moins de faire l'effort de creuser.

Pour explorer plus à fond ses sentiments, il se posera les questions suivantes :

- Se peut-il que je sois l'homme de sa vie ?
- Se peut-il que je possède les qualités nécessaires pour la rendre heureuse ?
- Est-ce que je l'aime ?
- Est-ce que je veux la rendre heureuse ?
- Son bonheur me remplit-il de joie ?
- Me manque-t-elle quand je suis au loin ?

Une fois qu'il donnera une réponse affirmative à toutes ces questions, il sera prêt à aborder la troisième étape du parcours amoureux, l'exclusivité.

POURQUOI LE DOUTE ENVAHIT LES HOMMES

Si un homme ne comprend pas les Vénusiennes, il risque de se croire à tort incapable de faire le bonheur de l'une d'elles. Il possède sans doute les atouts nécessaires, mais comme il interprète mal ses réactions, il en tire des conclusions erronées.

Ainsi, lorsqu'un homme traverse un quartier chic avec une femme et qu'elle s'exclame : « Oh, regarde cette belle villa ; je suis sûre qu'il y a une piscine. J'adore les piscines ! » elle exprime seulement une opinion. Mais son compagnon, lui, en déduit qu'elle a des goûts de luxe et se demande s'il sera jamais en mesure de la satisfaire. Il pense que, parce qu'elle apprécie les belles maisons avec piscine, elle ne pourra trouver le bonheur qu'auprès d'un homme capable de lui offrir un tel confort. Et pour peu qu'il doute de sa capacité à le lui apporter, il se demandera s'il ne ferait pas mieux de cesser de la voir.

Pour éviter de tomber dans le « piège », l'homme veillera, pendant cette deuxième étape, à multiplier les petites attentions, afin de tester sans cesse son aptitude à rendre sa compagne heureuse. C'est quand il parvient à assurer son bonheur et sa satisfaction qu'il établit des liens étroits avec elle.

Les doutes d'un homme se dissipent plus sous l'effet des réactions que sa partenaire oppose à ses actes que sous celui de ce qu'elle fait pour lui.

C'est ce qui explique sans doute pourquoi la tradition veut que la responsabilité d'un rendez-vous amoureux incombe à l'homme. Il se charge de dénicher son numéro de téléphone, de l'appeler, de l'inviter à sortir, de lui proposer un programme pour la soirée, de passer la chercher, de lui ouvrir la porte de sa voiture et de la refermer après qu'elle s'est assise, de la conduire à bon port, d'acheter les billets de cinéma ou de théâtre, de veiller à son bien-être, de choisir un restaurant, puis enfin de régler l'addition. Il donne et elle accueille gracieusement ses attentions.

Tous les petits gestes accomplis au cours de la soirée offrent à l'homme l'occasion de tester la situation et de déterminer s'il apprécie de faire plaisir à celle qui l'accompagne. De son côté, celle-ci peut évaluer combien elle aime recevoir des attentions de la part de cet homme. Ce qui leur permet à tous les deux de construire un lien avec l'autre. Au cours de l'étape suivante du processus amoureux, la phase d'exclusivité, une femme pourra, ce lien étant déjà établi, envisager de partager les dépenses et de prodiguer à son tour de petites attentions à son prétendant. Mais lors des premiers rendez-vous, l'homme a besoin de prendre ces initiatives. S'il ne comprend pas ce processus, il risque de rester bloqué dans la phase de questionnement. Et alors, au lieu de mettre sans cesse à l'épreuve sa capacité à satisfaire sa partenaire pour mieux la séduire, il commencera à se demander si elle peut lui apporter ce qu'il désire. Or, quand un homme commence à se concentrer sur ce qu'il veut recevoir plutôt que sur ce qu'il souhaite donner, il est assuré de laisser passer la femme de sa vie sans même la voir. La question « suis-je l'homme qui lui convient ? » l'aidera à y voir suffisamment clair en lui pour décider de progresser vers une relation de couple avec cette personne ou de rompre et de repartir de zéro avec une nouvelle partenaire.

Quand un homme se concentre sur ce que lui veut, il est assuré de laisser passer la femme de sa vie.

Pour une femme, la manière de douter est différente. Il faut d'une part qu'elle remarque si les attentions prodiguées lui font plaisir et si elle a envie de poursuivre avec cet homme. Elle pourra aussi arriver à douter de la sincérité de l'homme s'il prend du temps avant de la rappeler.

COMMENT LES FEMMES RÉAGISSENT AUX DOUTES DES HOMMES

Il se peut que, dans la phase de questionnement, un homme se montre parfois plus distant. On peut les comparer à un élastique. Après une période de partage, un homme peut avoir besoin de prendre un peu de distance émotionnelle, et puis de revenir. C'est cette alternance qui lui permet de se rendre compte de son envie d'aller plus loin dans la relation.

Une femme qui ne comprend pas les hommes paniquera facilement au cours de cette phase de questionnement. Que penser d'un prétendant qui, voici peu de temps, se montrait si empressé et qui aujourd'hui ne l'est plus du tout ? Si vous ne savez pas qu'il s'agit d'une évolution classique, il y a matière à s'interroger.

En cherchant à se rassurer, la femme risque de commettre l'erreur de *se* poser ou de *lui* poser des questions sur leur relation et sur leur avenir ensemble.

- Ai-je fait quelque chose de mal ?
- Y a-t-il quelqu'un d'autre ?
- Est-ce que je compte encore pour lui ?
- Va-t-il m'appeler ?

Malheureusement, toutes ces interrogations entraînent la femme dans la mauvaise direction, puisqu'elles ont pour effet de harceler son partenaire. Or, lorsque l'homme s'éloigne émotionnellement, il faut absolument résister à la tentation de faire quelque chose pour redresser la situation.

Une Vénusienne doit utiliser cette phase de questionnement pour réfléchir à ce que cet homme lui apporte et non pas à ce qu'il pourrait lui apporter (s'il le voulait bien). Tout en laissant la porte ouverte à des avances ultérieures, elle doit continuer sa vie normale, en voyant ses amis et en se consacrant à ses activités préférées.

En lui accordant l'espace suffisant pour s'éloigner puis voir renaître son intérêt à son égard, la femme pourra, elle aussi, évaluer son envie d'un lien plus étroit avec cet homme. Et si elle remarque qu'il lui manque, alors qu'elle continue à vaquer à ses activités antérieures sans avoir rien changé à ses habitudes, c'est plutôt bon signe.

COMMENT ÉVITER DE SE MONTRER TROP EMPRESSÉ(E)

Pendant la phase de questionnement, les hommes comme les femmes doivent veiller à ne pas réagir aux doutes manifestés par leur partenaire en redoublant d'efforts. Les Martiens qui ne profitent pas de cette phase pour prendre un peu de recul tendent souvent à étouffer leur compagne sous des attentions permanentes assorties de déclarations d'amour. Quand une femme repousse leurs avances, ils doivent prendre garde à la courtiser avec douceur et respect. La persévérance est une qualité, à condition qu'elle s'exerce sans pression. Rien ne refroidit tant que d'essayer de culpabiliser l'autre parce qu'elle ne vous consacre pas assez de temps. Cela peut en outre la conduire à ériger une muraille protectrice entre elle et vous, laquelle la mettra dans l'impossibilité de déterminer si elle souhaite tenter l'aventure avec vous à long terme.

Si c'est la femme qui, incitée par le comportement fuyant de son compagnon, le couvre d'attentions, cela pourra carrément empêcher celui-ci de traverser cette phase de questionnement pour découvrir s'il souhaite ou non s'attacher à elle. C'est la raison pour laquelle, traditionnellement, les femmes n'appellent pas les hommes ; une femme intelligente attend qu'on vienne à elle. Il arrive cependant un moment où il devient nécessaire de prendre son téléphone, pour ne pas basculer dans un attentisme ridicule. La femme avisée saura donc aussi provoquer une situation qui permettra à la relation d'atteindre ou non la phase d'exclusivité.

TÉLÉPHONE : APPELER OU NON

Si, pendant la phase de questionnement, un homme s'abstient pour un temps de vous appeler, vous pouvez lui téléphoner, mais évitez absolument de le harceler ou de vous plaindre qu'il vous néglige. Faites-lui plutôt savoir, l'air de rien, que tout va bien pour vous. Appelez pour dire bonjour, pour le remercier d'une broutille ou encore pour lui poser une question sur un sujet qu'il maîtrise bien. Tenez-vous-en à un coup de fil rapide et amical qui lui fera clairement comprendre que vous ne lui en voulez pas de ne pas vous avoir contactée. La pire chose à faire serait de l'interroger sur ses sentiments à votre égard et sur votre relation.

La pire chose qu'une femme puisse faire est d'interroger son soupirant sur ses sentiments à son égard et au sujet de leur relation.

Il arrive, au cours de cette étape du processus amoureux, qu'un homme oublie pour un temps son amie. Deux jours, deux semaines ou deux mois s'écoulent en un éclair avant que, soudain, il se rappelle combien il l'apprécie. Il songe alors à l'appeler, mais redoute de se voir réprimandé ou rejeté parce qu'il aura attendu trop longtemps. Il décide donc de s'abstenir et de tourner la page. Mais s'il a entre-temps reçu d'elle un message amical, il se sentira plus libre de reprendre contact.

Pendant la phase de questionnement, le temps ralentit pour les femmes, mais il peut s'accélérer pour les hommes.

Pourquoi les femmes apprécient les appels

Une femme attend un appel parce que, sur Vénus, on veille à assurer ses proches de ses sentiments, afin de leur montrer la place qu'ils occupent dans notre cœur. Les Vénusiennes se téléphonent presque toujours lorsqu'elles viennent de passer un bon moment ensemble.

Cela va de soi sur Vénus, mais un homme a besoin d'apprendre à téléphoner pour rassurer sa partenaire.

D'un point de vue féminin, garder le contact est un moyen de témoigner son attention. Quand deux amies qui ne se sont pas vues depuis plusieurs mois ou plusieurs années se retrouvent, l'un de leurs premiers soucis sera de s'excuser l'une auprès de l'autre d'avoir laissé le quotidien les éloigner. On n'observe jamais de pareille scène entre deux hommes. Deux copains qui se retrouvent après une longue éclipse sont simplement ravis de se revoir. Il ne leur viendrait pas à l'idée de s'excuser de la distance qui s'est établie entre eux. D'ailleurs, il leur semble que leur dernière conversation date d'hier. En revanche, les deux copines éprouveront le besoin de faire de nouveau connaissance avant de se sentir aussi proches l'une de l'autre que par le passé.

Le même principe s'applique au sein des couples. Un homme qui regagne le foyer après une semaine d'absence aura envie tout de suite de faire l'amour à sa femme mais celle-ci pourra lui répondre : « Comment as-tu envie de faire l'amour aussitôt arrivé ? Voici une semaine que nous ne nous sommes pour ainsi dire pas parlé ! Tu ne veux même pas savoir comment je vais ? » Il lui faut une brève phase de réadaptation avant d'aspirer de nouveau à des rapports intimes.

Comme nous l'avons déjà vu, un homme ne comprend pas d'instinct les usages vénusiens. Dans bien des cas, ceux-ci le laissent même carrément perplexe. Il suit son instinct, lequel lui souffle qu'en s'abstenant de téléphoner il augmente les chances de succès de leur histoire. Il pense qu'il vaut mieux attendre un peu avant de donner signe de vie pour ne pas paraître désespéré ou envahissant. Il lui semble que, s'il manifeste un intérêt trop intense, son amoureuse risque de le juger moins attirant.

Attendre qu'il vous rappelle

Sur Mars, la vie tourne autour du travail : séduire une femme s'assimile à un entretien d'embauche. Toute personne qui a déjà postulé pour un emploi sait que la pire chose à faire consiste à rappeler juste après l'entretien pour savoir si sa candidature a été retenue. Si l'on se montre trop anxieux, on affaiblit sa position.

L'instinct d'un homme le pousse à ne pas manifester son enthousiasme, car il lui semble qu'admettre un intérêt trop vif affaiblira sa position.

Un homme sait donc qu'il ne doit pas trop montrer combien il tient à une personne ni combien il a besoin d'elle. Les Martiens se targuent d'être confiants, indépendants et autonomes. Ces préceptes fonctionnent à merveille dans le monde du travail, mais pas du tout dans le domaine des relations intimes avec les Vénusiennes. Car lorsqu'il finit par rappeler une femme qui se demande depuis plusieurs jours si et quand il va téléphoner, celle-ci se montre au mieux agacée. Le ton qu'elle adopte pour lui répondre laisse d'ailleurs clairement transparaître son ressentiment. Leur relation s'engage alors dans une spirale d'échec.

Comment les femmes réagissent lorsqu'un homme ne rappelle pas

Voici quelques commentaires émis par des femmes à propos d'hommes qui avaient tardé à les rappeler après un rendez-vous.

- Je n'arrive pas croire que, quand il a fini par rappeler, il ne s'est même pas excusé.
- Il s'est comporté comme si très peu de temps s'était écoulé depuis notre rendez-vous.
- Je l'ai rappelé le lendemain matin et il m'a demandé pourquoi je lui téléphonais. Cela m'a mise dans une telle fureur que je ne lui ai plus jamais adressé la parole.
- Quand il m'a finalement rappelée, au bout d'une semaine, j'étais tellement blessée que je n'ai pas pu m'empêcher de lui dire ce que je ressentais. Mais il n'a absolument pas compris.
- Il s'est excusé de ne pas m'avoir appelée plus tôt, mais il n'en pensait manifestement pas un mot. Et quand je me suis montrée distante, il ne m'a même pas demandé ce que je ressentais.

Chacun de ces exemples montre une femme qu'un comportement martien typique fait sortir de ses gonds. Un homme qui ne comprend pas combien les femmes réagissent différemment de lui persistera donc à saboter sans le savoir tout espoir de relation constructive en s'abstenant de rappeler après un rendez-vous, tandis qu'une femme en fera autant en se montrant glaciale lorsqu'il se décide enfin à lui téléphoner. Car lorsque cet homme finit par se manifester, si son interlocutrice n'adopte pas une attitude carrément hostile, il sentira du moins une certaine réticence. Il ne reconnaît pas la créature éclatante, chaleureuse, accueillante et pleine d'assurance qu'il a rencontrée. À sa place se tient un être distant et peu enclin à lui accorder sa confiance... deux caractéristiques qui font fuir les hommes.

Et, alors qu'ils auraient pu partager une agréable conversation pleine de chaleur, tous deux voient leur attirance mutuelle diminuer à cause de cette réaction féminine. L'homme déplore la dérive inquisitoriale de sa partenaire et considère qu'elle lui réserve un traitement injuste ; elle trouve au contraire qu'il la néglige et la maltraite.

Lorsqu'un homme rappelle et se trouve confronté à une attitude pleine de rejet ou de défiance, cela ne contribue pas à l'encourager. Or, de la même façon que sa compagne espère un appel qui la rassurerait, lui attend qu'elle l'encourage à croire qu'il pourrait lui plaire.

Une femme désire que son soupirant l'appelle pour la rassurer, tandis que celui-ci espère qu'elle lui laissera deviner par ses gestes encourageants qu'il pourrait réussir à lui plaire.

On comprend donc sans peine que la méconnaissance des besoins émotionnels divergents des hommes et des femmes puisse se traduire par une tendance à décourager sans le savoir les membres du sexe opposé.

Rappeler pour ne pas la revoir

Si, au cours de cette phase de questionnement, vous ne souhaitez pas continuer à courtiser une femme, la méthode la plus facile et souvent la plus appropriée pour l'en informer est de la rappeler à un moment ou vous savez qu'elle se trouve à son travail et de laisser un message sur son répondeur. Il s'agit d'une excellente solution : la plupart des femmes apprécieront grandement d'avoir reçu cet appel au lieu de se voir ignorées et de se demander si vous allez téléphoner.

Même quand un homme éprouve l'envie de rappeler sa partenaire, il arrive qu'il ne le fasse pas parce qu'il ne sait pas quoi lui dire. Que vous soyez sûr d'être intéressé ou non, il est poli de ne pas la laisser sans nouvelles.

Laissons le temps accomplir son œuvre

« Cela m'a fait vraiment plaisir de te rencontrer. J'ai passé un moment très agréable avec toi, l'autre soir. À une autre fois peut-être. »

Pas prêt

« Merci pour cette merveilleuse soirée. Elle m'a malheureusement fait comprendre que je ne suis pas encore complètement remis de ma dernière histoire et donc pas prêt à rechercher une nouvelle partenaire. J'espère que tu ne m'en voudras pas si je te rappelle dans quelques mois mais, pour l'instant, je ne me sens pas disponible. »

Dans cette deuxième phase du processus amoureux, la considération et les bonnes manières vous imposent d'en avertir votre partenaire. Même si c'est votre droit le plus strict que d'éprouver des doutes, cela ne vous autorise pas pour autant à ignorer votre amie et à mener votre vie sans tenir compte d'elle.

Si elle s'avise de vous bombarder de questions : « Qu'est-ce que tu ressens mon égard ? Ai-je fait quelque chose de mal ? Y a-t-il un problème ? » ne vous sentez pas obligé de lui fournir des réponses détaillées. Répliquez plutôt par d'autres questions. Incitez-la à parler. L'écouter exprimer ses sentiments vous aidera à traverser plus rapidement cette phase de questionnement.

Évidemment, une femme peut aussi avoir envie de mettre un terme au processus amoureux. Elle pourra utiliser ces mêmes approches pour refuser poliment les avances ou les invitations d'un homme. Rien ne lui interdit toutefois de se borner à déclarer : « Je ne souhaite pas avoir ce genre de relation avec toi ; je préfère que nous restions simplement amis. » Un homme n'a pas besoin d'explication plus précise.

Pour repousser un prétendant, une femme pourra se contenter de déclarer : « Je ne souhaite pas avoir ce genre de relation avec toi. Je préfère que nous restions simplement amis. »

Cette approche se révèle d'autant plus adaptée que, dans la plupart des cas, les femmes – à l'inverse des hommes – ne verraient aucun inconvénient à nouer des liens d'amitié avec le soupirant qu'elles viennent de rejeter. De toute façon, cette explication garantit qu'il cessera de vous poursuivre de ses assiduités.

Appeler pour mettre un terme à une relation sentimentale n'est pas seulement affaire de bonnes manières ; vous en retirerez d'autres bienfaits. En effet, la façon dont nous clôturons une histoire détermine largement le type de personne qui nous attirera la prochaine fois.

Le simple fait de refuser une relation qui ne vous convient pas développe l'acuité qui vous fera un jour tomber sur la bonne personne.

LA FÉMINITÉ EST AUSSI IMPORTANTE POUR LES FEMMES D'AUJOURD'HUI

Les femmes modernes recherchent un nouveau type de relations amoureuses, différentes de celles qu'entretenaient leurs parents. Elles aspirent à une communication intime et d'un romantisme durable. Ce qui exige clairement de nouveaux outils. Aujourd'hui, une femme doit non seulement se montrer douce et féminine, mais aussi décidée.

Beaucoup d'entre elles ont appris à faire preuve de ténacité dans le monde professionnel, mais demeurent pourtant célibataires car elles n'ont pas encore compris qu'elles devaient cumuler féminité *et* assurance. L'absence de modèle ne facilite pas les choses. Soit elles ont été élevées par un père autoritaire et une mère docile, soit, à l'inverse, par une mère dominatrice et un père passif.

La plupart des femmes n'ont pas encore appris l'art de se montrer à la fois féminines et décidées.

À la génération de nos parents, il était carrément inenvisageable qu'une femme appelle un homme ; un véritable tabou. Pas question de se montrer sous un jour aussi agressif et dépourvu de féminité. Les mères mettaient leurs filles en garde : ne sois pas trop disponible, accommodante ou trop facile, sinon les hommes ne te respecteront jamais. Eh bien ces dames n'avaient rien inventé ; c'était vrai alors et ça l'est toujours.

Dès qu'une femme montre plus d'intérêt pour un homme que lui-même ne lui en témoigne, il se dépensera moins pour la courtiser. La voir disposée à faire tous les efforts incite automatiquement un homme à se détendre et à adopter une attitude plus passive. Au lieu de se demander ce que sa dulcinée souhaite, il se préoccupera de plus en plus de ses propres désirs. Un revirement extrêmement déroutant pour une femme : pourquoi les manières décidées qui fonctionnent si bien dans le cadre professionnel se retournent contre elle dans ses rapports avec les hommes ?

> *Quand une femme fait des efforts pour plaire à un homme, celui-ci adopte en retour un comportement plus passif.*

Ces femmes ignorent tout simplement qu'un homme doit avoir l'impression de les conquérir pour découvrir si elles lui plaisent vraiment. Bien sûr, il arrive que de telles amazones remportent des succès amoureux mais, le plus souvent, leur attitude n'engendre pas les résultats escomptés.

Il arrive cependant qu'un retour à ce comportement plus « féminin » ravive chez son partenaire le désir de la courtiser et de prendre soin d'elle à nouveau. Mais les choses n'évoluent pas toujours ainsi, loin s'en faut.

Ces mécanismes jouent à tous les niveaux du parcours amoureux. Ainsi, on voit fréquemment un homme afficher un sursaut d'intérêt pour sa partenaire lorsque celle-ci décide de rompre avec lui. Ce qui agace souverainement l'intéressée, car elle ne devine pas en quoi elle a contribué à saboter initialement leur relation. Elle croit à tort que cet homme ne lui convient pas puisqu'il la désire davantage dès lors qu'elle fait preuve d'un plus grand respect d'elle-même en cessant de le poursuivre de ses assiduités. En réalité, ce regain d'intérêt constitue un signe encourageant.

> *Il arrive souvent que l'intérêt d'un homme se réveille lorsque sa partenaire décide de le quitter.*

Une graine ne pousse que si on lui fournit l'environnement adapté à sa croissance. De la même façon, l'attirance et l'intérêt qu'un homme éprouve pour une femme ne peuvent pas se développer lorsqu'elle se montre trop décidée et agressive. En abandonnant ses efforts pour le séduire, elle lui donne l'occasion de découvrir en lui-même le désir de la courtiser. En fait, pendant les premiers temps qui suivent leur rencontre, l'intérêt d'un homme pour sa compagne ressemble à la flamme tremblotante d'une bougie : il suffit d'un excès de zèle de la part de notre Vénusienne pour étouffer la mèche.

DÉPASSER LE DOUTE

Il est tout à fait normal, pendant la deuxième étape – le questionnement –, de vous demander si cette personne vous convient.

Cela dit, il vient un moment dans cette phase de questionnement où, si l'on a veillé à ne pas se lancer dans d'autres relations, l'homme comme la femme se sentiront prêts à progresser vers une relation fondée sur une fidélité mutuelle. Soit vous sentez votre envie de mieux connaître l'autre s'accroître, soit ce n'est pas le cas. Même si vous n'éprouvez pas de certitude, dès lors qu'une partie de vous désire poursuivre la relation, il vous faudra passer à la troisième étape de votre parcours, la phase d'exclusivité.

Respecter les cinq étapes du processus amoureux vous évitera de prendre des risques inutiles. Vous vous assurerez ainsi, avant de vous engager avec votre partenaire, qu'il vous connaît à fond, vous apprécie, vous aime *et* reste attiré par vous.

CHAPITRE 3

Troisième étape : l'exclusivité

Une fois que nous envisageons que notre partenaire pourrait être notre âme sœur, ou qu'il nous semble que nous aimerions mieux le connaître et donner une chance à la relation, nous sommes prêts à aborder la troisième étape du parcours amoureux, celle de l'exclusivité. Au cours de cette phase, nous nous attacherons à créer une relation romantique, sans plus nous autoriser d'autres rencontres.

En creusant dans son pré, l'homme a trouvé un coffre. Il faut encore qu'il l'ouvre pour voir s'il contient le trésor.

DE L'IMPORTANCE DE L'EXCLUSIVITÉ

Richard se compliquait l'existence en fréquentant systématiquement plusieurs femmes en même temps. Il ne vivait jamais de relation à deux et il ne se donnait jamais l'occasion d'ouvrir son cœur à une femme en particulier. Lorsque, après avoir été attiré par l'une, il entrait dans la phase de questionnement, au lieu de rester auprès d'elle il laissait ses doutes l'inciter à la comparer aux autres et commençait à lui chercher une remplaçante. Il se gardait toujours une issue de secours, quelqu'un sur qui se rabattre en cas d'échec.

Avant même d'ouvrir son cœur à une femme et de prendre le risque de se voir rejeter, il en tenait déjà une autre dans sa ligne de mire. Si bien qu'il n'avait jamais l'occasion de fréquenter exclusivement une femme pendant plus de six mois. Toutes ses relations les plus sérieuses ont suivi le même schéma : il sautait le stade de l'exclusivité pour passer directement à l'étape numéro quatre (la proximité) avant de revenir à l'étape numéro deux (le questionnement).

Pendant cette phase de questionnement, il remarquait d'autres proies et les courtisait. Osciller ainsi entre les étapes et entre les partenaires l'empêchait de jamais trouver dans son cœur la certitude qu'une femme lui convenait ou ne lui convenait pas.

Pourquoi Richard ne parvenait pas à s'engager

Si certains épisodes de son enfance aggravaient sûrement la tendance de Richard au papillonnage, son inaptitude à s'engager provenait surtout de son incapacité à respecter les quatre premières étapes du parcours amoureux. Nul ne lui avait jamais expliqué pourquoi il importe de se consacrer exclusivement à sa partenaire si l'on espère reconnaître un jour son âme sœur. À son sens, on commençait par reconnaître l'autre, puis on devenait intime avec elle et alors seulement on pouvait décider de se consacrer exclusivement à elle. Il ne comprenait pas qu'il devait d'abord renoncer aux nouvelles conquêtes (troisième étape) avant d'entamer une relation intime avec une femme (quatrième étape).

Quand il se remémore le passé, Richard pense encore aujourd'hui que quatre ou cinq des femmes qu'il a le plus aimées auraient pu lui convenir parfaitement... pour peu qu'elles aient été un tout petit peu différentes.

Sa seule voie de salut est de cesser de comparer ses partenaires entre elles et d'oublier sa quête de perfection. Il devrait trouver une femme qui l'attire et qui présente clairement certaines des qualités qu'il recherche, puis la séduire en respectant les quatre premières étapes du parcours amoureux. Là enfin il pourra « savoir tout simplement » si cette personne lui convient. Et même s'il lui apparaît que ce n'est pas le cas, pour une fois les choses seront claires. À partir de là, il pourra tourner la page et s'assurer que sa prochaine relation se rapprochera plus de ses objectifs.

Cette étape permet de poser les bases sur lesquelles nous nous appuierons pour ouvrir notre cœur. Auparavant, nous réagissions surtout à la perspective de voir nos besoins comblés et nous pratiquions des tests pour évaluer notre envie de nous engager. Nous avons désormais la possibilité de donner librement et pleinement de nous-mêmes et de recevoir ce dont nous avons besoin en retour.

Entretenir une relation centrale sans plus s'autoriser de flirts à côté pose les bases nécessaires à un amour véritable.

Malheureusement, en traversant cette étape, beaucoup de couples peuvent saboter sans le savoir cette occasion unique de profiter du meilleur de leur partenaire et d'eux-mêmes. Dès qu'ils entament une relation exclusive, ils se relâchent et cèdent à leurs mauvaises habitudes. C'est une grave erreur. Pendant cette phase, nous devons en effet faire un effort délibéré pour poursuivre les petites attentions romantiques qui nous ont permis de franchir successivement les deux premières étapes du processus amoureux.

Lorsqu'un couple entre dans cette phase d'exclusivité, chacun s'installe dans une sensation de confort qui le pousse à tenir l'autre pour acquis. L'homme cesse de courtiser sa compagne parce qu'il pense qu'il a gagné son cœur, tandis que celle-ci en attend plus de lui, puisqu'ils forment maintenant un véritable couple. Ce malentendu laisse présager des problèmes qui pourraient tous être évités.

QUAND LA CHASSE AU TRÉSOR EST TERMINÉE

Les hommes se montrent capables de tout pour séduire une femme, mais une fois qu'ils ont franchi la ligne d'arrivée, ils coupent leur moteur, garent leur voiture et fêtent leur victoire. Arrivés à cette troisième étape, celle de l'exclusivité, beaucoup croient à tort que la partie est gagnée. Or la course n'est pas achevée, loin s'en faut. En fait, ils viennent seulement de « passer la troisième » et n'ont toujours pas atteint leur vitesse de pointe – il leur reste encore à passer la quatrième et la cinquième ! Mais, pour y parvenir, ils devront concentrer leurs efforts sur le souci de se montrer les meilleurs partenaires possibles.

À en croire la plupart des hommes, il suffirait de couvrir les femmes de petits cadeaux et attentions romantiques jusqu'à ce qu'elles acceptent leurs soupirants dans leur existence, après quoi ils pourront se reposer sur leurs lauriers. Or ce sont ces petits gestes qui entretiennent leur séduction aux yeux de leur amoureuse. S'ils se relâchent trop, celle-ci ne recevra plus le « carburant » dont elle a besoin pour continuer de répondre à leurs avances.

Un homme doit aussi se rappeler que, même si leur relation a pris un tour exclusif, il ne doit pas pour autant cesser de la courtiser. S'il ne comprend pas les prochaines étapes qui s'ouvrent à lui et que le processus de séduction n'est pas arrivé à son terme, lui aussi risque de manquer d'énergie. Tandis que s'il conserve toujours en mémoire son objectif final, celui-ci lui donnera l'énergie et la persévérance nécessaires.

Il s'agit là d'un effort supplémentaire, un peu comme si vous faisiez de la musculation ou mettiez tout en œuvre pour mener à bien un projet professionnel, qui saura faire ressortir le meilleur de votre partenaire. Et ses réactions chaleureuses et tendres constitueront votre combustible pour aller de l'avant.

EFFICACITÉ MARTIENNE

Sur Mars, on s'efforce d'instinct de se montrer efficace. La devise des habitants de cette planète est : « Ne faites jamais rien qui ne soit absolument nécessaire. » Si quelqu'un d'autre veut se charger de cette tâche, on se reposera. Et on réservera son énergie pour les cas d'urgence. Tout ce qui n'a pas besoin d'être fait dans l'immédiat peut être remis à une date ultérieure, ce qui permettra d'accomplir sans plus tarder les tâches urgentes. On s'efforcera toujours d'obtenir plus de résultats en travaillant moins. On investira également ses ressources de façon à ne plus avoir à se fatiguer par la suite. Voilà un échantillon d'attitudes martiennes.

Pourquoi les hommes attendent-ils jusqu'à la dernière minute pour réagir ? Est-ce parce qu'ils supposent qu'à force de patience le problème aura disparu ou que quelqu'un d'autre l'aura résolu à leur place ?

Pour s'assurer de ne pas gaspiller leur énergie, les hommes établissent automatiquement des priorités. Et si une chose n'est pas placée en tête de leur liste, elle sera tout simplement remise à plus tard. En somme, ladite chose doit être à leurs yeux nécessaire. Le problème vient de ce qu'un homme ne sait pas toujours forcément ce qui est nécessaire, en particulier dans le domaine des relations à deux.

Voilà pourquoi il est indispensable pour un homme d'apprendre à comprendre les femmes, sans quoi il ne saura absolument pas ce qui est nécessaire pour l'épanouissement de la relation. Lorsqu'il lui semble en faire assez mais que sa compagne ne nage pas dans le bonheur, il ne tarde pas à abandonner la partie et à se désintéresser d'elle parce qu'il en déduit soit que quelque chose ne va pas, soit qu'elle n'est pas la partenaire qui lui convient. En réalité, il a probablement adopté une mauvaise approche.

GARDER SON AVANTAGE

S'il ne maîtrise pas la stratégie de base de cette troisième étape, l'homme croira à tort qu'il a fait tout ce qui était nécessaire pour gagner le cœur de sa partenaire. À présent, il peut donc se reposer sur ses lauriers et vivre sur les dividendes que rapporte son investissement initial. En se relâchant ainsi, il perd son élan et la relation cesse d'extraire le meilleur de lui-même et de sa partenaire. Son rôle dans le couple se fait de plus en plus passif.

Ce mécanisme se produit dans tous les domaines de la vie masculine et en permanence dans le monde du travail. Le succès venu, beaucoup de grosses compagnies perdent de leur compétitivité et de leur dynamisme. Elles s'installent dans la prospérité et cessent de chercher un moyen novateur de devancer leurs concurrents. Ce faisant, elles perdent la puissance et la chance qui naissent d'un travail acharné, d'efforts, de sacrifices, d'une bonne planification, d'une prise de risques raisonnable. Pour conserver leur avance, il leur faut maintenir les stratégies qui les ont conduites à la première place.

Un homme qui fait de son mieux se découvre des qualités insoupçonnées : il va jusqu'aux limites de son potentiel. Et, à force de donner le meilleur de lui-même, il gagnera en créativité. De ce fait, repousser ses limites l'amène automatiquement à augmenter sa puissance. Il acquiert la force et la créativité nécessaires pour se surpasser.

S'il ne tire pas parti de cette occasion de développer et d'exprimer sa puissance et sa créativité, il perdra son avantage.

Des dynamiques identiques entrent en jeu pendant la troisième étape du processus amoureux. En continuant à prendre le temps de rechercher ce qui plaît à une femme, d'accomplir les efforts nécessaires pour préparer un rendez-vous romantique, un homme garantit que des sentiments et un intérêt réciproques s'épanouiront au sein de son couple.

Il découvrira qu'une relation peut offrir incomparablement plus qu'il ne le pensait jusqu'alors. Il mettra au jour une facette de lui-même qu'il ne connaissait pas, concentrée et responsable, et donnera au grand amour l'occasion de s'épanouir.

UNE RELATION EST COMME UN INVESTISSEMENT

Les hommes considèrent leurs relations sentimentales comme des investissements. Ils consacrent de l'énergie à la conquête et espèrent bien en retirer quelque chose. Voilà pourquoi ils préfèrent prendre le temps de choisir la compagne qui leur convient : il serait absurde de tout investir dans un mauvais placement. Dommage que, dès qu'il a choisi une partenaire avec qui il envisage une relation exclusive, notre homme croie à tort avoir finalisé son investissement. Il doit acquérir une vision des choses plus réaliste. Pendant cette troisième étape du parcours amoureux, il n'en est encore qu'à rassembler le capital à investir ; dans la quatrième étape il choisira son investissement, et dans la cinquième il placera son capital. S'il parcourt avec succès les cinq étapes, il pourra se féliciter d'avoir effectué un investissement réussi dans sa relation. Et il pourra passer le reste de sa vie à jouir du fruit de son labeur.

Dans cette troisième étape, l'homme doit saisir qu'il lui faudra encore accomplir bien des efforts, mais pas plus qu'il n'est capable d'en faire : qu'il fasse de son mieux ! À mesure qu'il progressera et se sentira à même de donner davantage, sa partenaire pourra se mettre plus en avant de manière saine. Et tandis que se prépare la proximité qui caractérise les étapes suivantes, la démarche de l'homme face à la relation évolue.

COMMENT L'EXPÉRIENCE D'UN HOMME SUBIT DES CHANGEMENTS

Lorsqu'il persiste à donner le meilleur de lui-même, l'homme s'aperçoit qu'il abrite en lui la capacité de faire ressortir le meilleur de sa partenaire. Il aime ça, car même si cela exige des efforts ou toute son attention cela le fait gagner en force. Tant qu'un homme reste confiant et concentré sur une tâche, il apprécie de fournir des efforts.

De même que le sport développe les aptitudes physiques et procure un bien-être certain, à terme un homme se découvre un immense pouvoir de don, dans cette troisième étape : les muscles relationnels qu'il se forge au cours de cette phase lui donneront la force de progresser à travers les étapes numéro quatre et cinq.

En consacrant volontairement son énergie et son attention à combler les besoins de romantisme de son amie, bien après qu'elle aura accepté ses avances, un homme s'entraîne à comprendre que les gestes tendres inhérents aux premiers rendez-vous ne servent pas uniquement à gagner le cœur d'une femme mais qu'ils restent indispensables pour consolider son attrait aux yeux de celle-ci.

Au lieu de chercher avant tout à éblouir sa petite amie, il élaborera un programme destiné à la choyer, ce qui lui procurera un sentiment de bien-être. Ses succès répétés au fil de cette étape l'inciteront à prendre l'habitude de se conduire naturellement de façon tendre.

Donner implique toujours des efforts et des risques, mais la récompense en vaut la peine. Celle de l'homme réside dans le plaisir et dans la fierté qu'il éprouve lorsqu'il réussit à rendre sa partenaire heureuse.

COMMENT LES HOMMES CHANGENT

Tant qu'il n'a pas compris combien il importe de poursuivre ses attentions romantiques, un homme cessera sans le savoir d'effectuer les gestes mêmes qui le rendaient si attirant au début de la relation. Prenons quelques exemples de changements d'attitude masculins.

Johnny et ses plans

Au début de sa relation avec Vanessa, Johnny prévoyait leurs rendez-vous longtemps à l'avance. Il se documentait sur ce qui se passait dans leur ville et en tirait des idées qu'il proposait par la suite à son amie.

Vanessa appréciait en général beaucoup ses suggestions et tous deux partageaient de bons moments.

Lorsque leur relation a pris un tour exclusif, les choses n'ont pas tardé à changer. Johnny a cessé de planifier leurs sorties. Il attendait jusqu'au vendredi, puis demandait à Vanessa ce qu'elle souhaitait faire. Comme ils disposaient de moins de temps pour organiser leur soirée, ils prirent l'habitude d'activités plus banales, comme louer une vidéocassette et la regarder en grignotant du pop-corn. Rien de grave jusque-là : après tout, chaque rendez-vous ne doit pas nécessairement sortir de l'ordinaire. Il est bon de varier les plaisirs. Et pendant un certain temps, Vanessa apprécia ces soirées plus casanières.

Mais lorsque cette situation perdura, Johnny et Vanessa se désintéressèrent progressivement l'un de l'autre. Après avoir suivi un atelier Mars & Vénus, Johnny comprit ce qui s'était passé : il apprit que les femmes adorent que les hommes se montrent prévoyants. Elles apprécient qu'ils proposent des projets et lui avait cessé d'en faire... Il n'avait pourtant pas conscience d'avoir changé. Il avait juste arrêté de programmer des sorties parce que la motivation à l'origine de ces initiatives avait disparu.

Au début de leur relation, il planifiait tout pour s'assurer que Vanessa serait libre de le voir pendant le week-end. Si bien qu'il établissait des rendez-vous avec elle longtemps à l'avance. Mais quand il devint clair que tous deux formaient un couple, la jeune femme prit tout naturellement l'habitude de réserver ses week-ends à son ami. Celui-ci n'avait donc plus aucune raison de dresser des plans.

Au cours de ce séminaire, Johnny découvrit une nouvelle raison de programmer des activités. Lorsqu'il le faisait, non seulement Vanessa se sentait plus entourée, mais en plus celle-ci disposait d'une semaine pour penser à leur sortie et s'en réjouir par avance.

Rares sont les hommes qui saisissent l'importance de ce genre de choses. Les femmes adorent pourtant se projeter dans l'avenir, se préparer, s'apprêter et en parler avec leurs ami(e)s. Cette meilleure connaissance des femmes a fait renaître la motivation de Johnny d'organiser les sorties un peu à l'avance. Il m'a avoué que ce changement minime avait suffi à redonner tout son sel à sa relation de couple.

Une femme jugera particulièrement romantique que son partenaire sache anticiper ses besoins et lui proposer son aide.

LES FEMMES CHANGENT AUSSI

Les femmes sont très conscientes de la façon dont un homme peut changer au cours d'une relation et elles en parlent volontiers, mais elles remarquent moins qu'elles aussi évoluent. Or les femmes changent aussi. Elles pensent que, à présent qu'ils sont impliqués dans une relation exclusive, leur partenaire se donnera automatiquement davantage de mal pour leur plaire. Leurs attentes augmentent et, comme elles anticipent un surplus d'attentions, elles se montrent elles aussi enclines à en faire plus pour l'autre. Ce qui peut paraître judicieux, mais il n'en est rien.

Comme il lui semble donner plus d'elle-même, la femme n'est plus aussi ravie et touchée que dans le passé par les petites choses que son partenaire accomplit pour elle. Au lieu d'apprécier plus celui-ci, elle prend l'habitude de penser que ses attentions sont « normales » et commence à passer sous silence ce qu'il fait pour elle.

Pour maintenir le score en équilibre, elle pense devoir à son tour multiplier les attentions plutôt que continuer à apprécier ce qu'il fait. Elle s'empresse donc autour de lui, se montre plus accommodante, organise son emploi du temps en fonction de lui, planifie des distractions à son intention, s'occupe de réserver leurs tables de restaurant ou leurs places de spectacle, s'inquiète pour lui, attend son bon plaisir, s'efforce de lui plaire, etc. Ce faisant, elle lui coupe sans le savoir l'herbe sous le pied, même s'il est possible qu'il apprécie ses efforts.

LE SECRET DE LA RÉUSSITE

Donner à un homme c'est très bien, mais mieux vaut recevoir de lui. Le secret de la réussite de cette troisième étape consiste pour une femme à continuer de recevoir, quitte à réfréner ses élans. Le moment est venu pour vous de vous concentrer non pas sur ce que vous pouvez faire pour votre partenaire mais sur ce qu'il peut vous apporter. Une attitude réceptive et pleine de gratitude donnera à votre histoire la meilleure chance de grandir.

Tant qu'une femme ne donne pas plus qu'il ne lui semble recevoir, elle n'attend rien de plus en retour. Pour se montrer aussi réceptive que possible à l'égard de son partenaire, il lui faudra se concentrer sur la confiance qu'elle place en lui en s'abstenant de lui prodiguer des conseils, l'accepter tel qu'il est sans essayer de le changer d'aucune manière, et apprécier ce qu'il lui offre sans se dire qu'elle préférerait autre chose.

Le rôle de la femme consiste à donner à son partenaire la possibilité de continuer ses petites attentions, tandis que son rôle à lui revient à continuer à les prodiguer.

NE TENEZ PAS VOTRE CONQUÊTE POUR ACQUISE

Il n'est pas difficile de se montrer enthousiaste lors d'un premier rendez-vous. Mais quand une femme sort avec un homme depuis un certain temps et qu'il continue à commettre toujours les mêmes impairs, elle tend souvent à se montrer trop critique. Au lieu de se demander ce qu'elle pourrait faire pour être agréable à son partenaire, elle doit se concentrer sur l'art d'adopter une attitude réceptive : si elle n'y prend pas garde, elle risque fort de se mettre à considérer que le soutien de l'autre va de soi.

Elle se laisse aussi facilement entraîner à oublier de répondre à ses avances. Ce type de réponse se fait à l'origine sur le mode automatique, mais une femme devra par la suite faire le choix conscient de remarquer ses attentions et de l'en remercier. Une fois que cela sera devenu un réflexe, elle sera prête à aborder la phase plus intime d'une relation amoureuse. Voici quelques exemples d'erreurs mises en évidence dans le cadre des ateliers Mars & Vénus.

Quand Darrel a ouvert la portière de la voiture

Lors de leurs premiers rendez-vous, Linda souriait et se montrait vraiment ravie quand Darrel lui ouvrait la portière de sa voiture. À partir de leur sixième rendez-vous environ, elle prit cependant l'habitude de compter sur ce geste et cessa de le récompenser d'un sourire. Elle se comportait comme si Darrel accomplissait simplement son devoir : en tant qu'homme, c'était à lui d'ouvrir les portes. Résultat : il arrivait à Darrel d'oublier cette petite attention.

S'il est important que l'homme montre son affection à sa partenaire au moyen de petits gestes tels que celui-ci, il est tout ainsi important que la femme prête attention à ses efforts et lui fasse comprendre combien elle les apprécie.

À l'issue de leur participation à un atelier Mars & Vénus, Linda expliqua : « Je n'avais jamais compris pourquoi Darrel tenait tant à ce que je remarque toutes ses petites prévenances. Et comme je ne déchiffrais pas ses motivations, je le jugeais trop exigeant. À présent, je sais qu'il considère mes remerciements comme un signe d'amour. Cela a rendu notre relation beaucoup plus amusante et légère. »

Quand Gary invitait Lisa à dîner

Lorsqu'il fit la connaissance de Lisa, Gary l'invita dans un charmant restaurant qu'elle apprécia tout particulièrement. Elle se montra ravie de dîner là et jugea le repas délicieux. Quelques rendez-vous plus tard, ses compliments se firent moins enthousiastes. Aller au restaurant l'excitait moins. Bientôt, elle adopta même une approche plus négative : au lieu d'évoquer ce qui lui plaisait, elle insistait sur ce qui clochait.

Cela ne tarda pas à dégoûter Gary de choisir des restaurants. Au lieu de proposer des adresses, il décida de se contenter de demander à Lisa où elle souhaitait aller. Puisqu'elle était si difficile, mieux valait la laisser se charger de la sélection. Leur attirance mutuelle commençait à décliner lorsque je les ai accueillis dans le cadre d'un séminaire Mars & Vénus.

Désormais, quand Gary suggérait une table, Lisa veillait à montrer sa satisfaction. Ce qui ne signifie pas qu'elle lui mentait : elle avait simplement retrouvé son esprit positif. Elle l'avait déjà auparavant, mais sa proximité grandissante avec Gary l'avait incitée à se détendre et à chercher à évacuer en lui parlant de ses frustrations de la journée, en se concentrant sur les aspects négatifs de la situation en cause.

S'épancher sur ses problèmes du jour constitue sans nul doute un volet important de toute relation de couple, mais il ne faut pas s'y risquer avant d'aborder la quatrième étape du processus amoureux. Pendant la phase précédente, les deux partenaires doivent au contraire s'attacher à présenter les aspects les plus positifs de leur personnalité. Une fois que cela deviendra chez eux un réflexe, ils seront prêts à partager aussi leurs sentiments négatifs, sans que cela compromette l'équilibre de leur relation. À ce stade, la femme possédera la sensibilité nécessaire pour s'assurer que son partenaire sent qu'elle apprécie le dîner qu'il a organisé à son intention – même si elle s'autorise quelques critiques – et lui la comprendra suffisamment bien pour deviner que ce n'est pas lui qu'elle critique.

COMPRENDRE LA FINALITÉ
DE LA TROISIÈME ÉTAPE

Au cours de cette phase, chacun des partenaires doit faire l'expérience de ce que l'autre a de mieux à offrir. Et tous deux doivent prendre conscience de leur capacité à donner d'eux-mêmes et à mener à bien une relation sérieuse.

C'est pendant ce moment que se constitue un réservoir d'occasions où l'homme a ressenti l'appréciation de sa compagne et où celle-ci s'est sentie soutenue. Ainsi, lorsque, inévitablement, il arrivera que l'autre se montre moins aimant ou réceptif, ils seront mieux armés pour se dire qu'il s'agit d'une faille temporaire ; ils disposeront de l'expérience nécessaire pour se rappeler qu'ils possèdent en eux la force nécessaire pour recréer une expérience positive.

Cette période ne vise pas du tout à vous permettre d'évaluer votre partenaire. Au contraire, vous allez estimer votre propre comportement et ce dont vous êtes capable pour vous montrer sous votre meilleur jour et inciter votre partenaire à agir de même. Dans ce but, les hommes multiplieront les gestes romantiques et les femmes veilleront à se montrer réceptives et à répondre de façon positive à leurs avances. Si ces efforts les poussent tous deux à donner le meilleur d'eux-mêmes, cela signifie qu'ils sont mûrs pour découvrir l'amour vrai et durable qui ne peut se développer qu'au cours de la quatrième étape de leur parcours, la proximité.

IL EST SAGE D'ATTENDRE

Il est plus sage d'attendre avant d'entamer une relation intime car cela permet à l'homme de laisser son désir physique se transcender en un désir émotionnel de rendre sa partenaire heureuse, lequel se muera à son tour en un intérêt réel pour son moi profond. Cet intérêt pourra par la suite se transformer en amour. Quand son désir physique se confond avec l'expression de son amour pour sa compagne, il est prêt à vivre une proximité croissante.

Seule l'exclusivité peut poser les fondations d'une relation durable. Une femme fait naître la proximité en partageant ses pensées les plus secrètes, tandis que l'homme verra celle-ci s'accroître à mesure qu'il soutiendra et choiera plus sa compagne. Plus elle se dévoilera, mieux il pourra la connaître. Et s'il continue à la soutenir au gré de ce processus, l'amour qui anime son cœur aura toutes les chances de s'épanouir.

CHAPITRE 4

Quatrième étape : la proximité

Quand nous sommes en mesure de donner et de ressentir le meilleur de nous-mêmes et de notre partenaire, nous sommes prêts à vivre une expérience amoureuse complète. Il nous semble à présent que nous communiquons sur les plans physique, émotionnel, intellectuel et spirituel. Ce qui signifie que nous sommes mûrs pour envisager une relation intime. Les différents niveaux de connexion cités ci-dessus s'expliquent aisément :
- l'attirance physique suscite le désir et l'excitation sexuelle ;
- l'attirance émotionnelle suscite l'affection, la tendresse et la confiance ;
- l'attirance intellectuelle suscite l'intérêt et la réceptivité ;
- l'attirance spirituelle ouvre nos cœurs et suscite l'amour, l'appréciation et le respect.

Quand un partenaire nous stimule dans ces quatre domaines, nous pouvons nous estimer prêts à passer à la quatrième étape du parcours amoureux.
Puisque vos besoins ont été satisfaits au cours des précédentes phases de ce processus, vous êtes à même

de comprendre l'ampleur de l'attirance spirituelle et de l'amour que vous éprouvez pour votre partenaire. Une bonne connaissance du comportement à adopter lors d'un rendez-vous amoureux ne pourra pas vous pousser à aimer l'autre davantage, ni inciter celui-ci à vous rendre la pareille ; elle peut en revanche vous aider à mesurer l'amour que vous éprouvez à son égard.

UNE ÉTINCELLE NE SE FABRIQUE PAS

Il est impossible de provoquer ces connexions, à quelque niveau que ce soit. Rien ne peut contraindre un autre être à se sentir physiquement attiré par vous ; vous pouvez seulement vous efforcer de mettre en place les conditions adéquates pour que cette personne découvre quelles interactions peuvent s'établir entre vous. Mais ce n'est pas parce qu'on creuse un puits dans les règles de l'art que l'on trouvera nécessairement de l'eau.

Lorsque, dans un restaurant, une femme se lève, l'homme qui dîne avec elle observe sa silhouette. Soit il éprouve de l'attirance, soit il n'en éprouve pas. La même femme suscitera des réactions différentes chez les divers membres du sexe opposé attablés dans la salle.

De la même façon, nul n'est capable de provoquer une étincelle émotionnelle, intellectuelle ou spirituelle. Celles-ci se déclenchent ou ne se déclenchent pas. Nous pouvons uniquement susciter les conditions adéquates pour que l'autre découvre combien il nous aime, combien il nous juge intéressant(e) et combien il aspire à nous rendre heureux(se). Nous pouvons seulement nous assurer de créer l'occasion de ressentir ces interactions.

En plantant un décor approprié au cours des étapes précédentes, nous nous sommes donné l'occasion de découvrir ces interactions potentielles. Lorsqu'on voit les meilleurs aspects d'un être, on met son cœur en situation de s'ouvrir. Et, une fois le cœur suffisamment rempli d'amour, on est à même de supporter les mauvais côtés de l'autre et de conserver néanmoins avec lui un lien amoureux.

LE POUVOIR DE L'AMOUR

Lorsque nos cœurs s'ouvrent et que nous aimons, respectons et apprécions notre partenaire, nous devenons capables de le soutenir même quand il se révèle moins parfait que nous l'avions cru au cours des étapes précédentes du processus amoureux. Les liens spirituels qui nous unissent nous donnent la force nécessaire pour surmonter les jugements, les doutes, les demandes et les critiques que nous subissons parfois. Et même s'il arrive que nos cœurs se referment pour un temps, nous retrouvons plus facilement le chemin de l'amour grâce aux bases solides apportées par toutes les expériences positives.

En revenant régulièrement à l'amour, vous trouverez un jour l'assurance et la confiance indispensables pour choisir au cours de cette quatrième étape le partenaire de votre vie. Vous êtes préparé(e) à relever les défis que pose le mariage. Au lieu de vous perdre dans les luttes de pouvoir qui empoisonnent tant de jeunes couples, vous pourrez vous reposer sur le lien spirituel qui vous unit pour trouver les compromis adéquats, pour vous excuser quand ce sera nécessaire et pour pardonner à votre partenaire de ne pas être parfait.

LA STRATÉGIE DE LA QUATRIÈME ÉTAPE

Pendant cette quatrième étape, la stratégie à suivre est de gagner peu à peu en proximité en révélant de plus en plus complètement votre personnalité. Voici venu le moment de vous détendre et de tout simplement apprendre à vous connaître l'un l'autre. Il n'est plus nécessaire de demeurer sur vos gardes, ni de veiller à vous montrer aussi positif que lors des trois étapes précédentes.

Une femme pourra s'ouvrir plus à l'autre et lui communiquer ses sentiments, même quand elle n'est pas de bonne humeur. Libre à elle, désormais, d'évoquer les choses qui lui déplaisent dans son existence et dans son histoire d'amour. Parfois, il se révélera encore plus constructif pour elle de discuter avec son compagnon quand elle n'est pas très gaie.

Cette étape représente un soulagement immense pour les femmes. Elles peuvent désormais se tourner vers leur partenaire et dévoiler leurs facettes vulnérables ; elles peuvent se détendre et laisser les autres volets de leur être s'exprimer. En divulguant plus pleinement leur personnalité, leurs pensées et leurs sentiments, elles verront leur chéri continuer à leur témoigner amour, intérêt, tendresse et désir. Alors, elles se sentiront prêtes à vivre une intimité physique croissante. Une femme qui s'ouvre petit à petit à une proximité plus grande y gagnera l'occasion de s'élever dans des vagues de contentement et de plaisir de plus en plus intenses.

Pour l'homme aussi, le passage à cet état procure un soulagement. Il attend avec impatience d'accéder à une fusion charnelle. Et à mesure que sa partenaire apprend à s'ouvrir et à partager son être intellectuellement et émotionnellement, tous deux se réjouiront à la perspective de vivre leur amour sur le plan sensuel.

LES FEMMES SONT COMME DES VAGUES

L'un des défis qui se présente aux hommes à ce stade d'une relation amoureuse est de comprendre que, quand une femme se sent aimée, son moral monte mais aussi redescend en un mouvement semblable à celui de la houle marine. Comme je l'ai expliqué dans *Les hommes viennent de Mars, les femmes viennent de Vénus*, les femmes sont comme des vagues. À mesure qu'une femme devient plus vulnérable dans le cadre d'une relation, ses sentiments adoptent un rythme évoquant l'océan. Elle va déborder d'amour et de bonheur, puis soudain, elle va changer d'humeur et redescendre au creux de la vague.

Une proximité plus grande donne à une femme un sentiment de plus grande vulnérabilité et par conséquent, ses sentiments varient telles des vagues.

Quand une femme se trouve au creux de la vague, elle n'a, pour un temps, plus grand-chose à donner. Son compagnon devra alors faire appel à tous les talents qu'il a accumulés au cours de la phase d'exclusivité, afin de continuer à donner le meilleur de lui-même sans rien attendre en retour. Il doit se rappeler qu'il possède la capacité de la rendre heureuse. Car quand un homme imagine à tort qu'il est incapable de faire le bonheur de sa partenaire, un immense découragement s'empare de lui.

Les expériences positives emmagasinées au cours de la troisième étape l'aideront à surmonter cette phase de moindre succès. Comprendre que les femmes sont comme des vagues et vous remémorer les périodes durant lesquelles vous réussissiez à la rendre heureuse vous permettront de surmonter votre découragement et votre frustration lorsque vous verrez votre compagne au creux de la vague. Et au lieu de vous sentir impuissant, vous saurez exactement comment réagir et quand vous pouvez raisonnablement espérer que la situation s'arrange.

Quand une femme se retrouve au creux de la vague, son compagnon risque d'en déduire qu'il est incapable de faire son bonheur.

Dès qu'elle remonte vers la crête de la vague, une femme retrouve sa capacité de donner et d'exprimer plus d'amour, mais quand elle redescend, même avec le partenaire le plus merveilleux du monde, elle perd momentanément cette capacité. Elle ne se montre soudain plus aussi sûre d'elle, réceptive ou attentive.

Pendant ces phases, beaucoup d'hommes commettent l'erreur de tenter de « réparer » leur partenaire. Au lieu de prendre le temps de l'écouter et de la soutenir, ainsi que cela se pratique sur Vénus, ils essaient de la convaincre de retrouver le sourire. Vos chances de succès seront plus grandes si vous vous abstenez de lui proposer des solutions et l'entourez plutôt de compréhension. C'est lorsqu'elle touche le creux de la vague qu'une femme a le plus besoin de sentir que son compagnon ne la juge pas.

C'est lorsqu'elle touche le creux de la vague qu'une femme a le plus besoin de l'amour d'un homme.

QUAND LA VAGUE DÉFERLE

Voici quelques exemples de comportements d'une femme dont la vague déferle.

1. Elle se sent dépassée par les événements

Elle se met soudain à se plaindre de son existence. Au lieu de vous sentir rejeté, écoutez-la et montrez-vous compréhensif. Et, une fois qu'elle se sera épanchée, résistez absolument à l'envie de lui proposer une solution. Faites-lui plutôt un compliment. Si elle vous dit « je n'ai pas le temps de sortir, j'ai tellement à faire. Je n'arrive pas à tout mener de front... » :

Ne dites pas :	Dites plutôt :
« Allons, n'en fais pas autant. Tu ferais mieux de te détendre et de prendre la vie du bon côté. »	« Tu donnes tellement à tant de personnes. Viens dans mes bras. »
« Oublie tout cela et viens faire la fête avec moi. Ne reste pas à te lamenter alors que nous pourrions passer une bonne soirée. »	« Tu as tant de choses à faire. » Puis, prêtez une oreille compatissante lorsqu'elle énumère ses tâches quotidiennes.
« Tu te fais trop de souci. Tout s'arrangera, tu verras. Sortons plutôt nous amuser. »	Après avoir écouté la liste des mille choses qu'elle doit accomplir, proposez-lui votre aide ou demandez : « Y a-t-il quelque chose que je puisse faire ? »

Elle se sentira écoutée et soutenue. N'espérez toutefois pas que votre proposition d'aide suffira à chasser ses idées noires. Elle ne va pas s'écrier : « Oh, merci beaucoup de proposer de me prêter main-forte ! Je me sens beaucoup mieux, à présent ! » Elle ne pourra tenir de tels propos que lorsqu'elle surfera de nouveau sur la crête de sa vague.

Sachez en outre que, tant qu'elle demeurera au creux de la vague, sa capacité à vous apprécier à votre juste valeur stagnera au plus bas. Mais, lorsqu'elle retrouvera le sourire, elle n'en appréciera que plus les attentions que vous lui aurez prodiguées pendant cette phase. Il est facile d'aimer l'autre quand elle est de bonne humeur. Le véritable test de l'amour intervient quand elle va mal : saurez-vous être là pour elle ? Une femme n'oublie jamais que son partenaire a su l'entourer de tendresse dans les moments difficiles. Et elle sait désormais qu'elle peut plus encore que par le passé se reposer sur la confiance et sur le soutien de son compagnon.

2. Elle se sent vulnérable

Il se peut aussi qu'elle se mette brusquement à poser une foule de questions sur votre relation ou sur vos sentiments. Elle vous demandera de quantifier votre amour pour elle ou ce que vous pensez de son corps. Ne prenez surtout pas ces questions au premier degré. N'essayez pas de résoudre son problème en la raisonnant. Elle cherche juste à être rassurée.

Si elle vous dit : « Tu trouves que j'ai l'air grosse ? »

Ne dites pas :	Dites plutôt :
« Tu n'as certainement pas un corps de top-modèle, mais ces filles ne mangent jamais rien. »	« Je te trouve très belle et je t'aime telle que tu es. » Puis serrez-la dans vos bras.
« Ne sois pas aussi dure avec toi-même ; moi, je ne le suis pas. »	« Tu es une femme superbe. Je t'adore. » Puis, serrez-la dans vos bras.
« Si tu veux vraiment perdre du poids, consulte un spécialiste. »	« Pour moi, tu es la plus belle et la plus craquante. » Puis serrez-la dans vos bras et embrassez-la.

« Si tu acceptais de m'accompagner à la salle de gym, tu te sentirais mieux dans ton corps. »

« Tu me sembles parfaite. J'adore ton corps. » Puis serrez-la dans vos bras et embrassez-la.

Si elle vous dit : « Comment peux-tu m'aimer ? Ma vie est complètement désorganisée, je pars en vrille... »

Ne dites pas :	Dites plutôt :
« C'est vrai : parfois, c'est difficile. Si seulement tu pouvais ne pas faire un drame de la moindre broutille. »	« Eh bien, je t'aime et je suis là pour t'éviter de perdre le nord. Tu en fais tellement... Laisse-moi te prendre dans mes bras. Je t'aime tant. »
« Ta vie ne part pas en vrille. Tu as juste besoin d'apprendre à mieux maîtriser tes émotions. »	« Tu peux t'écrouler dans mes bras quand tu le souhaites. Je t'aime et tu peux m'appeler à l'aide dès que tu en éprouves le besoin. »
« Si tu t'organisais mieux, ta vie ne partirait pas dans tous les sens. Si tu... »	« J'aime que tu aies besoin de moi. J'aime être là pour toi. Je dispose d'un peu de temps : laisse-moi faire cela à ta place... »

3. Elle éprouve du ressentiment

Bien souvent, quand elle est en phase ascendante, une femme donnera de son temps et de son attention sans compter, sans même deviner qu'elle attend un effort en retour. Pendant cette période, elle n'attend rien de plus, mais lorsqu'elle redescendra vers le creux de la vague le ressentiment l'envahira s'il lui semble avoir donné plus qu'elle n'a reçu. Presque tout pourra alors lui inspirer de la rancœur : son partenaire, son existence, son emploi à elle ou bien le sien, la météo, le serveur du restaurant, ses parents, la circulation, et ainsi de suite. Vous devez veiller à ne pas condamner son attitude, même si elle vous paraît négative et déraisonnable, et surtout ne pas essayer de la convaincre de changer d'humeur.

Si elle vous dit : « Je déteste mon patron. Il s'attend vraiment à ce que je travaille vingt-quatre heures sur vingt-quatre ! Il m'a laissé une note disant... »

Ne dites pas :	Dites plutôt :
« Je ne pense pas que ton patron cherche à t'épuiser. Il t'apprécie. »	« C'est vraiment injuste. Comment peut-il dire une chose pareille ? »
« Tu devrais lui dire que tu ne peux pas en faire plus. Dis-lui carrément non. »	« C'est terrible ! N'a-t-il pas conscience de tout ce que tu assumes déjà ? » Puis écoutez-la s'épancher.

Si elle vous dit : « Ce serveur est vraiment nul : voilà un quart d'heure que nous attendons notre addition ! »

Ne dites pas :	Dites plutôt :
« Écoute, il y a beaucoup de monde. Je suis sûr qu'il fait de son mieux. »	« C'est incroyable. Les gens de la table du fond ont déjà payé. Je vais aller voir ce qui se passe. »
« Ne t'inquiète pas. Nous ne sommes pas pressés. Nous avons encore largement le temps d'arriver à l'heure au cinéma. »	« S'il ne se dépêche pas, nous risquons de rater le début du film. Je vais essayer d'attirer son attention. »

Lorsqu'une femme éprouve du ressentiment, entendre son compagnon minimiser le problème qui l'agace est la dernière chose qu'elle souhaite. Elle a avant tout besoin d'en parler à loisir, d'évacuer sa frustration et de sentir qu'une personne au moins est de son côté. C'est là tout le but de la proximité. Il lui faut acquérir la certitude qu'elle dispose d'un allié.

Pour qu'une femme puisse se sentir profondément aimée, elle doit pouvoir ouvrir son cœur, partager ses pensées et savoir qu'on l'aime toujours en dépit de cela. Apprendre à gérer les hauts et les bas du moral d'une femme au gré des mouvements de ses vagues personnelles constitue pour son partenaire l'un des plus grands défis du processus amoureux.

LES HOMMES SONT COMME DES ÉLASTIQUES

Les femmes aussi doivent relever un défi posé par les Martiens. Car si elles oscillent de haut en bas, eux vont d'avant en arrière. Un homme qui vit une proximité grandissante avec sa partenaire va en effet se mettre à alterner les phases pendant lesquelles il souhaitera se rapprocher d'elle et celles durant lesquelles il cherchera à prendre du recul.

Tant qu'il n'entretient pas encore de relations intimes avec sa partenaire, comme c'est le cas pendant l'étape numéro trois, un homme reste encore animé par son souci de se rapprocher d'elle. Il souhaite la rendre heureuse. Son besoin de s'isoler de temps à autre est beaucoup moins prononcé.

Dès lors qu'il aborde la quatrième étape du parcours et vit avec sa compagne une proximité grandissante, son besoin de retrait se réveille lui aussi. Son besoin d'autonomie se révélera à la mesure des aspects de son moi auxquels il a renoncé pour se rapprocher de sa partenaire. Et, même avec la femme la plus merveilleuse du monde, un homme éprouvera de temps à autre le besoin de s'isoler avant de revenir ensuite auprès d'elle.

Dès qu'un homme vit une véritable proximité, il éprouve de temps à autre le besoin de s'isoler pendant un moment, avant de revenir ensuite auprès de sa partenaire.

Plus un homme se sentira proche de sa compagne, plus son besoin de retrait se révélera puissant. Il pourra ensuite revenir vers elle, plus amoureux que jamais. Avec chaque nouveau rapprochement après un éloignement, son amour grandira.

Quand un homme s'éloigne de vous, il est primordial de ne pas le harceler ni de chercher à l'inciter à rester. Il faudra aussi veiller à ne pas vous montrer distante quand il vous reviendra. Un homme a besoin de sentir que sa partenaire accepte de son plein gré sa tendance à s'isoler parfois.

Les femmes, elles, tendent plutôt à penser qu'on n'est jamais trop proche. Si bien que, quand leur partenaire fait mine de s'isoler, elles pensent que quelque chose ne tourne pas rond et cherchent à le ramener vers elles. Une femme sage apprendra à laisser l'autre libre de prendre ses distances, certaine qu'il retrouvera tout seul sa soif de complicité. Elle comprendra que l'absence stimule le désir et ira même jusqu'à encourager son compagnon à passer du temps auprès de ses amis sans elle. En lui laissant cette latitude, elle le conduira à ressentir son désir d'être à nouveau très proches.

Une femme qui accepte le besoin d'isolement de son partenaire crée les conditions idéales pour qu'il retrouve en lui le désir de se rapprocher d'elle ensuite.

Comme je l'ai expliqué à propos de la deuxième étape du processus amoureux, les hommes sont comme des élastiques : ils ne peuvent prendre leurs distances que jusqu'à un certain stade avant de regagner naturellement leur point de départ. En soutenant ce besoin de retrait naturel de son compagnon, une femme s'assurera qu'il trouve dans son cœur l'amour nécessaire pour revenir vers elle.

À chaque rapprochement, il se révélera plus amoureux. Et son besoin de s'isoler s'amenuisera au fil du temps. Il demeurera toujours, mais il se fera moins violent. C'est lorsqu'un homme devient intime avec sa partenaire avant d'y être réellement prêt que sa propension au va-et-vient sera la plus prononcée. Un homme qui devient proche d'une femme avant d'avoir établi avec elle une connexion sur les quatre plans physique, émotionnel, intellectuel et spirituel, risque de ne pas revenir vers elle après s'être éloigné. S'il n'a pas emmagasiné assez d'amour, son élastique pourra se rompre. Prenons un exemple.

Coup de foudre

Quand Derrick, trente-deux ans, fit la connaissance de Rochelle, trente ans, il tomba aussitôt amoureux d'elle. Après quelques rendez-vous, ils éprouvaient déjà des sentiments forts et avaient adopté le comportement de deux âmes sœurs. Derrick appelait sa partenaire plusieurs fois par jour et ils passaient leurs week-ends ensemble, partageant tout. Derrick n'avait jamais vécu de relation aussi passionnée. Quant à Rochelle, elle était sur un petit nuage. Ils vivaient une histoire tellement romantique qu'il leur semblait ne jamais passer assez de temps ensemble.

Puis, au bout de trois semaines, Derrick se volatilisa. Rochelle lui téléphona donc à son travail et découvrit que tout allait bien – ou presque. Derrick se montra amical, mais distant. Il ne lui proposa même pas de rendez-vous, ce qui offensa beaucoup la jeune femme. Elle ne parvenait pas à croire qu'il puisse passer si rapidement d'une telle ardeur à la froideur la plus complète. Elle se montra aimable, mais son cœur saignait.

Comme, deux jours plus tard, il ne l'avait pas rappelée, elle dut se rendre à l'évidence. Quoique bien décidée à ne jamais le revoir, elle résolut de lui téléphoner pour lui dire ce qu'elle pensait de son attitude. Leur histoire s'acheva sur une conversation pénible. Rochelle se sentait meurtrie et pleine de ressentiment, tandis que Derrick souffrait de l'avoir blessée.

Il n'avait jamais eu l'intention lui faire de fausses promesses : il croyait vraiment avoir rencontré la femme de sa vie. Et puis, un matin, il s'était réveillé à son côté soudain certain qu'ils ne vieilliraient pas ensemble. Un besoin presque incontrôlable de s'en aller l'avait alors envahi. Pendant qu'ils petit-déjeunaient face à face, il s'était mis à comparer Rochelle à son image de la femme idéale, pour conclure qu'elle ne correspondait pas à ses attentes. Il avait cessé de l'aimer aussi brutalement qu'il s'était épris d'elle.

Et comme il ne savait que faire, il n'avait rien fait. Quand Rochelle le rappela et qu'il comprit combien il l'avait blessée, il se résolut à mettre un terme à leur histoire. Il était désolé pour elle, mais qu'aurait-il pu dire de plus ? Il ne pouvait pas modifier ses sentiments et ne souhaitait certes pas continuer à la faire souffrir.

Souffler le froid et le chaud

Six mois plus tard, après avoir suivi un atelier Mars & Vénus, Derrick apprit que les hommes étaient comme des élastiques. Il comprit alors pourquoi la froideur avait succédé à l'ardeur dans sa relation avec Rochelle. Il était devenu vraiment intime avec elle puis, tandis qu'il était en phase d'éloignement, elle l'avait rappelé. Il n'avait pas pu la rassurer sur ses sentiments à son égard puisqu'il ne les éprouvait plus, et il en avait aussitôt déduit qu'elle n'était pas la femme de sa vie. Derrick se demanda alors ce qui se serait produit si Rochelle et lui avaient pris le temps de mieux se connaître, au lieu de se précipiter vers la quatrième étape du processus amoureux. Car, même s'il ne ressentait plus la même envie dévorante d'être auprès d'elle, elle lui manquait. Il décida donc de se mettre en rapport avec elle pour lui expliquer ses découvertes. Au cours d'un dîner agréable, ils discutèrent et, une chose en entraînant une autre, ils recommencèrent à sortir ensemble. Cette fois, pourtant, même s'il leur parut pénible de se priver de faire l'amour, ils se forcèrent à progresser pas à pas. Ils décidèrent de donner une chance à leur histoire en s'accordant tout le temps nécessaire pour parcourir les différentes étapes du processus amoureux.

Quand ils abordèrent enfin la quatrième, Derrick sentit renaître en lui le besoin de s'éloigner. Tel un élastique, il se tendrait, puis reviendrait vers Rochelle. Cette fois, cependant, son besoin d'isolement se révéla beaucoup moins intense car il avait pris le temps de bâtir une véritable relation avec elle. Et lorsqu'il prit ses distances, il ne lui fallut que quelques jours pour que sa compagne commence à lui manquer vivement. Derrick et Rochelle vivaient à présent une histoire suffisamment solide pour que, quand il s'écartait d'elle, son élastique ne se rompe pas. Ils vivent toujours ensemble aujourd'hui.

LES QUATRE CLÉS DE LA PROXIMITÉ

Les trois premières étapes du processus amoureux nous préparent à vivre un jour une telle communion. En nous accordant le temps requis pour prendre conscience de nos interactions physiques, émotionnelles, intellectuelles et spirituelles – et de développer celles-ci –, nous devenons capables de nous rapprocher l'un de l'autre. Mais si nous établissons une connexion physique et émotionnelle étroite avant de nous sentir liés sur le plan intellectuel ou sur le plan spirituel, nous risquons d'éprouver la sensation que quelque chose nous manque.

Le lendemain matin, nous nous réveillerons en nous demandant qui est la personne avec qui nous avons établi cette connexion et, au lieu d'aspirer à nous rapprocher encore d'elle, nous serons impatients de nous en éloigner. Les choses peuvent aussi se passer en sens inverse. Il arrive en effet que l'on pense : « C'était agréable, mais il manque quelque chose ; j'ai besoin de plus. »

PASSER À LA CINQUIÈME ÉTAPE
DE LA RELATION

En apprenant à nous connaître l'un l'autre de façon plus intime au moment adéquat, nous devinerons sans peine si notre partenaire est notre âme sœur. On entend souvent des gens demander : « Comment savoir s'il est l'homme ou la femme de ma vie ? » La réponse est la suivante : parcourez patiemment les quatre premières étapes du processus amoureux et vous saurez à quoi vous en tenir. Il viendra un moment où vous aurez la certitude que la personne que vous fréquentez vous convient ou non. Alors vous serez prêt à progresser vers la cinquième étape du parcours.

CHAPITRE 5

Cinquième étape : l'engagement

Après avoir franchi les étapes précédentes, nous sommes capables de déterminer si nous avons bel et bien trouvé l'âme sœur. Dans un premier temps, cette certitude ne nous habitera que l'espace d'un éclair. Même si nous sommes convaincus que notre partenaire nous convient, il pourra arriver par la suite que nous en doutions ou que nous l'oubliions.

Quand nous acquérons enfin la capacité à reconnaître notre âme sœur, nous ne faisons dans un premier temps que l'apercevoir.

Trouver l'âme sœur équivaut à toucher une cible en plein cœur : avant d'y parvenir, il faut s'entraîner. Certains réussissent d'emblée à atteindre leur objectif, mais la plupart doivent s'y reprendre à plusieurs fois. La majorité des gens ont essuyé plusieurs revers amoureux avant de rencontrer leur conjoint. Pour quelques-uns d'entre nous, ce processus prend plus de temps que nécessaire à cause d'une faille dans notre technique. La métaphore du tir à l'arc nous aide à percevoir la nature du problème.

Imaginez que vous avez visé une cible et que vous

l'avez manquée parce que vous avez tiré trop à gauche. Le simple fait d'admettre avoir dévié incitera votre esprit à corriger automatiquement l'orientation de votre flèche de façon que, la fois prochaine, vous tiriez plus vers la droite. Votre cerveau continuera à s'autocorriger au gré de vos essais ultérieurs, jusqu'à ce que, enfin, vous fassiez mouche.

Les relations de cœur obéissent au même principe. Dès que vous aurez compris que vous vous êtes trompé de partenaire, votre esprit entamera un processus de correction afin que, la prochaine fois, vous soyez attiré par un être qui vous corresponde mieux. Mais pour être capable d'enclencher ce système de rectification automatique de votre tir, il faut impérativement évaluer correctement la distance qui vous sépare de votre objectif. Plus cette distance sera grande, plus grande devra être la compensation. Autrement dit, si vous fréquentez quelqu'un qui n'est manifestement pas votre type, il vous faudra rectifier le tir de manière conséquente ; s'il s'approche de votre idéal, vous corrigerez moins vivement votre trajectoire.

Imaginez qu'on vous bande les yeux et que, chaque fois que vous vous apprêtez à décocher une flèche, quelqu'un vous souffle des indications erronées : vous n'atteindrez probablement jamais le cœur de la cible. Pour vous corriger après chaque tentative, vous avez besoin de données précises. Disposer d'informations exactes vous permettra d'effectuer les ajustements nécessaires pour améliorer votre trajectoire afin que, un jour enfin, vous touchiez au but.

QUAND UNE HISTOIRE VOUÉE À L'ÉCHEC S'ÉTERNISE

Certaines relations s'enveniment, jusqu'à s'achever sur une note discordante, lorsque les deux protagonistes s'entêtent à rester ensemble trop longtemps. Au lieu d'admettre qu'ils s'enlisent dans une liaison sans avenir et de reprendre leur quête de l'âme sœur, on les voit qui s'évertuent à faire fonctionner la relation envers et contre tout : soit ils s'emploient à transformer leur partenaire, soit ils essaient de se changer eux-mêmes. Or, à force de vouloir à tout prix s'entendre avec l'autre, ils aggravent les choses : il n'y a rien de plus frustrant que de tenter en vain de se convaincre qu'une relation à peu près satisfaisante se muera, à force d'efforts, en relation idéale. À trop chercher à arranger la situation, on réveille ses pires démons comme ceux de son partenaire et l'on se réserve d'amères déceptions.

Si l'on essaie de faire entrer un embout carré dans une cavité ronde, on échoue quoi que l'on fasse, et la période au cours de laquelle on s'escrime, en dépit du bon sens, à tenter de faire coïncider des choses incompatibles, suscite des disputes et des tensions inutiles. Il vient un moment où il faut admettre que votre partenaire et vous ne faites décidément pas bon ménage.

L'histoire de Bill et Susan a duré trois ans. À l'issue de la deuxième année, Bill avoua à sa compagne qu'il n'était pas sûr de vouloir passer auprès d'elle le restant de ses jours. Susan entreprit néanmoins de le convaincre de leurs chances de bonheur. Mais plus ils faisaient d'efforts, plus les choses devenaient tendues. Susan redoutait que Bill s'intéresse à d'autres femmes et, bien qu'il lui soit resté fidèle, elle ne cessait de le questionner sur son emploi du temps, ses déplacements et ses sentiments à son égard. Plus les mois passaient, plus elle se renfermait sur elle-même et perdait confiance en Bill, tandis que lui se sentait chaque jour un peu plus pris au piège, irritable et désireux de prendre ses distances. Après mille disputes pour des broutilles, ils finirent par se séparer. Tous deux se sentirent rejetés et furieux.

Au lieu de mettre au jour le meilleur d'eux-mêmes, leur relation a fait resurgir les aspects les plus négatifs de la personnalité de chacun. Bill et Susan se disputaient et se chamaillaient en permanence. Ils n'étaient pas faits l'un pour l'autre ; seulement ils ne savaient pas comment mettre un terme à leur relation.

ÊTRE AMOUREUX NE SUFFIT PAS

Tant que Bill et Susan s'en tenaient aux premières étapes du processus amoureux, tout allait bien. La situation commença à se dégrader. À force de côtoyer Susan, Bill en déduisit qu'il n'était pas l'homme de sa vie et qu'elle n'était pas la femme de sa vie. Il était amoureux, certes, mais il n'avait nulle envie de s'engager avec elle.

Cette situation était incompréhensible à ses yeux et bien plus encore à ceux de Susan. Sentant qu'il hésitait à poursuivre leur relation, elle recherchait la confrontation : « Si tu m'aimes, pourquoi n'as-tu pas envie de rester auprès de moi ? Comment peux-tu tirer un trait sur notre relation ? Moi, je pensais que tu m'aimais. Mais comment peux-tu m'aimer et souhaiter me quitter ? Tu es juste terrifié par la perspective d'un engagement, au point de ne laisser aucune chance à notre couple... »

À tous ces arguments, Bill n'opposait qu'une seule réponse : « Je t'aime, mais je ne crois pas que tu sois la femme de ma vie. » Susan ne supportant pas d'entendre cela, ils en vinrent à se disputer sans relâche, avant de prendre la décision de rompre. Le simple choix d'un restaurant devenait un motif d'altercation.

Ni l'un ni l'autre ne savait qu'il est tout à fait sain de tomber amoureux de quelqu'un, d'apprendre à le connaître puis de découvrir qu'on s'est trompé. Et au lieu de se séparer à l'amiable, ils finirent par se quitter pleins de haine parce que, à force de se quereller, ils ne se supportaient plus.

COMMENT SAVOIR QU'IL S'AGIT DE L'HEUREUX ÉLU ?

On entend souvent des célibataires demander : « Comment savoir si une personne me convient ? » Ce à quoi on leur répond généralement quelque chose du style : « Eh bien on le sait, c'est tout. »

Quand deux âmes sœurs s'éprennent l'une de l'autre, elles se reconnaissent l'une l'autre. C'est aussi évident que de savoir que le soleil brille ou que l'eau désaltère. Lorsqu'on sort avec l'homme ou la femme de sa vie, on le sait, tout simplement. Cette certitude ne repose en aucune façon sur une longue liste de raisons ou de qualificatifs.

Cette réponse est juste, mais elle peut néanmoins induire en erreur. Elle laisse entendre en effet que si cette évidence ne vous frappe pas, vous faites fausse route. Or ce n'est pas toujours exact. Pour être tout à fait complet, il convient de préciser que l'on « sait » lorsqu'on a su réunir les conditions nécessaires pour cela, que le cœur s'est ouvert à l'amour de l'être qui vous est destiné. Si vous ouvrez votre cœur à un autre, vous finirez par savoir qu'il ne vous convient pas.

Parcourir les cinq étapes du processus amoureux vous met à même de développer votre capacité à « savoir » lorsque la personne qui vous convient croise votre route. Cela vous permettra tout autant de « savoir tout simplement » que vous vivez une relation sans avenir. Une fois que vous serez capable de « savoir tout simplement », vous n'aurez plus qu'à trouver votre moitié ou être trouvé par elle... ce qui est beaucoup plus facile.

CE QUE LES CÉLIBATAIRES NE COMPRENNENT PAS

La plupart des célibataires ont du mal à intégrer ce précepte de base. Ils croient à tort que, quand on est amoureux, on désire obligatoirement poursuivre une relation avec l'objet de son amour. Ce n'est pas vrai. Certes, plus un être se rapprochera de votre idéal, plus il vous sera facile de le percevoir comme susceptible d'être aimé, mais il ne s'agira pas pour autant obligatoirement de la femme ou de l'homme de votre vie. Aimer ne suffit pas à faire de lui ou d'elle celui ou celle qui vous convient.

TROUVER LE BON PARTENAIRE

En règle générale, il faut s'armer de patience et respecter les quatre étapes décrites ci-dessus avant d'être en mesure de reconnaître son âme sœur. Bien entendu, vous pouvez user de stratagèmes et de manipulations pour que celui ou celle que vous convoitez s'éprenne de vous et vous épouse ou s'engage avec vous, mais s'il ne vous convient pas vous ne vieillirez pas nécessairement côte à côte. Une des raisons pour lesquelles notre époque enregistre un taux si élevé de divorces réside dans le fait qu'on ne prend plus le temps de parcourir ces cinq étapes.

Vous pouvez user de stratagèmes et de manipulations pour qu'une personne s'éprenne de vous et vous épouse, mais cela ne constitue nullement une garantie de succès.

Nos aïeux acceptaient de s'engager et se mariaient sans prendre le temps de connaître celui ou celle qui leur était promis parce que l'institution du mariage reposait à l'époque avant tout sur un souci de sécurité : ils recherchaient en priorité un compagnon ou une compagne capable d'assurer leur bien-être matériel et celui de leurs enfants. La génération de nos parents a découvert la tendresse et appris à s'aimer. Pour se rendre compte que cela ne suffisait pas à les prémunir contre des unions malheureuses.

Trouver le partenaire auprès de qui notre amour et notre passion pourront s'épanouir se révèle délicat. Cet être unique, singulier, devra être choisi et reconnu par notre âme.

TROUVER L'ÂME SŒUR

Une âme sœur est une personne qui possède la capacité très rare d'extraire de nous le meilleur. Une âme sœur n'est pas parfaite, mais elle nous convient à la perfection.

On l'a vu, on distingue quatre principaux types d'interaction entre deux personnes qui sortent ensemble : des interactions d'ordre physique, émotionnel, intellectuel et spirituel. Les interactions physiques engendrent le désir ; les interactions émotionnelles engendrent l'affection ; les interactions intellectuelles suscitent l'intérêt ; et les interactions spirituelles donnent naissance à l'amour. Une âme sœur interagit avec vous sur chacun de ces quatre plans.

Lorsqu'une attirance physique ne s'appuie pas sur d'autres connivences au niveau de l'esprit, du cœur et de l'âme, elle succombera à l'épreuve du temps. Une fois les passions et les plaisirs de la chair dégustés sans qu'ils aient su éveiller des ardeurs aussi vives dans l'esprit, le cœur ou l'âme, cette interaction physique disparaîtra. Une attirance physique ne peut durer toute une vie que lorsqu'elle résulte aussi d'une union des esprits, des cœurs et des âmes.

L'ENGAGEMENT EST UN CHOIX

L'engagement est un choix, un choix différent de tous les autres. Nous ne décidons pas de passer le reste de notre vie avec le premier qui fait battre notre cœur : on commence par trouver l'amour, puis on opère des choix. Comme nous l'avons vu, aimer sincèrement n'implique pas nécessairement que l'autre soit notre moitié idéale. Vivre un amour véritable établit en revanche un contact avec l'âme, contact qui nous permet de comprendre les aspirations de cette dernière.

On ne choisit pas une âme sœur en comptabilisant les « avantages » et les « inconvénients » d'une relation de couple. Il ne s'agit pas d'une décision émotionnelle motivée par les sentiments que l'autre vous inspire ; il ne s'agit pas non plus d'une décision fondée sur l'apparence physique. Ses racines sont bien plus profondément enfouies.

Quand notre âme désire s'unir à notre partenaire, nous avons l'impression de n'être venu au monde que pour accomplir la promesse que cette union concrétise.

Dès que notre âme décide de s'engager, elle ne nous laisse plus guère le choix d'en décider autrement. Nous devons agir ainsi pour rester fidèles à nous-mêmes. Voilà le type d'engagement qui peut engendrer une existence entière d'amour. C'est lui qui nous donnera la force de réaliser les sacrifices nécessaires et de surmonter les inévitables défis inhérents à la vie de couple.

Beaucoup confondent à tort amour et partenaire idéal, parce que c'est uniquement quand notre cœur s'ouvre que nous pouvons réellement connaître l'autre et décrypter nos véritables aspirations. Impossible de rencontrer l'âme sœur quand on ne parvient pas à ouvrir son cœur, c'est vrai. Mais vous ne pourrez pas non plus déterminer avec certitude qu'une personne ne vous convient pas si ce préalable n'est pas rempli. Une meilleure compréhension de ces éléments vous aidera à mettre fin à une relation sans concevoir ni culpabilité ni ressentiment. Au lieu de vous sentir rejeté(e) parce qu'on vous a aimé(e) puis repoussé(e), vous y verrez plus clair. « Oui, pourrez-vous dire, tu m'as aimé(e), mais nous n'étions pas faits l'un pour l'autre. Je n'étais pas l'homme (ou la femme) de ta vie. Cela m'a déçu(e) et j'en ai souffert, mais je peux te le pardonner et te souhaiter tout le bonheur du monde. Et puis je vais pouvoir me remettre en quête de mon âme sœur. »

Quand Bill a rejeté Susan

Quand Bill a quitté Susan, cette dernière a réagi en ces termes : « Notre relation aurait pu fonctionner si seulement tu avais accepté de t'engager envers moi et si tu t'étais fait aider pour surmonter tes blocages. Il aurait suffi que tu te soucies un peu plus de moi et que tu te donnes un peu plus de mal. Si tu avais consacré moins de temps à ton travail et un peu plus à m'épauler, nous aurions pu nous marier et vivre heureux. Mais non, il a fallu que tu gâches tout et que tu abandonnes la partie. Mon existence n'est plus que ruines. Tu étais l'homme de ma vie et j'ai gaspillé trois précieuses années avec toi. »

Pendant nos séances de travail, elle s'est beaucoup lamentée : « Comment se peut-il qu'un homme qu'on aime aussi fort ne soit pas le bon ? Pourquoi a-t-il fallu que cette histoire se termine ? » Et quand je l'assurais qu'elle trouverait un jour quelqu'un qui lui correspondrait mieux, elle refusait purement et simplement d'y croire.

Toute personne rejetée partagera dans une certaine mesure ces sentiments ; ils sont normaux. Mais il faut savoir s'en libérer pour les remplacer par des sentiments positifs d'amour et de pardon.

Quand Susan est de nouveau tombée amoureuse

Trois mois plus tard environ, Susan a rencontré Jack et s'est profondément éprise de lui. Tout se déroula sans anicroche pendant un an environ, jusqu'au jour où Susan comprit que Jack n'était pas l'homme de sa vie. Elle l'aimait, certes, mais à présent qu'elle le connaissait mieux elle sentait qu'il ne lui convenait pas parfaitement.

Chaque fois qu'elle évoquait son intention de rompre, Jack la suppliait de se raviser et de lui accorder une dernière chance. Susan se sentait terriblement coupable à la seule idée de lui infliger une telle souffrance. Au bout de quelques mois d'efforts, elle comprit que les choses ne feraient que se dégrader et l'expliqua à Jack, lequel souleva les arguments qu'elle-même avait employés pour retenir Bill !

Susan avait découvert qu'on peut aimer quelqu'un sans nécessairement souhaiter l'épouser. Comprendre enfin les motifs du départ de Bill lui permit de lui pardonner, de penser à lui avec tendresse et de se libérer du ressentiment accumulé en elle.

Elle trouva aussi en elle les ressources requises pour

quitter Jack sans se laisser envahir par les remords ou la mauvaise conscience. Au fond de son cœur, elle savait qu'ils n'étaient pas faits l'un pour l'autre et qu'il lui fallait reprendre sa quête. Avant cette prise de conscience, elle aurait laissé la situation se dégrader en se rongeant de culpabilité. Cette fois, elle sut repartir du bon pied, pleine de compassion pour Jack mais sans regret. Elle lui savait gré des moments heureux qu'ils avaient partagés, mais se sentait prête à tourner la page.

Trois mois plus tard, elle fit la connaissance de Tom, avec qui elle franchit rapidement les cinq étapes du processus amoureux : ils se marièrent au bout de neuf mois. Ces deux âmes sœurs coulent des jours heureux depuis plus de douze ans et comptent bien vieillir ensemble. Aujourd'hui, Susan se réjouit que Bill ait fait preuve du courage nécessaire pour suivre l'élan de son cœur et rompre avec elle. Lui aussi a rencontré depuis la femme qui lui convient.

L'histoire de Susan illustre combien il est important de comprendre que l'amour ne suffit pas et de rompre sans déchirement : en se délivrant de leurs remords et de leur ressentiment, Susan et Bill ont tous les deux réussi à rencontrer leur âme sœur.

LA VALEUR DU MARIAGE ET DE LA DEMANDE EN MARIAGE

Le mariage est une preuve d'engagement suprême, qui remplira les femmes d'une grande sécurité tout en leur procurant beaucoup de romantisme. En envisageant une union officielle, nous renforçons et soutenons automatiquement notre certitude. Le fait de prendre acte de ce sentiment lui apporte en effet une plus grande solidité. Il vous faut le protéger avec soin, comme une jeune pousse printanière. Si vous le soignez de façon appropriée, votre amour pourra grandir et gagner en vigueur. La plupart des hommes n'ont pas conscience de l'importance que revêt une demande en mariage pour une femme. Sur Vénus, cette requête demeure le souvenir le plus important de la vie, après celui de son mariage proprement dit. Certains Martiens se rebellent contre ce rituel parce qu'ils ne comprennent pas sa signification réelle. Pourtant, dans la mesure où demander une femme en mariage compte parmi les plus beaux cadeaux qu'un homme puisse faire à sa partenaire, ce geste ouvre la voie d'une union réussie.

La demande en mariage demeure le souvenir le plus important de la vie d'une femme, après celui de son mariage proprement dit.

Lors des périodes difficiles qui ne manqueront pas de survenir, il sera extrêmement utile aux couples de pouvoir se remémorer ce moment merveilleux : ce que leurs cœurs innocents et exempts de tout mauvais souvenir ont ressenti alors qu'ils venaient de faire vœu de s'aimer sincèrement l'un l'autre.

Un homme dispose en l'espèce d'une merveilleuse occasion de créer pour sa partenaire un souvenir mémorable. Une telle chance ne se représentera pas ! Voilà pourquoi il convient d'y réfléchir sérieusement. N'oubliez pas que, pendant le restant de son existence, votre partenaire racontera comment vous l'avez demandée en mariage.

COMMENT NOTRE ÂME S'EXPRIME

Le désir de partager notre vie avec une autre personne figure l'expression de notre âme qui se rappelle ainsi son but ultime. Nous engager à tendre vers ce but nous révèle la force intérieure qui nous pousse à réussir non seulement notre mariage, mais aussi toute notre existence.

Quand nous pouvons prendre des décisions avec un cœur ouvert, nous devenons capables de nous créer une vie meilleure.

Quand notre cœur s'ouvre, tous les aspects de notre vie s'assemblent en bon ordre.

CHAPITRE 6

Le rythme différent des hommes et des femmes

Lorsque l'un ou l'autre des partenaires saute certaines des étapes du parcours amoureux, cela peut compromettre leur relation à venir. Pour mener ce processus à son terme, il est primordial d'en suivre pas à pas les cinq phases. Chacune d'elles suscite certaines occasions et certains défis. Et l'expérience positive tirée de chaque palier constitue la base sur laquelle on s'appuiera pour relever avec succès les défis de l'étape suivante. Imaginez combien il eût été impossible, à l'école, de devoir suivre des cours d'algèbre sans avoir auparavant appris les tables de multiplication... De la même façon, il est prudent de se préparer pleinement à chaque phase avant de l'aborder.

Il faut veiller, lorsque vous tombez amoureux dès la première étape, à bien rester dans le cadre de celle-ci et à vous retenir de réagir d'une façon correspondant plutôt à la cinquième. Après quelques rendez-vous supplémentaires, vous pénétrerez dans la deuxième étape (le questionnement) durant laquelle vous vous efforcerez d'explorer vos doutes. Même si votre cœur déborde de joie ou que votre partenaire vous propose de prendre l'avion pour Las Vegas et de vous marier sur-le-champ, vous devez absolument vous forcer à progresser lentement, avec précaution, et laisser le temps juger de la solidité de votre histoire.

Si vous tombez rapidement amoureux, veillez tout de même à progresser lentement et à laisser le temps éprouver la solidité de votre histoire.

QUAND UNE FEMME VA TROP VITE

Une femme amoureuse qui se comporte comme si la partie était déjà gagnée avec elle, comme elle le ferait au cours de la cinquième étape d'une histoire d'amour, incitera son partenaire à rester bloqué au stade auquel il se trouve, quel qu'il soit. Aucune motivation ne le pousse plus à aller de l'avant. Lorsqu'une femme progresse plus rapidement que lui dans le parcours amoureux, son compagnon a tendance à freiner des quatre fers.

Quand une femme se comporte avec un homme comme s'ils étaient déjà engagés alors que ce n'est pas le cas, elle ne stimulera pas son envie de passer à l'étape suivante. Au contraire, il sera tenté de se détendre et de stagner dans sa phase actuelle. Ce principe se vérifie chaque fois qu'une femme adopte de façon évidente des attitudes correspondant à une étape du processus amoureux plus avancée que celle dans laquelle son couple se trouve.

Si une femme s'avoue désespérément amoureuse d'un homme et se repose complètement sur lui, cela incitera forcément celui-ci à penser quelque chose comme : « Elle a l'air très sûre que je suis l'homme de sa vie, mais moi je n'en sais rien. Si je laisse la relation progresser, elle risque de se méprendre sur mes intentions. Et si ça ne marche pas, elle aura le cœur brisé.

Je l'apprécie trop pour lui faire une chose pareille. Je ne pense pas que cette relation me convienne ; je ne suis pas prêt pour cela. »

En revanche, lorsqu'une femme semble dans un premier temps disposée à accueillir les avances d'un homme, puis paraît par la suite un rien dubitative, elle n'en devient que plus attirante aux yeux de son partenaire. S'il a dû la persuader de mener plus loin l'expérience, il se sentira beaucoup moins coupable si leur histoire capote.

Un homme qui n'a pas à s'inquiéter des difficultés qu'il aura à s'extraire d'une relation amoureuse se montrera beaucoup plus enclin à la vivre.

Donc il s'engagera beaucoup plus librement envers elle, aussi paradoxal que cela paraisse. Jamais une femme ne réagirait ainsi car elle ne pourrait s'empêcher de s'interroger, s'il lui incombait de convaincre son partenaire du bien-fondé de leur relation, sur ce qui adviendrait si un jour elle aspirait à se détendre. Et s'il s'apercevait que, en réalité, il ne l'aime pas ? Voilà une raison supplémentaire pour laquelle, tout au long des cinq étapes du parcours, c'est à l'homme de prendre l'initiative des attentions, la femme évaluant ce qu'elle ressent par rapport à celles-ci, franchissant les paliers un à un.

QUAND UN HOMME VA PLUS VITE

Le fait qu'un homme se comporte comme s'il était complètement séduit peut faciliter la progression du couple à travers les cinq étapes du parcours, mais il court tout de même le risque de refroidir sa partenaire. Bien souvent, un homme trop empressé se montre tellement insistant qu'il étouffe littéralement sa compagne sous les promesses. Et même si celle-ci se sent flattée et tentée de succomber à ses attentions, cela l'incite également à se défier de lui. Elle ne peut pas acquérir la certitude qu'il l'aime puisqu'il ne la connaît pas réellement. Après tout, il ne l'a encore jamais vue au réveil, avec les cheveux en bataille !

Une femme éprouve le besoin d'obtenir la certitude qu'une relation comblera ses besoins. Elle ne se laisse pas facilement impressionner par la violence des sentiments de son partenaire. Sur Vénus, on sait en effet d'instinct que les sentiments sont évolutifs. Une femme a besoin que son soupirant lui confirme que sa flamme ne s'éteindra pas lorsqu'il la connaîtra mieux. Prendre le temps de respecter les réactions et les comportements appropriés à chaque étape permet à un homme de mettre sa compagne suffisamment en confiance pour qu'elle puisse envisager de progresser vers le stade suivant de leur histoire.

Quand les avances d'un homme incitent régulièrement sa compagne à penser qu'elle n'est pas prête, cela restreint sa capacité à progresser. Tandis que si elle sent qu'elle pourra obtenir le soutien dont elle a besoin, elle sera disposée à aborder l'étape suivante.

Il m'arrive souvent d'entendre des hommes se plaindre de ce que les femmes ne sont pas attirées par les garçons « bien » et leur préfèrent ceux qui semblent ne leur prêter aucune attention.

Chaque fois qu'un « gentil garçon » essuie un revers sentimental, il se persuade à tort que la femme qu'il convoitait l'a éconduit à cause de sa gentillesse. Ce malentendu s'aggrave lorsque le malheureux entend des amies relater leurs aventures passées, qui, à les en croire, les ont conduites à fréquenter des individus de la pire espèce. Ce qui incite notre charmant garçon à se dire que, décidément, il ne comprend rien aux femmes : pourquoi se sont-elles laissé embobiner par de tels malotrus, lorsque des hommes comme lui ne demandent qu'à les séduire ?

Lorsqu'un homme se montre trop aimant, elles se sentent tenues de lui donner en retour plus qu'elles ne sont réellement prêtes à le faire. Enfin, lorsqu'un homme paraît trop gentil, une femme redoutera d'entamer une histoire avec lui et de le faire souffrir. Il se peut aussi qu'elle craigne qu'il la quitte le jour où il découvrira qu'elle n'est pas toujours aussi gentille que lui.

Quand une femme semble attirée par des partenaires qui « ne se préoccupent pas vraiment d'elles », c'est en général qu'il s'agit d'hommes dont le comportement évoque clairement la première ou la deuxième étape du processus amoureux, c'est-à-dire les étapes idéales pour débuter une histoire d'amour. Un homme qui courtise une femme mais n'est pas encore sûr de vouloir former un couple avec elle peut se révéler très attirant.

Il captive sa partenaire parce que, pour que celle-ci puisse ouvrir son cœur et apprendre à connaître l'autre, elle doit sentir qu'elle dispose de la possibilité de rebrousser chemin. Quand un homme se montre trop pressant, il donnera à sa compagne l'impression qu'elle n'a pas le droit d'ignorer où elle va. Et l'empêchera à jamais de trouver en elle la confiance nécessaire pour se sentir prête à entamer une relation exclusive.

La progression du couple à travers les cinq étapes du parcours amoureux se trouve entravée parce que l'un des deux partenaires est trop impatient. Il peut aussi arriver que les deux fassent preuve d'une impatience exagérée et qu'ils sautent des étapes de concert.

Cela ne signifie pas nécessairement qu'ils échoueront, mais ils ne pourront pas acquérir toutes les connaissances et les capacités nécessaires pour donner à leur histoire des fondations solides. S'ils se marient, il leur sera de ce fait plus difficile de gérer les inévitables problèmes et défis qui se présenteront, parce qu'ils y seront moins bien préparés.

En général, les hommes tendent à devenir plus passifs lorsque c'est la femme qui met tout en œuvre pour faire fonctionner leur relation, tandis que les femmes deviennent méfiantes et se renferment quand un homme en fait trop. Il ne s'agit cependant ni pour les uns ni pour les autres de contenir leur affection ou leurs réactions, mais seulement de veiller à se comporter de façon appropriée à l'étape en cours du processus amoureux.

Aujourd'hui, comme nous vivons souvent à cent à l'heure, nous tendons aussi à brûler les étapes du parcours. Veillez donc à ne pas en faire plus que votre partenaire.

Quand l'heure tourne
et qu'il ne regarde pas sa montre

Il arrive souvent qu'une femme soit pressée de s'engager, tandis que son partenaire se satisfait fort bien de la proximité de la quatrième étape. Parfois, elle entend son horloge biologique tourner et songe qu'elle doit se dépêcher de fonder une famille. Il peut aussi arriver qu'il lui semble tout simplement que quelque chose manque à une relation amoureuse si celle-ci ne se concrétise pas par un mariage.

Comme il semble aux hommes qu'ils en retirent ce qu'ils désirent, pourquoi prendre le risque de progresser jusqu'à l'étape suivante ? Ils ignorent que s'engager pour la vie leur permettra de donner à leur couple une nouvelle dimension émotionnelle, mais aussi d'apporter à leur partenaire ce dont elle a besoin.

Le mariage ou l'engagement de vivre ensemble et de fonder une famille représente souvent un peu la même chose pour les femmes que le sexe pour les hommes. Si une femme annonçait qu'elle n'envisageait pas de dépasser un certain stade de relations physiques, son partenaire en conclurait aussitôt que quelque chose ne va pas. Pour lui, il va de soi qu'ils finiront par aller jusqu'au bout au lit. De la même façon, une femme désire une relation émotionnelle complète concrétisée par un engagement.

Pour les femmes, l'engagement revêt souvent une importance équivalente à celle que le sexe revêt pour les hommes.

Quand une femme est prête à passer à la cinquième étape, mais que son partenaire en reste à la quatrième, il arrivera tôt ou tard qu'elle commette l'erreur soit d'accepter passivement les désirs de l'autre en étouffant sa propre envie de s'engager, soit d'exiger qu'il saute le pas. Aucune de ces deux approches ne donne de bons résultats, car les hommes réagissent mal aux ultimatums.

Retour à la proximité : partager ses sentiments

Fort heureusement, il existe une troisième voie : la femme pourra régresser d'une étape. Au lieu de vouloir à tout prix passer à la cinquième phase en exigeant que son partenaire progresse avec elle, elle peut se rendre compte qu'elle n'est encore qu'à la quatrième – la proximité – et lui exposera ses sentiments sans exercer de pression sur lui, ni lui adresser de reproches en régressant à l'étape trois – l'exclusivité.

Les hommes réagissent beaucoup mieux quand on les considère non pas comme un problème, mais comme une solution.

Retour à la phase du questionnement, sans poser d'ultimatum

Quand une femme retourne à la troisième étape du processus amoureux et que son partenaire ne se décide pas à s'engager, elle en vient, en général au bout de quelques mois, à douter qu'il soit réellement l'homme qui lui convient. Le moment est alors venu pour elle de reculer d'une nouvelle case pour en revenir à la deuxième étape, le questionnement.

Pour marquer cette évolution, elle exprimera par exemple ses sentiments de la façon suivante : « Je suis désolée de ne plus t'aimer autant qu'avant. Ce n'est pas que je ne t'aime plus ; seulement notre relation n'a pas l'air d'évoluer et cela m'incite à me renfermer sur moi-même. Je ne suis plus du tout sûre que tu sois l'homme de ma vie. J'ai besoin de prendre mes distances afin de réfléchir à l'avenir. Je n'ai pas envie de fréquenter d'autres hommes et je serai toujours ravie de te revoir, mais il me faut réfléchir seule à notre histoire. Je ne sais plus où j'en suis. » Cette transition en douceur et cette nouvelle deuxième étape lui procureront deux bénéfices principaux.

Cela lui permettra d'admettre la possibilité que son cher et tendre ne soit peut-être pas l'homme qui lui convient et, si ce doute se confirme, de trouver en elle la force et le courage nécessaires pour rompre. Au lieu de se sentir flouée, elle trouvera tôt ou tard une consolation certaine en songeant qu'elle a évité d'épouser le mauvais partenaire.

Il n'existe pas de meilleure façon de clore une relation que de le faire en ressentant un sentiment positif de gratitude. Dès lors que vous acceptez que votre ex n'était clairement pas l'homme de votre vie, vous en viendrez à lui être reconnaissante de son incapacité à s'engager envers vous, laquelle vous a épargné à tous deux un faux pas. Si vous continuez à lui adresser des reproches, il vous reste encore du chemin à parcourir.

Or, nous l'avons déjà expliqué, votre attitude négative vous empêche de repartir sur des bases saines pour trouver enfin chaussure à votre pied.

En vous autorisant à douter de vous-même et de votre ami, vous finirez par comprendre pourquoi lui aussi renâcle face à l'engagement.

Autre avantage d'un retour à la deuxième étape du processus amoureux : il rend une femme plus capable d'accorder à son partenaire une liberté suffisante pour qu'il parvienne à se forger une opinion à son égard, et à prendre conscience de l'ampleur de son amour pour elle. Il arrive d'ailleurs souvent qu'un homme ne comprenne combien sa compagne compte à ses yeux que lorsqu'il se voit directement confronté à la possibilité de la perdre.

Il arrive souvent qu'un homme ne comprenne combien il aime une femme que lorsqu'il se trouve directement confronté à la possibilité de la perdre.

Dès lors qu'elle adopte une position de questionnement, il découvre en lui-même une certitude. Une femme empêche souvent sans le savoir son compagnon de désirer sa présence uniquement en lui témoignant son intérêt de façon trop évidente.

POURQUOI LES SENTIMENTS D'UN HOMME CHANGENT

Il arrive souvent qu'un homme ne comprenne combien une femme compte pour lui qu'une fois qu'elle l'a repoussé. Cela ne résulte pas nécessairement d'un souci maladif de contrôler la situation, ni d'une estime de soi faible conduisant à rechercher l'amour d'une indifférente. Notre homme a tout simplement besoin d'une certaine distance. Nous avons vu son besoin de s'éloigner et revenir comme un élastique.

De ce fait, quand un couple accède trop rapidement à la proximité, cela prive l'homme de ressentir combien il souhaite la présence de celle qu'il aime.

Dans certains cas, il ne prendra même conscience de l'importance qu'elle revêt pour lui que si elle prend ses distances et cesse de faire des efforts pour lui. Il arrive souvent qu'un homme qui prend du champ revienne vers sa compagne plus amoureux et ardent que jamais dès que celle-ci lâche du lest.

Un homme qui prend du champ reviendra vers sa compagne plus amoureux et ardent que jamais dès que celle-ci lâchera du lest.

Ce type de réaction se révèle extrêmement déconcertant pour une femme. Quand son partenaire se rapproche à nouveau d'elle, il lui semble fréquemment que ce revirement survient trop tard. Elle se sent incapable de l'accueillir parce qu'elle ne croit plus à la sincérité de ce soudain regain d'amour. Blessée, elle redoute de souffrir encore et de voir, si elle s'ouvre à nouveau, son intérêt tout frais se dissiper en un éclair. Tant qu'elle ne saisit pas sa part de responsabilité dans le recul initial de l'autre, elle ne pourra pas croire à la durabilité de leur amour.

Comprendre les cinq étapes du processus amoureux lui permettra de surmonter sa peur de la proximité et d'ouvrir son cœur en toute confiance. Et puisqu'elle sait désormais en quoi elle a contribué au problème, elle fera en sorte que celui-ci ne resurgisse plus.

Au lieu de s'imaginer victime des revirements sentimentaux de son partenaire, elle acquiert l'assurance de sa capacité à obtenir ce dont elle a besoin.

Au lieu d'avoir l'impression d'être la victime des revirements sentimentaux de son partenaire, une femme gagne en confiance en elle.

Grâce à sa meilleure compréhension de la situation, elle n'aura plus besoin de repousser un homme afin de créer la distance nécessaire pour qu'il tombe amoureux d'elle. Si leur histoire a progressé trop rapidement, elle sera armée pour prendre conscience de son erreur et entamer un retour en arrière. Rebrousser ainsi lentement chemin lui permettra de rétablir l'éloignement adéquat sans en passer par une menace de rupture. Même s'il ne s'agit pas là d'une procédure idéale, cela vaut beaucoup mieux que de collectionner les échecs sentimentaux.

Il peut aussi arriver que l'homme ait envie de se marier, tandis que sa compagne ne s'y sent pas encore prête. Lui aussi devra alors regagner la quatrième étape et exprimer ses sentiments sans brusquer son amoureuse. Si cela ne suffit pas, il parcourra lentement à rebours les diverses étapes du processus amoureux, en veillant à éviter de blesser sa partenaire. Rappelez-vous toujours qu'il vous incombe de gérer cette situation délicate avec autant de sensibilité et de considération que possible. Quel que soit le protagoniste qui opte pour un retour en arrière, lire ensemble *Mars et Vénus se rencontrent* pourra faciliter la démarche.

L'ORDRE D'ATTIRANCE DIFFÉRENT DES HOMMES ET DES FEMMES

Les hommes éprouvent :	Les femmes éprouvent :
– une attirance physique, et ensuite	– une étincelle intellectuelle,
– une attirance émotionnelle, et ensuite	– une attirance émotionnelle,
– une attirance intellectuelle, et ensuite	– une attirance physique,
– une attirance de l'âme.	– une attirance de l'âme.

LES HOMMES

D'abord une attirance physique

Lorsqu'un Martien rencontre son âme sœur, tout commence presque toujours par une étincelle physique. Un homme peut aussi perdre sa capacité à éprouver du désir pour la femme qui pourrait se révéler son âme sœur lorsqu'il choisit délibérément d'en courtiser d'autres, qui ne sont clairement pas son type.

Plus un homme courtise de femmes dont il ne pourra jamais tomber réellement amoureux, moins il devient sensible aux charmes de celles dont il pourrait s'éprendre.

À ce stade, il est parfaitement normal et naturel qu'un homme éprouve du désir pour une multitude de femmes. Il se préoccupe en premier lieu du physique de ses compagnes – leur démarche, leur corps, leurs cheveux, leur sourire, leurs yeux, leurs jambes, leurs fesses, leurs seins et leur silhouette dans son ensemble. La plupart d'entre eux retiendront tout particulièrement un ou deux de ces traits. Certains, par exemple, aiment les jolies jambes, tandis que d'autres ne regardent que les blondes.

L'attirance physique ne faisant guère appel à l'esprit, les critères qui la commandent subissent fortement l'influence de la télévision, du cinéma et des magazines. Seulement le désir qu'une telle créature nous inspire n'a absolument aucun rapport avec sa capacité à devenir notre âme sœur.

Les médias véhiculent un style de beauté réputé le plus séduisant aux yeux masculins. Un homme escomptera de ce fait de la part d'une femme correspondant à ces canons physiques une réceptivité sexuelle plus grande, ce qui l'incitera à la courtiser en priorité. De leur côté, les femmes tendront elles aussi à adopter ces critères de beauté : puisque les femmes dotées de certaines caractéristiques physiques attirent davantage l'attention des hommes – que nos compagnes confondent trop souvent avec ses sentiments –, elles se doivent d'être considérées comme les plus séduisantes.

À mesure qu'un homme mûrit, il gagne automatiquement en discernement et découvre qu'il lui arrive aussi de succomber aux charmes de femmes bien différentes des modèles photographiés dans les magazines et des actrices en vue. D'ailleurs, quand il trouve enfin son âme sœur, elle ressemble rarement aux conquêtes aux pieds desquelles il soupirait auparavant.

Si l'attirance physique constitue bien la base sur laquelle le discernement d'un homme pourra se construire, elle demeure toutefois du domaine de l'instinct. Ce désir ignore totalement sa personnalité et ne témoigne nullement d'un souci de mieux la connaître ni même d'entamer une relation avec elle.

Une attirance émotionnelle

Après quelques sorties avec des femmes qui l'attirent, un homme découvrira que certaines d'entre elles lui plaisent plus que d'autres. Il s'agit là d'une étape primordiale dans son évolution. En sus de l'étincelle physique apparaît désormais une attirance émotionnelle. À force de côtoyer une femme, on s'aperçoit qu'on ne se contente plus de la désirer mais qu'on apprécie également sa compagnie.

L'attirance émotionnelle résulte largement de la personnalité, autrement dit de nos interactions avec le monde extérieur et avec les autres. Bien souvent, les contraires s'attirent. Parfois nous nous laissons séduire par quelqu'un qui nous ressemble mais, en général, nous nous intéressons plutôt à des êtres différents de nous. Les possibilités sont sans fin.

Il n'existe pas de personnalités ou de traits de caractère universellement attirants, mais à mesure que vous gagnerez en discernement, vous vous surprendrez à graviter automatiquement vers les êtres que vous appréciez le plus et avec lesquels vous pourriez nouer de réels liens d'amitié.

Une attirance intellectuelle

En faisant jouer son discernement et en choisissant de ne plus sortir qu'avec des femmes qui l'attirent à la fois sur le plan physique et émotionnel, un homme pourra laisser naître en lui une attirance intellectuelle. Sa compagne l'intrigue ; il aimerait toucher son être et non plus seulement son corps. À ce troisième niveau, il se sent aussi charmé par son caractère. Son mode de pensée le fascine, tout comme ses réactions ou la façon dont elle mène sa vie.

L'attirance que lui inspire l'un ou l'autre aspect du caractère de sa compagne fera en outre ressortir le meilleur de lui-même. Il pourra s'agir de n'importe quel aspect de ce caractère : sa gentillesse, sa force ou sa puissance, sa sagesse, sa clairvoyance ou sa générosité, son honnêteté, son équité ou encore sa patience, son courage et sa ténacité, sa compétence, sa grâce, sa compassion, son amour. Il n'existe pas d'attributs ou de combinaison d'attributs capable de rendre une femme séduisante aux yeux de tous les hommes.

C'est lorsque vous êtes vous-même que vous êtes la plus séduisante et la plus à même de déclencher chez votre partenaire une étincelle d'intérêt intellectuel.

À ce troisième niveau de discernement, un homme commence à comprendre que si beaucoup de femmes l'intéressent, peu d'entre elles méritent réellement son attention soutenue.

Une attirance de l'âme

Si cet homme continue à exercer son discernement croissant en choisissant de ne fréquenter que des femmes qui l'attirent à la fois sur le plan physique, émotionnel et intellectuel, il sentira des connivences s'établir au niveau de l'âme. Lorsqu'il atteint ce quatrième stade, son cœur peut s'ouvrir.

Une attirance au niveau de l'âme ne résulte pas des qualités et des caractères spécifiques du partenaire. Elle repose au contraire sur la constatation que vous possédez tout ce dont il a besoin pour que son âme fleurisse et que lui comble vos propres aspirations. Cela revient à savoir que vous avez trouvé la personne auprès de laquelle vous pourrez laisser votre amour grandir, la personne avec qui partager votre vie. Ce qui pourrait se résumer en ces termes : « Je ne sais pas pourquoi, mais je sais que d'une manière ou d'une autre nous sommes faits l'un pour l'autre. »

Nous ne pouvons éprouver une connexion au

niveau de l'âme avec autrui que lorsque nos cœurs sont ouverts à l'amour. Quand vous vous éprenez d'un autre être, cela indique que vous ressentez qu'il ou elle pourrait probablement se révéler l'homme ou la femme de votre vie. Cela n'implique pas que vous ayez trouvé l'homme ou la femme de votre vie, mais simplement que la chose est envisageable.

POURQUOI LES FEMMES LES PLUS ATTIRANTES SONT LES PLUS AGACÉES

Plus une femme plaît physiquement aux hommes, plus elle sera amenée à être agacée par la gent masculine. Elle se voit sans cesse courtisée par des hommes qui n'éprouvent à son égard nul intérêt profond. Et même si ces attentions la flattent au début, elles risquent de devenir, au terme d'une série de déceptions, une source de ressentiment. Voici quelques-unes des frustrations les plus courantes chez les femmes qui tendent à progresser trop vite vers une intimité sexuelle.

Jill m'expliqua un jour : « Je ne comprends rien aux hommes que je rencontre. Au début ils se montrent totalement charmants et passionnés, après quoi ils se lassent soudain et je n'entends plus jamais parler d'eux. »

Jane, elle, exprima sa détresse en ces termes : « Je ne peux pas faire confiance aux hommes. Ils sont tellement égoïstes ! Ils font semblant d'éprouver pour vous un intérêt passionné et puis, dès qu'ils obtiennent ce qu'ils désirent, ils disparaissent. »

Karen renchérit : « Je n'ai même plus plaisir à sortir avec des hommes. Quand l'un d'eux se met en quatre pour moi, je me sens obligée lui accorder ce qu'il souhaite, mais en définitive je ne reçois rien en retour.

Quitte à ne rien avoir, je préfère rester seule que de me donner et de me voir rejetée.»

Pour sa part, Caroline s'interrogeait : « Je ne sais pas ce que je fais de mal, mais dès qu'un homme commence à me connaître mieux, il cesse de m'apprécier. J'en viens à penser qu'aucun ne s'éprendra jamais vraiment de moi. »

Seule une meilleure compréhension de ce qui la rend unique aux yeux de ses soupirants aidera une femme à s'affranchir de ce travers. Elle pourra alors progresser correctement au gré des cinq étapes du processus amoureux. Sans cela, elle risque de se croire en train de vivre la quatrième étape, alors que son couple n'a pas dépassé la première.

LES FEMMES

Une étincelle intellectuelle

Les femmes aussi parcourent ces quatre niveaux d'attirance, mais elles observent un ordre différent. Une femme s'intéresse tout d'abord à l'esprit d'un homme. Elle imagine à quoi il ressemble et certains de ses traits de caractère la séduisent. Il peut s'agir de gestes presque insignifiants comme un « excusez-moi », le sourire entendu qu'il lui adresse ou encore le ton timide sur lequel il l'invite à sortir. Certaines craquent pour sa manière de chanter, d'écrire une lettre, d'exposer ses idées, de promener son chien, de tenir un enfant dans ses bras, d'exprimer sa considération pour autrui ou de défendre ses opinions. De fait un homme dévoile ainsi son caractère, dont un ou plusieurs traits font vibrer la personnalité de sa compagne.

À ce niveau de discernement, le plus bas pour une femme, celle-ci se tourne vers les hommes qui l'attirent intellectuellement. En effet, si les hommes un peu basiques rêvent de sortir avec les filles des magazines, leurs pendants féminins fantasment sur les héros de romans à l'eau de rose. Mais chez les unes comme chez les autres, ce niveau initial de discernement ingénu figure les bases nécessaires à une progression.

Une attirance émotionnelle

Tandis qu'au premier niveau elle était capable de sortir avec un garçon simplement parce qu'il l'intéressait et semblait intéressé par elle, sans savoir si elle l'appréciait vraiment, une femme applique par la suite des critères plus sélectifs. Et quand un homme lui paraît moyennement sympathique, elle s'abstient de sortir avec lui. À terme, son discernement s'affinant, elle se tournera automatiquement vers des gens qu'elle apprécie, si bien que, avant même de connaître un homme, elle pourra déjà déterminer s'il lui plaît ou pas. Ce qui lui permettra non seulement de s'intéresser aux bons partenaires, mais aussi de mieux les séduire.

À ce stade de son évolution, une femme s'attache principalement à la personnalité de l'autre. Ce qui la conduit à fréquenter des soupirants très variés, afin de décrypter peu à peu le type de caractère le plus compatible avec le sien. Plus vite vous apprendrez à exprimer clairement votre moi et à vous sentir bien dans votre peau, plus vite vous gagnerez en discernement. Il n'existe pas de recette propre à rendre un homme attirant aux yeux de toutes.

Une attirance physique

Aux étincelles intellectuelles et émotionnelles qu'elle ressentait déjà s'ajoutent donc des pulsions physiques. Seuls quelques hommes la séduisent sur ces trois plans, même si beaucoup d'autres lui semblent intéressants et sympathiques. En s'attachant à ces critères fondamentaux, elle pourra affiner encore son jugement.

Une attirance de l'âme

Ce discernement grandissant vous permettra d'accéder enfin à une union spirituelle. Le cœur désormais grand ouvert à l'amour, vous atteignez le quatrième niveau, celui de l'attirance des âmes. Mais si bien des hommes vous paraîtront dignes d'amour, vous apprendrez peu à peu à reconnaître celui qui incarne votre âme sœur. Votre cœur, ouvert à l'amour, vous rend capable de découvrir les meilleurs aspects de votre partenaire, même si celui-ci n'est pas parfait.

À mesure que le temps passe, une femme gagne en capacité de discerner si l'autre lui convient. Il ne s'agit pas d'une constatation objective et raisonnée ; son âme le sait, c'est tout.

Leur couple n'échappera pas pour autant aux défis normaux qui attendent deux êtres qui ne se comprennent jamais totalement, mais la connexion profonde qui les unit les aidera à dépasser les frustrations, les déceptions et les conflits.

QUAND LES FEMMES SONT ATTIRÉES PAR LES MAUVAIS HOMMES

Il arrive aussi qu'une femme se sente immédiatement attirée par un homme sur tous les plans. Elle éprouve notamment une passion physique fulgurante à son égard. Sachez voir là le signe clair que c'est l'image que vous vous faites de lui qui vous séduit et non pas l'individu lui-même. Si cela vous arrive, il vous faudra apprendre à faire preuve de discernement. Ce n'est pas parce que vous ressentez un désir physique puissant que vous devez automatiquement en déduire que vous avez rencontré l'homme de votre vie. Même s'il peut arriver que les pulsions qui vous jettent d'emblée dans ses bras indiquent effectivement qu'il représente votre partenaire « idéal », c'est aussi un signe certain que vous ne le connaissez pas encore. Dans ce cas de figure, on s'éprend d'un fantasme, de ce que l'on croit que l'autre est.

Si vous êtes souvent attirée par les mauvais hommes, essayez cet exercice : lorsque vous entrez dans une pièce renfermant trente hommes et que l'un d'eux affole vos sens comme un lance-flammes, partez en courant ! Et si vous choisissez de tout de même entamer une relation avec lui, veillez à apprendre à le connaître avant de laisser vos rapports prendre un tour trop intime.

Lorsqu'une femme pénètre dans une pièce renfermant trente hommes et que l'un d'eux affole ses sens comme un lance-flammes, elle devrait le fuir à toutes jambes.

Ce phénomène explique que les thérapeutes entendent si souvent ce commentaire de la part de femmes célibataires : « Dès qu'un homme m'attire passionnément d'emblée, il se révèle un mauvais choix. Pourquoi est-ce que je m'obstine à m'intéresser à des hommes qui ne me conviennent pas ? »

Ces femmes auraient avantage à tenter l'expérience d'une relation avec un homme qui ne les attire pas physiquement au premier abord, afin de voir si leur passion pour lui grandit. Katherine, une femme d'affaires de quarante-six ans, célibataire, se montra très étonnée lorsque je lui expliquai cela. Toute sa vie elle avait repoussé les hommes qui ne la séduisaient pas d'emblée. Beaucoup lui avaient fait la cour, mais quand elle ne sentait pas d'étincelle physique immédiate, elle refusait de s'intéresser à eux. Cette explication l'aida à comprendre pourquoi elle n'avait jamais rencontré une âme sœur.

Un homme ne doit donc pas se décourager s'il n'inspire pas d'emblée un désir physique à la dame de ses pensées. Ce n'est pas parce que la femme qui vous attire ne recherche au début que votre amitié que vous n'avez aucune chance avec elle. Il arrive d'ailleurs souvent que des femmes qui ont trouvé leur âme sœur avouent que tous deux sont d'abord devenus amis et que l'amour est né après. Leurs hommes déclarent pour leur part qu'eux ont presque toujours éprouvé une attirance physique immédiate.

POURQUOI DÉFINIR DES CRITÈRES

Exercer ainsi notre discernement permettra d'éviter de nous contenter de relations peu satisfaisantes. Si nous choisissons de fréquenter une personne pour des raisons qui ne correspondent pas à notre degré de maturité amoureuse, nous entravons notre capacité à progresser.

CHAQUE RELATION EST UN CADEAU

Toute relation offre la possibilité de nous préparer à trouver et à reconnaître notre âme sœur. Chaque fois que vous décidez de tenter de parcourir les cinq étapes avec un partenaire, vous accroissez votre capacité à discerner un jour l'homme ou la femme de votre vie. Chaque expérience affine la précision de votre tir. Voilà pourquoi il est bon de s'accorder, à l'issue de chaque relation amoureuse, quelque temps pour réfléchir avant de repartir vers de nouvelles aventures.

Même un divorce peut nous apporter le don du discernement, si nous prenons le temps de pardonner ses erreurs à notre partenaire comme à nous-même. Notre prochaine histoire d'amour pourra alors nous rapprocher du bonheur ultime. À force de rechercher systématiquement les bienfaits que chaque relation nous procure, nous parviendrons à réaliser un jour tous nos rêves.

En somme, chaque liaison menée dans le respect des cinq étapes décrites auparavant permet d'affiner sa capacité à attirer le bon partenaire. En s'attachant à faire fonctionner une relation à chaque stade de son évolution et, en cas d'échec, à rompre sans rancœur ni culpabilité, on ouvre la voie pour une grande histoire d'amour.

DEUXIÈME PARTIE

Ce qui attire les hommes et les femmes

CHAPITRE 1

Les hommes courtisent et les femmes flirtent

Bien des femmes pensent que, pour que quelqu'un s'intéresse à elles, elles doivent lui manifester leur propre intérêt. Cette manière de faire fonctionne entre femmes et des hommes vers les femmes mais pas dans l'autre sens. Quand une femme semble réellement intéressée par lui, un homme tend plutôt en effet à partager son intérêt passionné... pour lui ! Si elle l'écoute attentivement il parlera plus et si elle cherche à satisfaire ses moindres désirs il s'empressera de lui faire savoir ce qu'elle pourrait accomplir de plus pour lui.

L'homme que nous venons de décrire n'est pas irrécupérable ; il vient simplement de Mars.

Si un homme constate que sa compagne s'est donné pour mission de lui plaire, lui aussi se concentrera sur la meilleure manière dont elle peut le satisfaire.

Une femme ne peut trouver son bonheur dans une telle situation. Or, dès qu'elle n'est manifestement pas heureuse, elle perd automatiquement de son attrait aux yeux de son partenaire. Autant dire que quelques modifications dans son approche des relations amoureuses s'imposent.

Cette vérité fondamentale va à l'encontre de ce que beaucoup de femmes pensent – à tort : que si elles s'évertuent à satisfaire leur partenaire, il sera comblé et de plus en plus amoureux.

Quand une femme courtise ouvertement un homme, celui-ci s'en trouve flatté mais rien de plus. La passion d'un homme s'accroît avant tout quand il rend une femme heureuse. Il vient de Mars ; il aime sentir qu'il réussit. Ainsi, pour que votre ami se sentent bien auprès de vous, il faut lui ménager des occasions de réussir à réellement combler vos besoins.

Pour comprendre ce processus, mettez-vous un instant dans la peau d'un homme qui a travaillé vraiment dur, aidé une foule de personnes et qui a fait fortune. Sa richesse le rend fort heureux. Imaginez à présent un homme qui ne travaille pas dur, qui n'aide personne mais qui, lui aussi, gagne beaucoup d'argent. Celui-ci sera moins heureux. Le premier tire en effet un bonheur des rudes efforts fournis et de l'aide apportée à autrui.

Plus un homme est content de lui, plus cela lui donne envie d'aimer et plus il sera attiré par une personne auprès de qui il se sent bien.

Sa seule reconnaissance constitue un cadeau ; sans femme à choyer, un homme devient un « chômeur de l'amour ». Il a besoin de ce travail. Il a besoin d'avoir la possibilité de mener à bien une relation. Cela donne une impulsion énorme au contentement qu'il retire de son existence.

LES FEMMES DONNENT
CE QU'ELLES-MÊMES ATTENDENT

Une femme donne ce qu'elle aimerait qu'on lui donne, persuadée que cela stimulera l'intérêt de son compagnon.

Le problème est que, même si un homme accepte toutes ces attentions et qu'il apprécie énormément sa compagne, cela s'arrête là. Il aime les sentiments qu'elle éveille en lui et par conséquent il l'aime bien aussi. Mais ce n'est que quand une femme lui permet de donner le meilleur de lui-même qu'il apprécie réellement ce qu'il ressent et trouve la motivation pour faire plus ample connaissance avec elle.

Si une femme concentre ses efforts pour se montrer de plus en plus réceptive aux avances de son compagnon, elle se procure la clé qui permettra à leur histoire de s'épanouir.

COMMENT LES FEMMES PEUVENT ACCUEILLIR LES ATTENTIONS MASCULINES

Afin de maintenir l'attirance mutuelle indispensable pour qu'un couple progresse au fil des cinq étapes du processus amoureux, les hommes et les femmes doivent conserver des rôles complémentaires. L'homme sera d'autant plus attirant qu'il accomplira de petites choses avec assurance et conviction ; sa compagne, elle, accueillera ses attentions avec une attitude réceptive. Elle montrera qu'elle est libre et en aucun cas désespérée ou encline à s'accrocher. Loin de lui donner l'impression qu'elle est conquise, elle lui fera comprendre qu'elle accepte volontiers de découvrir si elle l'apprécie vraiment.

Pour parcourir avec succès les cinq étapes du processus amoureux, les hommes et les femmes doivent conserver des rôles complémentaires.

Pour qu'une relation naisse, la femme doit veiller à ne pas courtiser son partenaire mais à accueillir favorablement ses avances. Ses encouragements s'expriment à travers le flirt. Quand une femme flirte avec un homme, c'est pour elle une façon de lui laisser deviner qu'il pourrait peut-être se révéler capable de la rendre heureuse, peut-être se révéler l'homme merveilleux qu'elle attend depuis toujours, celui qui pourrait combler ses besoins.

Une femme flirte un peu comme elle fait les boutiques. Lors d'un après-midi de courses, elle s'amuse à regarder ce qui lui plaît et ne lui plaît pas. Elle ne cherche pas à s'affirmer aux yeux de la vendeuse. Elle se sent libre d'essayer divers vêtements et n'hésitera pas à repartir sans avoir rien acheté. Elle ne se prive pas de regarder ce que les autres magasins proposent et, si elle le souhaite, de revenir plus tard. Adoptez une attitude identique en matière de flirt. Celui-ci doit dégager une énergie qui dit : « Je regarde et j'aime bien ce que je vois. Peut-être es-tu celui qui me rendra heureuse. »

Pour un homme, courtiser une femme ressemble plutôt à un entretien d'embauche. Bien sûr, vous éprouvez sans doute l'envie de jauger l'ambiance qui prévaut dans l'entreprise, mais vous cherchez avant tout à impressionner votre interlocuteur afin qu'il vous engage. Un homme qui courtise une femme lui présentera d'instinct son côté le plus charmant. Faire la cour dégage une énergie qui dit : « Je pourrais être celui qui te rendra heureuse. Regarde-moi, regarde ce que j'ai fait et ce que je peux faire.» Quand il la courtise et qu'elle accueille ses avances de façon ludique et approbatrice, leur attirance mutuelle pourra se développer. Réussir à la conquérir l'enthousiasme tout autant que cela réjouit sa partenaire de sentir qu'un être qui lui plaît cherche à lui faire plaisir.

Quand une femme réagit en flirtant, cela plaît énormément aux hommes car ils voient là un hommage à leur capacité à la rendre heureuse.

COMMENT LES HOMMES COURTISENT LES FEMMES

Quand un homme courtise une femme, il lui exprime son appétit de découvrir si elle est la femme de sa vie. Ses yeux, sa voix, son intention, son intérêt et même ses mains affirment avec confiance : « Je m'intéresse à toi et je me fais fort de te rendre heureuse. C'est peut-être moi, cet homme formidable que tu attends depuis toujours. Je pourrais combler tes besoins, te proposer des activités qui te rempliraient réellement de bonheur, te passionner et aussi te faire rire.» Ce message est très stimulant pour une femme : elle apprécie d'avoir l'occasion de se détendre en présence d'une personne qui tient suffisamment à elle pour avoir son bonheur à cœur.

Une femme apprécie tout particulièrement qu'un homme prenne le risque de l'impressionner, au lieu d'attendre qu'elle-même fasse quelque chose pour le séduire.

Quand vous rencontrez une femme, vous devez veiller à nouer une connexion avec elle avant de passer aux actes. Montrez-lui d'abord votre intérêt autrement que par des mots et attendez d'obtenir d'elle une réponse sans ambiguïté pour l'aborder. Si vous ne parvenez pas à capter son attention, demandez par exemple à un serveur de lui apporter un petit mot. Laissez-la le lire hors de votre présence. Et si, peu à peu, elle se met à vous sourire et à flirter avec vous, vous pourrez passer à l'étape suivante.

Une autre tactique consiste à faire la connaissance d'une de ses amies – cela vous paraîtra beaucoup plus facile que de vous présenter à la dame de vos pensées –, que vous interrogerez à son sujet. Cette amie ne manquera pas de lui parler de vous. Si, à ce moment, elle regarde dans votre direction, c'est qu'elle a décidé de flirter. Vous pouvez vous approcher et vous présenter.

LA MEILLEURE ENTRÉE EN MATIÈRE EST LA PLUS FACILE

Beaucoup d'hommes paniquent à la perspective d'aborder une femme qui leur plaît. Les entrées en matière les plus simples sont les meilleures. Limitez-vous à vous présenter : « Bonjour, je m'appelle John, et vous ? » Une fois qu'elle aura répondu, tenez-vous prêt à lui poser quelques questions ou à émettre quelques commentaires sur ce qui se passe autour de vous ou sur le temps. Le fait que vous ayez franchi ce pas est plus important que ce que vous racontez. Et même si ce que vous dites manque de cohérence, elle sera impressionnée que vous ayez pris le risque de la courtiser.

Même quand vous ne vous sentez aucune prédisposition pour ce type de conversation, vous pourrez tout de même obtenir des succès non négligeables en demeurant présent, en regardant dans sa direction et en lui posant des questions.

Il est parfaitement normal pour un homme de ne pas toujours trouver les mots justes lorsqu'il rencontre pour la première fois une femme. Voici un autre exemple des différences entre hommes et femmes : les premiers tendent à n'utiliser qu'une partie de leur cerveau à la fois, tandis que leurs compagnes en utilisent plusieurs simultanément. Il se révèle de ce fait relativement facile pour une femme de parler même quand elle éprouve des sentiments puissants. En revanche, plus un homme est la proie de sentiments violents, moins il est capable de penser et de parler. C'est pourquoi, quand un homme voit une femme qui lui plaît, il a beaucoup de mal à imaginer comment l'aborder avant son départ, et lorsqu'il lui est enfin présenté, il ne trouve plus ses mots.

Beaucoup d'hommes s'avouent soulagés de découvrir que tant de leurs congénères rencontrent les mêmes problèmes qu'eux, mais surtout que leurs compagnes y sont habituées et ne leur en tiennent pas rigueur. Au contraire, elles jugent que cette faiblesse rend un homme plus adorable et charmant : elles sont d'autant plus flattées qu'il ait trouvé le courage de surmonter son angoisse pour se lancer. Si bien que plus un homme bafouillera, plus son interlocutrice aura l'impression qu'il la complimente.

Une femme est impressionnée quand un homme essaie de la rencontrer alors même qu'il ne maîtrise pas complètement l'art de parler aux dames. Si vous ignorez vraiment quoi lui dire ou lui demander, contentez-vous de vous tenir devant elle le visage légèrement baissé et incliné sur le côté, un petit sourire aux lèvres : cela suffira parfois pour qu'une femme tombe amoureuse de vous. Émue, elle pensera : « Il est absolument charmant. » Nul besoin pour lui d'une conversation brillante ou de remarques spirituelles pour gagner le cœur d'une femme. Il lui suffit de prendre le risque de la rencontrer et de savoir l'écouter.

CHAPITRE 2

Les hommes paradent et les femmes se livrent

Le reproche le plus fréquent que les femmes adressent aux hommes concerne leur propension à parler d'eux-mêmes. Soit le Martien s'étend sans fin sur son travail, ses activités et ses projets, soit, quand par hasard il donne à sa compagne l'occasion de s'exprimer, il s'empresse de reprendre la parole pour lui expliquer ce qu'elle devrait faire ou ne pas faire. Il est persuadé qu'il l'impressionne ainsi par son expertise et sa compétence, alors qu'en réalité il émousse son intérêt puisqu'elle se sent ignorée, tenue à l'écart ou tout simplement dépourvue d'importance à ses yeux. Elle risque d'en conclure à tort : « Encore un homme qui ne pense qu'à lui. »

Quand j'évoque devant des hommes ce reproche féminin, ils tombent généralement des nues et demandent : « Si elle n'aime pas que je parle de moi, pourquoi me pose-t-elle tant de questions ? Dès qu'une pause survient dans nos conversations, elle se remet à me questionner. Pourquoi faut-il que nous parlions sans cesse, d'ailleurs ? Moi, j'aime tout simplement passer du temps auprès d'elle, regarder un film, rouler en voiture, écouter de la musique ou faire n'importe quelle autre activité en sa compagnie. Je n'éprouve pas le besoin de parler tout le temps. Mais je pensais qu'elle souhaitait que je me montre plus loquace. Les femmes ne se plaignent-elles pas toujours du caractère trop taciturne des hommes et de leur incapacité à communiquer ? »

Afin de parvenir à mieux nous comprendre, imaginons une fois de plus que les hommes viennent de Mars et que les femmes viennent de Vénus ; remontons le temps et observons la vie sur ces deux planètes avant que nous ne nous installions ensemble sur la Terre.

LA VIE SUR MARS

La vie des Martiens tourne avant tout autour de leur travail. Ils mesurent leur valeur personnelle en fonction de leurs résultats et de leurs réussites. Chacun d'eux sait d'instinct que son succès repose sur trois éléments : sa compétence, sa capacité de faire savoir aux autres combien il est compétent et les occasions de le prouver. Tout dans son existence vise à accéder à plus d'efficacité, à faire reconnaître sa compétence et à rendre service.

La vie d'un homme est axée sur le souci de gagner en efficacité, de faire savoir combien il est compétent et de se rendre indispensable.

Lors des cérémonies qui se tiennent sur Mars, un militaire revêtira son uniforme qui indique à tous son statut, ses compétences et ses actions à venir. Il épingle ensuite sur sa poitrine ses médailles et autres récompenses, afin d'informer son entourage de ses prouesses passées. Nous ne décrivons pas là un homme égocentrique, mais une personne très fière de ce qu'elle est et de ce qu'elle a accompli. Ses vêtements reflètent ce courage. Un homme d'affaires adoptera un comportement similaire. Dans les grandes occasions, il démontre sa compétence en conduisant une belle voiture ou en arborant un costume sur mesure accompagné de chaussures bien cirées. La signification de tout cela ? Il indique qu'il a réussi, que d'autres ont reconnu ses capacités et généreusement récompensé celles-ci. Si la société lui a fait confiance, vous pouvez aussi la lui accorder. Voilà un homme capable de prendre en charge son propre bien-être, mais aussi celui d'autrui.

Tous les hommes ne s'y prennent pas de la même façon, mais tous cherchent à se vendre. Selon leur personnalité, ils recourront à des méthodes et à des accoutrements différents pour exprimer leur compétence, leur valeur et leur succès, mais en définitive, qu'ils portent un smoking avec des souliers vernis ou un jean avec des tennis blanches, ils indiquent sans détour qu'ils ont réussi et projettent de réussir encore davantage.

Dès qu'un homme a l'impression qu'il a quelque chose à offrir ou un service à proposer, il utilisera toutes les occasions pour parader ou afficher ses compétences. Ainsi, quand il sort avec une femme, son objectif principal est de lui faire savoir qu'il est peut-être l'homme de sa vie, qu'il incarne celui qui pourrait la rendre heureuse. Il possède tout ce qu'elle recherche. Il dissertera donc sur le sujet, dans le but de l'en convaincre. En clair, il utilisera la communication comme un moyen de mettre ses capacités en valeur.

Un homme utilise la communication comme un moyen de mettre en avant ses compétences.

Les hommes ne devinent pas d'instinct combien leur partenaire se décourage lorsqu'ils monopolisent la conversation en parlant d'eux. Elle en déduit en effet qu'il ne s'intéresse qu'à lui-même. Il ne comprend pas qu'elle préférerait que, au lieu de parler de lui, il lui pose des questions et semble désireux de mieux la connaître. À ses yeux de Vénusienne, s'il s'intéressait vraiment à elle, il lui accorderait tout son intérêt et prendrait le temps de l'interroger, d'écouter ses réponses et d'exprimer son attention.

Une femme préfère qu'un homme, plutôt que de parler de lui, lui pose des questions et se montre désireux de mieux la connaître.

Pour un homme, les premiers rendez-vous avec une femme ressemblent à des entretiens d'embauche. Soucieux de vendre à sa compagne l'idée qu'il lui conviendrait à merveille, il déploie tous ses atouts pour la conquérir. Personne ne lui a jamais expliqué que cette tactique ne fonctionne pas avec les natives de Vénus, ni qu'il augmenterait notablement ses chances de succès s'il incitait plutôt sa compagne à parler d'elle, de ses sentiments, de ce qu'elle aime ou de sa vie.

SÉDUIRE UNE FEMME RESSEMBLE À UN ENTRETIEN D'EMBAUCHE

Sur Mars, il serait aussi ridicule que déplacé de se mettre à interroger son recruteur lors d'un entretien d'embauche. On apprend d'ailleurs à celui-ci à se méfier des candidats trop agressifs, qui cherchent à renverser la situation et à prendre le contrôle de l'entretien en posant des questions sur l'entreprise. De ce fait, aux yeux d'un homme, multiplier les questions lors d'un rendez-vous amoureux paraît aussi inconcevable que de s'enquérir, au gré d'un entretien d'embauche au sein d'une entreprise florissante, des projets d'avenir de sa direction ou de la manière dont elle s'est créée. Son interlocuteur se sentirait insulté et notre homme perdrait toute chance de se voir proposer un contrat.

Pendant ses premiers rendez-vous avec une femme, un homme lui présente en quelque sorte son CV : « Me voilà, voici ce que j'ai fait et ce dont je suis capable. N'hésite pas à m'interroger. » C'est sa façon de se dévoiler et de se livrer. Il lui ouvre son cœur et s'attend à ce qu'elle lui rende la pareille. Malheureusement, elle ne le perçoit pas ainsi : il lui semble plutôt qu'il ne s'intéresse pas à elle et n'a guère envie de faire plus ample connaissance avec elle... Et elle attend pour réviser son opinion qu'il lui témoigne un minimum d'attention en lui posant quelques questions.

Un Martien ne sollicite un emploi que s'il souhaite vraiment l'obtenir. Et il ne se donne pas la peine de prouver sa valeur à n'importe qui. Il ne voit rien d'amusant dans le fait de se dévoiler, de risquer de se voir rejeté. S'il invite une femme à sortir et passe la soirée à parler de lui, cela signifie que, au fond, elle compte beaucoup pour lui, suffisamment pour qu'il désire l'impressionner et prenne le risque d'échouer. Comprendre cette divergence de perspectives met une femme à même d'interpréter correctement l'égocentrisme apparent de son compagnon et d'admettre qu'il s'agit plutôt d'un compliment que d'une insulte. Sans doute n'est-ce pas exactement ce que vous espérez, mais au moins cela révèle qu'il désire réellement vous conquérir.

Comment un homme pourrait-il concevoir qu'un outil aussi utile sur sa planète puisse se révéler tellement inefficace dans ses rapports avec les femmes ? Il ignore combien les usages en vigueur sur Vénus diffèrent de ceux de Mars.

LA VIE SUR VÉNUS

Les Vénusiennes utilisent d'autres moyens pour montrer l'importance qu'une personne revêt à leurs yeux. Si la vie des Martiens tourne autour de leur travail, la leur est axée sur les relations humaines. Leur système de valeurs repose sur l'amour, sur la communication et sur la proximité. Bien entendu, les femmes aussi travaillent dur et possèdent mille autres centres d'intérêt, mais ce sont leurs rapports avec les gens qui leur procurent leurs plus grandes joies et, a contrario, leurs plus grands chagrins.

Toute Vénusienne sait que son accès au bonheur repose sur trois éléments : donner de l'amour, entretenir des relations pleines d'amour et recevoir de l'amour. Sur Vénus, il est plus important de démontrer son potentiel affectif que ses talents dans le domaine professionnel. Voilà pourquoi, lorsqu'une femme sort avec un homme, elle se laisse plus aisément intéresser et impressionner par sa capacité à entamer une relation avec elle que par ses compétences.

Les hommes pleins d'assurance et de compétence sont très attirants aux yeux féminins, mais seul l'art de développer ces talents dans le cadre d'une relation amoureuse les séduira. Quand une femme bavarde, elle souhaite avant tout partager ses idées et ses sentiments avec son interlocuteur. Vous produirez donc la meilleure impression possible si vous veillez à lui poser des questions et à l'écouter. Pour atteindre le cœur d'une femme, il faut découvrir ses pensées et ses sentiments.

> *Les femmes adorent les hommes pleins d'assurance et de compétence, mais c'est leur capacité à poser des questions et à écouter qui fera grandir l'intérêt qu'elles leur portent.*

Sur Vénus, on manifeste la considération et l'attention qu'on porte aux autres en leur posant des questions et en veillant à ne pas monopoliser la conversation. Quand deux femmes bavardent, l'une d'elles commence par poser des questions et écouter avec intérêt les réponses de son interlocutrice puis, au bout d'un certain temps, elles intervertissent les rôles. Ainsi pourrait s'énoncer la règle non écrite du partage sur Vénus.

Même si l'une de ces femmes s'exprime très longuement, son amie ne s'en offusque pas car elle sait qu'elle lui laissera tôt ou tard l'occasion de parler à son tour. L'échange de rôles se produit lorsque celle qui s'épanchait commence à poser des questions. Celle qui s'est jusque-là contentée d'écouter peut alors s'exprimer. Ce système ne fonctionne toutefois que parce que les deux Vénusiennes le maîtrisent.

Avec un Martien, les choses ne se passent pas toujours aussi bien. Le début de la conversation reste identique : la femme pose des questions et son partenaire lui répond. Seulement il ignore qu'après un certain laps de temps il est censé adopter le rôle du questionneur. C'est en posant des questions à une femme et en écoutant ses réponses que l'on conquiert son cœur. Cet ajustement minime peut bouleverser totalement vos rapports avec les femmes.

CE QU'UNE FEMME PEUT FAIRE

Mes patientes me demandent souvent comment réagir lorsque leur partenaire s'obstine à parler de lui. La réponse est simple : interrompre, mais la plupart des femmes n'envisagent même pas cette solution car, sur Vénus, l'attitude que je recommande témoigne d'une extrême grossièreté. Mais, parfois, quand on se trouve avec un Martien, mieux vaut adopter les coutumes martiennes et oser l'interrompre.

Quand un homme parle trop, osez ce que ferait un Martien à votre place : interrompez-le tout simplement.

Une tactique plus douce consiste à cesser d'interroger votre compagnon pour vous contenter de participer à la conversation. N'attendez pas qu'il vous questionne ou qu'il vous invite à donner votre opinion ; écoutez-le quelques instants ou quelques minutes, puis intervenez.

Cela peut paraître simple, mais un tel changement d'attitude se révèle très délicat pour certaines. Il existe en effet quatre raisons principales pour lesquelles une femme pose des questions : elle pense que c'est poli, elle croit que cela accroîtra l'intérêt que son partenaire lui porte, elle-même préfère qu'on la questionne et, enfin, ses tentatives pour interrompre d'autres hommes n'ont guère été couronnées de succès.

Il est poli d'écouter

Sur Vénus, interrompre autrui est fort grossier. Une Vénusienne attend que vienne son tour de prendre la parole. Sur Mars, les choses se déroulent bien différemment. Un Martien s'attend à ce que vous participiez à la conversation ; il le souhaite même vivement.

Une interruption amicale ne le dérange pas du tout. Il trouve même que cela facilite la discussion. Savoir vous immiscer dans la conversation vous rendra en outre plus attirante à ses yeux.

Son intérêt pour vous croîtra

Lorsqu'une femme se contente d'écouter poliment son partenaire et de lui poser des questions, elle pense que, au bout d'un certain temps, l'intérêt qu'il lui porte ira croissant. Mais, en réalité, puisqu'elle persiste à l'interroger, il en déduira qu'elle n'a rien à dire.

Quand un homme parle, il tend à devenir plus intéressé par ce qu'il raconte que par son interlocuteur.

Bien des femmes commettent pourtant l'erreur de penser qu'elles retiendront mieux l'attention de leur partenaire en lui posant des questions sur lui, puisqu'un homme qui leur pose mille questions prend une plus grande place dans leur cœur. Les femmes s'imaginent que les hommes réagissent de la même façon.

C'est plus agréable quand il demande

Cela n'a rien de romantique pour une femme de devoir se battre pour glisser un mot dans la discussion. Une femme se sentira plus aimée si vous lui témoignez votre intérêt en lui posant des questions. Si elle doit vous couper la parole pour s'exprimer, il lui semblera ne pas compter à vos yeux. Et, peu importe ce qu'elle pourra apprendre sur les Martiens et leur planète d'origine, elle conservera le sentiment que si vous vous intéressiez vraiment à elle, vous lui poseriez des questions. Lorsque vous vous y décidez, cela la rassure : elle est bien unique et digne d'amour. Elle voit là une preuve d'affection et cela lui paraît beaucoup plus romantique que d'avoir à vous interrompre.

Dans un monde idéal, chaque homme aurait lu ce livre et se rappellerait d'interroger sa compagne, mais nous ne vivons pas dans ce monde. Tant que cela ne sera pas le cas, les femmes auront avantage à découvrir l'art d'interrompre poliment l'autre. Pour y parvenir, rappelez-vous que ce n'est pas par manque d'intérêt que votre partenaire s'abstient de vous questionner : c'est parce qu'il vient de Mars et donc ne devine pas d'instinct le chemin qu'il parcourrait dans votre cœur s'il vous manifestait son intérêt par des questions. Il croit sincèrement se montrer beaucoup plus attentionné en répondant aux vôtres.

Les interruptions n'ont pas fonctionné dans le passé

Une autre raison pour laquelle les femmes hésitent à interrompre leur interlocuteur est que, quand elles se décident enfin à le faire, elles sont en général en colère. Voilà un homme qu'elles écoutent attentivement depuis un bon moment et qui ne paraît même pas se préoccuper de ce qu'elles pensent ! Elles se sentent ignorées ou exclues et, par suite, humiliées ou offensées. Si bien que, lorsqu'elles trouvent enfin le courage de lui couper la parole, elles le font sur un ton qui indique clairement que leur interlocuteur a commis une grave erreur.

Lui ne comprend pas ce qui se passe et juge cette réaction injuste, puisqu'il attend en toute innocence qu'elle se décide à participer à la discussion. Il a l'impression qu'on l'agresse et qu'on lui reproche une faute qu'il n'a pas commise. Ce qui peut le conduire à se placer sur la défensive et à réagir agressivement. Une femme qui a déjà vécu une telle mésaventure redoutera de tenter à nouveau l'expérience.

Comprendre ce qui est le plus naturel pour les deux

sexes et interpréter correctement les signaux émis par chacun nous permettra de nous détendre lors de nos rendez-vous amoureux. En général, un homme éprouve un grand soulagement si sa compagne participe à la conversation ou même s'empare des rênes de celle-ci. Libéré d'un grand poids, il ose alors se détendre et céder à son désir de mieux connaître la femme assise près de lui. C'est quand elle s'ouvre et se livre à lui qu'il est le plus heureux, tandis que les femmes apprécient de mener une discussion dès lors que leur interlocuteur semble se passionner pour ce qu'elles racontent.

Ce qui signifie que, ces malentendus mis à part, nous sommes vraiment faits les uns pour les autres ! Les hommes aiment écouter et les femmes adorent parler.

Comment interrompre un homme

Même une femme consciente de tout cela aura du mal, au début, à interrompre son partenaire. N'oublions pas que l'attitude normale sur sa propre planète consiste à écouter et à attendre que l'autre vous pose des questions ; lui couper la parole ne lui paraît donc pas naturel, voire grossier. Dites-vous que vous acquérez un savoir nouveau. Toute activité inconnue, qu'il s'agisse d'apprendre une langue étrangère, de lancer un ballon, de faire du patin à roulettes, de conduire une voiture, de taper à la machine ou de skier, semble au premier abord présenter des difficultés insurmontables. Pourtant, il suffit d'un peu de pratique pour que ces gestes qui vous paraissaient tellement difficiles se muent en automatismes.

Ne dites pas : « Puis-je dire quelque chose ? »

Une telle phrase manque d'assurance. De plus, cette question brutale rompra le fil de la discussion. Votre partenaire s'attend à ce que vous participiez à la conversation sans en briser le rythme – n'oubliez pas qu'il pense que si vous ne parlez pas, c'est parce que vous n'avez rien à dire pour le moment (tout comme vous vous figurez qu'il ne sollicite pas votre avis parce que celui-ci ne l'intéresse pas).

Pour établir avec lui des rapports harmonieux, tenez pour acquis qu'il *a envie* d'entendre ce que vous avez à dire. Ce postulat se révèle le plus souvent exact et même si vous ne lui inspiriez pas grand intérêt jusqu'alors, vous vous apprêtez à lui donner l'occasion de voir celui-ci se développer. Lorsque deux hommes discutent entre eux, ils ne perdent pas de temps à se demander comment inviter l'autre à prendre une part active à la conversation. Il va de soi que chacun peut prendre la parole quand il le souhaite ou dès que son interlocuteur marque une pause.

Ne dites pas : « Est-ce que tu comptes reprendre ton souffle un jour ? »

Là, le message est clair pour l'interlocuteur le plus obtus : il a fait quelque chose de mal. En réagissant ainsi, vous risquez de le blesser, surtout s'il s'évertue à vous conquérir.

Ne dites pas : « Tu ne comprends pas... J'ai pour ma part le sentiment que... »

Il s'agit sans doute du commentaire le plus déplaisant qu'une femme puisse adresser à un homme ; pourtant cette réaction lui vient instinctivement. Elle ne cherche nullement à offenser l'autre puisque, sur Vénus, personne ne se formaliserait d'une telle remarque. Une Vénusienne répliquera quelque chose comme : « Je suis désolée (sur le ton qu'elle emploierait pour s'excuser d'avoir bousculé un inconnu dans la rue), raconte-moi de nouveau ton histoire. » À l'inverse, un Martien se sentira agressé et se placera sur la défensive. S'il ne la comprend pas, comme elle l'affirme, cela indique qu'elle le juge incompétent, une insulte grave sur Mars. Se plaçant sur la défensive, votre partenaire s'empressera de vous expliquer que, si, il comprend très bien. Et, malheureusement, plus il tient à vous, plus il cherchera à se justifier et moins il vous écoutera. Il possède à présent un nouvel objectif : vous convaincre qu'il vous comprend, si bien que, une fois de plus, il parle et vous ne pouvez pas en placer une.

Ce que vous pouvez dire

Au lieu de demander la permission de parler, une femme pourra entamer son intervention par une phrase du type : « Cela me rappelle la fois où... » ou tout bonnement par : « Je pense que... » ou encore « J'aime... » et embrayer sur ce qu'elle désire raconter. Ces interventions toutes simples fonctionnent particulièrement bien.

Elle pourra aussi, pour prendre la parole, commencer par : « C'est intéressant. Je pense que... » Dès qu'une femme déclare à un homme « C'est très intéressant », il en déduit qu'elle l'a entendu et se montre tout disposé à se détendre et à l'écouter son tour. Une interruption élégante de ce type permet à votre interlocuteur de sauver la face et évite de souligner que vous jugez qu'il a monopolisé la conversation un peu trop longtemps.

Interrompre ainsi votre partenaire sans le blesser vous donnera l'occasion de vous faire entendre ; de plus, les hommes aiment cela. Ils voient là un signe que vous avez confiance en vous, que vous savez qu'il aime vous écouter, que vous acceptez sa façon de parler lorsqu'il en a envie, que vous sentez que des liens s'établissent entre vous, que vous désirez participer à la conversation, que vous vous montrez réceptive à ses propos et que vous réagissez en conséquence.

CHAPITRE 3

Les hommes aiment les femmes souriantes

Lorsqu'un homme regarde une femme d'une certaine manière, il éveille en elle un sentiment indéfinissable d'excitation. De même, quelque chose se déclenche chez un homme quand une femme lui sourit, rit d'une certaine façon ou l'effleure simplement.

C'est effectivement quand une femme lui permet d'exprimer pleinement sa virilité qu'un homme sera le plus attiré ; les femmes quant à elles préfèrent les hommes en présence desquels elles se sentent plus féminines.

Quand une femme incite un homme à se sentir plus viril, il brûle de devenir plus proche d'elle et cela lui donne un but. Il trouve l'inspiration nécessaire pour s'améliorer et il s'attache à combler les besoins de sa compagne. Il a envie d'être avec elle, d'apprendre à mieux la connaître, et la vie lui semble soudain plus belle. Il frémit à la perspective de conquérir sa partenaire, encouragé en cela par un sentiment profond de sa capacité à la rendre heureuse. En l'attirant ainsi tel un aimant, elle l'incite à donner le meilleur de lui-même.

> *Un homme frémit d'excitation à la perspective de conquérir sa partenaire, encouragé en cela par une certitude profonde de sa capacité à la rendre heureuse.*

Quand les attentions d'un homme conduisent une femme à se sentir plus féminine, elle éprouve une chaleur, une tendresse et une vulnérabilité intérieures, et son cœur commence à s'ouvrir sous la chaleur du regard de l'autre. Elle se réjouit d'être admirée, écoutée, désirée, et la perspective de recevoir bientôt ce dont elle a besoin la rassure. À mesure que son compagnon l'attire vers lui, tel un aimant, l'intérêt qu'il lui porte l'incite à donner le meilleur d'elle-même.

> *Une femme se réjouit à l'idée d'être écoutée, regardée et désirée : la perspective de voir bientôt ses souhaits et ses besoins comblés la rassure.*

C'est cette impression de donner le meilleur de nous-mêmes qui rend une histoire d'amour aussi merveilleuse. Cela dit, pour beaucoup d'entre nous, ces sentiments ne sont pas toujours au rendez-vous. Comprendre les mécanismes qui poussent les deux sexes l'un vers l'autre permettra à chacune de vos rencontres de combler votre besoin de proximité, mais aussi d'exprimer les meilleurs aspects de votre personnalité.

Ce qui confère à une femme le pouvoir de faire ressortir le meilleur de son partenaire peut se résumer en un mot : « féminité ». Lorsqu'une Vénusienne exprime sa féminité, elle incarne en général ces trois caractéristiques : elle est sûre d'elle, réceptive et accueillante.

De la même façon, un homme incitera une femme à donner le meilleur d'elle-même grâce à sa présence masculine. Lorsqu'il exprime celle-ci, il incarne les trois caractéristiques de base de la virilité – l'assurance, l'esprit de décision et la responsabilité –, celles qui attirent le plus ses compagnes.

QUAND UNE FEMME VIENT DE MARS

Après la parution de mon livre *Les hommes viennent de Mars, les femmes viennent de Vénus*, certaines lectrices ont découvert qu'elles aussi venaient de Mars et que c'était la raison principale qui les empêchait de trouver leur moitié. Mes descriptions des pensées et des sentiments masculins cadraient parfaitement avec les leurs. Bien entendu, une partie d'elles-mêmes restait liée au volet vénusien de leur être, mais celui-ci n'occupait pas une place prépondérante dans leur existence.

Cette inversion des rôles se révèle fréquente, en particulier chez les femmes très actives et motivées par leur carrière. Arrivées à un certain âge, elles aspirent à se marier, mais continuent à ne sortir qu'avec des hommes incapables de s'engager. Pis, elles voient souvent ces hommes qui n'avaient pas voulu s'engager avec elles se marier ensuite avec une autre !

Lorsqu'une femme fonctionne en Martienne, son compagnon pourra se sentir bien auprès d'elle, mais elle ne l'amènera jamais à donner vraiment le meilleur de lui-même. C'est seulement quand elle prend le temps de développer et d'exprimer son côté vénusien qu'elle entre en communication avec lui.

Le fait qu'une femme possède un côté martien ne pose pas de problème en soi, mais cela risque de se retourner contre elle si elle ne laisse jamais libre cours à sa féminité. Il faut absolument trouver un équilibre entre Mars et Vénus. Plus une femme devra se montrer martienne au bureau, plus il deviendra important pour elle de retrouver le soir une relation dans laquelle elle peut vivre sa féminité.

Une femme capable de poursuivre un objectif avec ténacité dans son travail obtiendra des résultats, tandis que si elle agit de même avec un homme il manquera toujours quelque chose. Ce quelque chose pourra d'ailleurs reparaître lorsqu'elle donnera à son compagnon l'impression que c'est lui qui a pris l'initiative.

Même quand une femme pense qu'elle vient de Mars, elle vient toujours aussi de Vénus. Elle conserve en elle toutes les caractéristiques féminines, si bien qu'il lui suffira de prêter un peu d'attention à celles-ci pour les ramener à la vie. Si vous reprenez contact avec vos sentiments féminins, cela vous rendra plus attirante aux yeux des hommes susceptibles de vous convenir.

En identifiant clairement les trois principaux côtés vénusiens et en veillant à les développer dans le cadre de leur vie amoureuse, ces « Martiennes » pourront renverser la vapeur et remporter également des victoires dans ce domaine. Une femme forte et décidée peut se révéler très attirante, pourvu qu'elle apprenne à exprimer sa puissance de façon féminine.

En renouant avec votre côté féminin, vous vous découvrirez plus apte à inciter un homme à donner le meilleur de lui-même, vous apprécierez mieux votre propre personne et vous mènerez une vie plus amusante.

Il arrive que, quand une femme m'entend évoquer cette nouvelle approche de la séduction, elle en déduise qu'elle a « tout faux ». Au lieu de ressasser vos erreurs, songez que vous disposez à présent des outils nécessaires pour modifier les schémas amoureux que vous répétez probablement depuis si longtemps. N'oubliez pas que, tant qu'on n'a pas identifié ce qui ne fonctionnait pas, on n'a presque aucune chance d'arranger les choses.

PREMIÈRE QUALITÉ :
LA CONFIANCE EN SOI

Le premier élément qui rend une femme plus attirante aux yeux des hommes réside dans sa confiance en elle. Nous connaissons tous des femmes à qui il suffit de claquer des doigts pour attirer tous les hommes. Et leurs consœurs s'interrogent sur le secret d'un tel pouvoir...
Sûre de son charme et de son magnétisme, ce type de femme se respecte et ne doute pas un instant qu'on la respectera aussi. Elle ne se sent jamais seule au monde puisqu'il lui semble que ses amis, sa famille et la gent masculine dans son ensemble lui portent assistance. Dans son esprit, presque tous les hommes sont dignes d'être aimés jusqu'à preuve du contraire.

Quand il arrive qu'on lui manque de respect, une femme sûre d'elle n'en fait pas une affaire personnelle. Elle ne doute jamais de mériter de voir ses besoins comblés. Elle cherchera dans son entourage un bras secourable pour la soutenir dans l'épreuve. Certaines disposent d'une assurance naturelle. Elles sont nées, comme certains chanteurs, avec une voix merveilleuse. Mais la plupart d'entre elles devront développer et cultiver cette attitude. Elles la possèdent déjà en elles ; il faut juste la réveiller et l'exercer.

La confiance en soi repose sur la certitude de toujours réussir à satisfaire ses besoins. Attention : ne confondez pas confiance en soi et assurance. La seconde permet de tenir pour acquis qu'on est capable de faire ce qu'on a décidé, même si on doit s'y atteler seul, sans aucune aide. La confiance en soi, elle, suppose que les autres sont disponibles, désireux de vous soutenir, et que vous n'aurez pas à vous débrouiller toute seule. Lorsqu'une femme se montre trop décidée et indépendante, cela peut indiquer qu'elle n'est pas sûre du tout que les autres seront là pour elle.

Une femme sûre d'elle tient pour acquis qu'elle obtiendra toujours ce dont elle a besoin.

On déduit souvent, lorsqu'on voit une femme confiante en elle, que cette attitude découle du soutien d'un partenaire solide. En réalité cela se passe en sens inverse : quand une femme se montre sûre d'elle, les appuis viennent à elle. Quand elle agit comme s'il allait de soi que son partenaire lui accordera le respect et le soutien qu'elle mérite, elle incite automatiquement cet homme à donner le meilleur de lui-même.

À mesure qu'une femme gagne en confiance en elle, elle cessera de se laisser séduire par des hommes incapables de la traiter comme elle le mérite. Ce n'est pas tant que les hommes deviennent parfaits à son contact, ni qu'elle ne rencontre que des hommes parfaits, mais c'est qu'elle les incite à donner le meilleur d'eux-mêmes.

Ce qui retient l'attention d'un homme

Comme un homme qui souhaite mener à bien une relation adore avoir l'impression qu'il est celui qui apportera le bonheur à sa compagne, une femme sûre que son partenaire lui apportera ce qu'elle désire attirera davantage un homme.

> *Non seulement cette attitude la rend plus séduisante, mais elle nourrit l'intérêt qu'il lui porte.*

Une femme qui ne comprend pas cette différence fondamentale entre les sexes croira à tort qu'elle doit d'une manière ou d'une autre conquérir l'affection de son partenaire. Et, au lieu de se montrer sûre d'elle et certaine de mériter ses attentions, elle se sent tenue de s'évertuer à lui plaire. Toutes les fois qu'une femme tente de conquérir l'amour d'un Martien, elle perd la partie. Car c'est à lui de séduire : elle doit se contenter de lui donner l'occasion de le faire. Maîtriser cet aspect fondamental du tempérament masculin accroîtra sa confiance en elle.

Pourquoi les hommes deviennent charmants

Voilà qui aide à comprendre ce qui rendra un homme charmant au cours d'un rendez-vous. Lorsqu'il plaît à une femme, il en déduit qu'il pourrait être celui qui la rendra heureuse. Pour l'heure il semble y réussir et cela l'incite à donner le meilleur de lui-même. Si toutefois elle commence à ressentir l'obligation de lui rendre la pareille, elle perdra une grande partie de son charme à ses yeux.

> *Quand une femme cesse de se montrer sûre d'elle pour mieux choyer son compagnon, elle perd de son attrait à ses yeux.*

Cela ne signifie pas qu'une femme ne doit jamais rien donner d'elle-même ni chercher à satisfaire les besoins de son partenaire. Tant qu'elle conserve la certitude d'obtenir ce qu'elle désire, rien ne s'oppose à ce qu'elle accorde ce qui lui semble approprié. Que faire si son compagnon veut accéder à une intimité plus grande, tandis qu'elle préfère attendre ? Ce n'est que si vous respectez la première vos désirs que cet homme pourra les respecter aussi.

Le simple fait de tenir pour acquis que vous suscitez l'intérêt d'un homme suffira à accroître votre aura à ses yeux. Et même si le sujet dont vous discutez ne le fascinait pas au premier abord, il se prendra au jeu parce que *vous* le passionnez. Tout est affaire d'approche.

C'est lorsqu'une femme tient pour acquis que son partenaire a envie d'écouter ce qu'elle va raconter que celui-ci appréciera le plus ses propos.

Si votre attitude exprime la certitude de l'intéresser, cela lui donnera envie de vous écouter et d'apprendre à mieux vous connaître. Une femme doit se rappeler qu'elle est le joyau pour lequel les hommes s'évertuent à trouver un écrin approprié. Du moment qu'on les remercie de faire scintiller cette pierre précieuse, ils se montreront ravis de s'engager dans une belle relation.

Quand l'homme devient le trésor

Une femme compromet sa position lorsqu'elle se comporte comme si son partenaire était un joyau auquel elle rêve de fournir un écrin. Notre Martien verra en effet son attirance et sa tendresse chuter automatiquement. Même s'il lui est agréable de se sentir ainsi choyé, en définitive il préférera de beaucoup qu'elle lui offre l'occasion de la conquérir.

Le souci de plaire à son compagnon exprime l'amour qu'une femme lui porte. Mais elle doit savoir que si elle étouffe ses propres besoins pour lui plaire, cela diminuera son pouvoir de séduction.

Ce que les hommes aiment et ce qui les ennuie

Un homme adore qu'une femme se sente libre d'être elle-même en sa présence. Cette authenticité permet à cette femme de laisser briller son éclat féminin, si bien que son amoureux est attiré par elle comme un papillon par une fleur. Son aisance, sa décontraction et sa liberté d'expression le captivent. Le fait qu'elle puisse se détendre devant lui signifie qu'elle ne pense pas qu'il doive changer pour la conquérir.

DEUXIÈME QUALITÉ : LA RÉCEPTIVITÉ

Le deuxième composant de l'attrait d'une femme est sa réceptivité. Une femme réceptive sait recevoir ce qu'on lui donne et n'éprouve pas de rancœur si ce flux va parfois s'amenuisant. Dès que vous commencez à attendre plus et à reprocher à l'autre de ne pas vous donner assez, vous cessez de vous montrer réceptive.

Ainsi, une femme pourra se montrer très réceptive aux baisers de son partenaire, mais refuser sans ambages toute intimité plus grande. Il lui faudra seulement repousser les avances de son chevalier servant d'une manière qui témoigne aussi de sa réceptivité à ses baisers et lui laisse deviner qu'un jour il obtiendra peut-être plus d'elle. Voilà qui entretiendra son désir.

Quand une femme préfère attendre avant de faire l'amour

Certaines femmes fuient les hommes parce qu'il leur semble que ceux-ci essaient toujours de les forcer à aller plus loin qu'elles ne le souhaitent. Il en est même qui refusent tout rendez-vous amoureux pour ne pas avoir à subir les exigences masculines.

Quand une femme accepte des rapports sexuels avant de s'y sentir prête, elle cesse de se montrer réceptive pour devenir accommodante. Au lieu de laisser son partenaire donner le meilleur de lui-même pour lui plaire, elle s'efforce de le satisfaire par tous les moyens, ce qui compromet sa position.

Quand une femme donne trop dans le cadre d'une relation amoureuse, elle ne peut plus se montrer réceptive à ce que son partenaire lui offre ; à l'inverse, elle commencera à attendre de plus en plus de lui, ce qui n'est guère séduisant.

Diane et Carlos se rencontrèrent vers l'âge de vingt-cinq ans. Après quelques rendez-vous, leur relation prit un tour plus physique et Carlos exprima le désir d'aller jusqu'au bout avec sa compagne. Diane lui demanda si cela signifiait qu'il comptait entamer une relation de couple avec elle. Dans le feu de l'action, Carlos répondit par l'affirmative.

Le lendemain, tout avait changé. Diane se découvrit une foule d'attentes, parmi lesquelles :

– qu'il l'appelle tous les jours ;
– qu'il l'aime et n'aime qu'elle ;
– qu'il passe plus de temps avec elle ;
– qu'il lui soit fidèle ;
– qu'il lui prodigue des gestes romantiques ;
– qu'il passe moins de temps avec ses amis.

Seulement, au lendemain de cette nuit d'amour, Carlos lui aussi était devenu un autre homme, plus du tout certain de souhaiter entamer une relation aussi étroite avec Diane. Tant de femmes sont séduisantes : il ne se voyait pas se ranger.

Leur histoire était passée directement de la première étape du processus amoureux (l'attirance) à la quatrième (la proximité) en sautant les étapes numéro deux et trois, le questionnement et l'exclusivité. Carlos régressa immédiatement jusqu'à l'incertitude et décida de rompre. Une issue quasiment courue d'avance : à compter du jour où Diane avait commencé à donner plus qu'elle ne recevait, ses chances de réussir avec Carlos s'étaient envolées en fumée. Peut-être Carlos et Diane auraient-ils pu vivre une belle histoire, mais comme ils n'étaient pas prêts à partager si vite une telle proximité, celle-ci a provoqué chez Carlos un retrait instinctif fort blessant pour sa partenaire.

Les attentes démotivent

Un homme s'épanouit tant qu'il n'est pas obligé de donner de la tendresse mais qu'il choisit de le faire. Il agit ainsi parce qu'il tient à sa compagne et parce que cela la rend heureuse, mais surtout pas parce qu'il le lui doit. Une telle attente de la part de sa partenaire le démotive complètement. Il lui semble devoir travailler pour rembourser une dette. Une femme perdra sa réceptivité si elle attend plus d'un homme qu'il ne lui donne.

TROISIÈME QUALITÉ : LA CAPACITÉ D'APPRÉCIATION

Rendre une femme heureuse est, nous l'avons vu, ce qui motive par-dessus tout un homme dans la relation amoureuse. Quand une femme peut apprécier ce qu'un homme fait pour elle, celui-ci est d'autant plus attiré par elle.

> *Ce n'est pas tant les actions d'une femme qui*
> *rendront un homme heureux que la façon dont elle*
> *réagira à ses attentions.*

Si vous n'êtes pas satisfaite, contentez-vous d'une réponse neutre. Cette absence d'élément positif suffira à faire comprendre à votre partenaire qu'il n'a pas remporté de lauriers, cette fois. Par exemple, s'il vous emmène voir un film médiocre, inutile de lui détailler en quoi celui-ci vous a déplu ; changez plutôt de sujet pour évoquer quelque chose de plus gratifiant. Chaque fois qu'une femme fait l'effort de trouver et d'exprimer une réponse positive à l'une des tentatives de son ami pour la combler, cela l'encourage à continuer de la courtiser.

Raconter une anecdote

Un jour, je me baignais dans un Jacuzzi au cours d'une croisière quand un jeune couple me rejoignit. Comme je les interrogeais sur leur visite de Mykonos, la jeune femme s'empressa de me raconter en détail, ainsi qu'à toutes les personnes alentour, la mésaventure qui leur était arrivée.

Elle expliqua : « Bill, mon petit ami, a décidé que nous devrions louer des mobylettes, mais nous étions à peine sortis de la ville que la mienne est tombée en panne. Nous sommes restés coincés là presque toute la journée. Bill était fou de rage. Finalement, nous avons réussi à rentrer et nous avons passé le reste de la journée sur la plage. »

Je vis ledit Bill se recroqueviller sur lui-même au fil du récit. Les autres femmes présentes posèrent des questions et aucune d'elles ne réalisa combien cette narration avait embarrassé le pauvre garçon. Chaque fois que de nouvelles personnes s'installaient auprès de nous, son amie répétait son histoire. Je ne m'étonnai pas de le voir quitter le bassin, ni de constater, plus tard dans la soirée, qu'il battait froid à sa compagne. Il était aussi embarrassé que furieux.

Tout en écoutant le récit de cette jeune femme, je songeais qu'il aurait suffi de quelques modifications minimes pour le transformer de telle façon qu'il devienne pour Bill source de fierté. Elle ne pensait pas à mal, mais elle ne comprenait manifestement pas la sensibilité martienne.

Elle aurait pu dire, par exemple : « Il nous est arrivé une aventure incroyable à Mykonos. Bill a décidé de louer des mobylettes pour visiter l'île, ce qui m'a semblé une excellente idée. Il s'est occupé de tout et a obtenu des tarifs avantageux. Malheureusement, à la sortie de la ville, ma machine est tombée en panne. J'ai douté un moment que nous ne restions coincés là toute la journée ; je me demandais vraiment ce que nous allions faire. Heureusement, Bill a pris les choses en main et arrêté une voiture. Il a réussi à nous ramener en ville sans encombre, après quoi nous avons passé une journée de rêve sur la plage. J'ai rarement vu un sable aussi fin et une eau aussi transparente. »

Cette version aurait tout aussi bien reflété les événements de la journée et ce que la narratrice avait ressenti. Seulement, en racontant l'histoire de cette façon, elle aurait accompli un effort conscient pour se concentrer sur la façon dont Bill les avait tirés d'affaire et non pas sur les aspects négatifs de leur mésaventure.

APPRÉCIER SES PETITS GESTES

Il est primordial pour un homme de sentir encore et toujours qu'il apporte une différence dans l'existence de sa partenaire. Il s'épanouit quand il lui semble que vous avez besoin de lui et que ses attentions vous font plaisir. En appréciant ses petits gestes, vous donnerez à son affection et à son intérêt pour vous l'occasion de grandir.

À mesure qu'une Vénusienne apprend à réagir face à un homme en conservant les trois attributs primordiaux de sa féminité – rester sûre d'elle, réceptive et répondre avec le sourire à ses avances –, elle deviendra plus attirante. Non seulement votre partenaire jugera particulièrement séduisant votre effort conscient de souligner tout ce que vous avez apprécié, mais cela intensifiera aussi votre propre bonheur.

CHAPITRE 4

Les femmes aiment les hommes décidés

Chaque homme détient le pouvoir d'inciter une femme à donner le meilleur d'elle-même, mais très peu d'entre eux le savent.

Il ne s'agit pas ici d'expliquer qu'un homme attirera davantage les femmes s'il possède une forte personnalité, un talent exceptionnel, un physique avantageux, le don de se montrer amical, le sens de l'humour, un esprit incisif, s'il est amusant, riche ou s'il a réussi. Au-delà de ces détails secondaires, ce qui rend un homme le plus séduisant aux yeux d'une femme est sa capacité à l'aider à se sentir plus féminine.

Une femme conquise par un homme donnera le meilleur d'elle-même, ce qui l'attirera encore plus vers lui. En somme, plus elle se sentira féminine en sa présence, plus elle craquera pour ses talents, ses traits de caractère et ses centres d'intérêt.

Si un homme n'attire pas une femme, peu importe qu'il soit très beau, très drôle, très riche ou très puissant.

On peut résumer en deux mots, « présence masculine », ce qui permet à un homme d'inciter sa compagne à donner le meilleur d'elle-même. C'est quand il fait preuve d'assurance, d'esprit de décision et de responsabilité qu'elle se sentira le plus séduite. Ces trois attributs aident une femme à se sentir plus sûre d'elle, plus réceptive, et à mieux accueillir les avances de son partenaire.

PREMIÈRE QUALITÉ : L'ASSURANCE

Le premier élément qui fait l'attrait d'un homme réside dans son assurance. Dès qu'une femme devine cette qualité chez son partenaire, elle se sent autorisée à se détendre, certaine qu'elle est à même de recevoir avec lui ce dont elle rêve. En présence d'un homme qui manque d'assurance, en revanche, une femme s'inquiète. Sa féminité, qui aspire à se reposer et à recevoir, prend peur : son propre côté masculin se réveille pour la protéger et pour veiller à la satisfaction de ses besoins. L'assurance de son partenaire lui permettra de respirer plus librement et de s'ouvrir à lui.

Pour posséder l'assurance requise, un homme n'a pas besoin d'être parfait, ni de connaître toutes les réponses. Il s'agit plutôt d'une attitude témoignant de sa capacité d'agir. Cet homme sait que, quoi qu'il arrive, on pourra toujours trouver une solution. Et même s'il ne détient pas la clé du problème, il reste persuadé qu'il en existe une et qu'il la découvrira.

Dès qu'un homme possède la certitude de sa capacité d'action – même s'il ne détient pas toutes les réponses –, sa partenaire pourra respirer plus librement et s'ouvrir à l'amour.

Son assurance apporte à l'homme l'objectivité nécessaire pour prendre du recul et considérer son champ d'action. Dans les moments difficiles, il restera calme et concentré. Un homme qui s'énerve et dit des choses désagréables ne respire pas l'assurance ; au contraire, il se sent menacé et profère donc des menaces en retour.

Un homme avec un plan de bataille

Même si les femmes tendent à multiplier les conseils et les suggestions, au fond d'elles-mêmes elles préféreraient s'en dispenser. Elles veulent bien prendre part à l'élaboration des projets pourvu que leur partenaire assume la responsabilité des opérations.

C'est lorsqu'un homme a tout prévu et se montre confiant dans la réussite de leur soirée qu'une femme appréciera le plus celle-ci. Il sait qui il est, où il se trouve, où il va, combien de temps le trajet prendra, ce qu'il fera une fois arrivé sur place et qu'il dispose des fonds nécessaires au bon déroulement de ce programme. Il est persuadé que tout se passera à merveille, comme prévu. Et si un grain de sable s'avisait d'enrayer cette belle organisation, il dispose d'un plan de secours.

Le plan de secours d'un homme plein d'assurance est le suivant : il évaluera la situation et en tirera le meilleur parti ; il se frayera un chemin en territoire inconnu et vivra une aventure ; il fera de son mieux et tout rentrera dans l'ordre.

Quand les hommes perdent confiance en eux

Cette assurance vient naturellement aux hommes, mais ils la perdent facilement lorsque quelque chose leur échappe. Ainsi un homme perdra-t-il de sa confiance en lui lors d'un rendez-vous s'il ne comprend rien aux femmes. Lorsque sa partenaire semble agacée, il ne devine pas toujours comment réagir. Alors, au lieu de prendre les choses en main et de trouver une solution, il succombera trop rapidement à la facilité qui consiste à lui demander ce qu'elle désire. Après quoi, celle-ci aura l'impression que toute l'organisation de leur soirée repose sur elle.

C'est tellement facile pour un homme de se dire : « Après tout, moi, je me moque de ce que nous ferons. Du moment qu'elle est contente, je le serai aussi. Laissons-la décider. » Il ne comprend pas que ce qui lui fait le plus plaisir est de ne pas avoir à révéler ce qui la rendra heureuse.

Mise en pratique de techniques de séduction Mars & Vénus

Quand une femme se montre déçue, exprime son déplaisir ou si quelque élément du programme mis au point par son partenaire tourne mal, il risque de se retrancher dans une attitude défensive. N'oubliez pas que si vous n'aimez pas sa proposition, il lui semble que cela signifie que vous ne l'aimez pas, *lui*. Un homme persuadé de posséder les atouts nécessaires pour rendre une femme heureuse ne se place pas sur la défensive et ne s'énerve pas lorsqu'il déçoit sa partenaire. Au lieu de cela, il fait appel aux tactiques de séduction Mars & Vénus, puis modifie ses plans.

S'il comprend les femmes, il apprendra à les écouter sans chercher à résoudre leurs problèmes. En prêtant ainsi une oreille attentive, sans chercher à les inciter à regarder la situation sous un angle différent, il leur donne la possibilité de sentir combien il se préoccupe de leurs sentiments, combien il cherche à se montrer compréhensif. L'intérêt, la compréhension et la sympathie sincère qu'il témoigne les aideront à se sentir mieux, quelque déception qu'elles aient vécue auparavant.

En prêtant une oreille attentive à sa compagne, un homme pourra transformer le plus décevant des rendez-vous en une expérience gratifiante pour elle.

Un homme qui comprend la façon de penser et les sentiments féminins dispose d'un énorme avantage sur la plupart de ses rivaux. En effet, nos semblables s'empresseront de gâcher définitivement la soirée en s'efforçant de persuader leur compagne d'oublier son agacement ou sa déception. Ils ignorent tout du pouvoir de l'écoute sur le cœur d'une femme ; les petits gestes l'impressionnent parfois plus que des efforts plus spectaculaires. Mieux un homme connaît les femmes, plus il éprouvera d'assurance lors de rendez-vous en leur compagnie. Et cette assurance ajoutera grandement à sa séduction.

Quand une sortie tourne au désastre, c'est rarement à cause d'événements qui se produisent, mais plutôt à cause de la façon dont l'homme gère les sentiments de sa compagne lorsque celle-ci se montre déçue. Il arrive en effet qu'un homme s'investisse trop dans son programme, au point d'oublier que le plus beau cadeau qu'il puisse offrir à une femme réside dans sa volonté sincère de la rendre heureuse. Si les circonstances sont contre lui, il peut néanmoins marquer des points en se montrant compréhensif et respectueux de ses réactions.

DEUXIÈME QUALITÉ :
SAVOIR POURSUIVRE UN OBJECTIF

Un homme doté d'un objectif se révèle plus attirant pour une femme. Son projet, son rêve, son orientation, sa vision, son intérêt ou sa préoccupation ajoutent alors à sa séduction. Peu importe l'envergure du projet : son attrait réside avant tout dans la passion qu'il lui voue. S'il concentre son énergie pour la conquérir et la rendre heureuse, elle ne pourra plus lui résister.

Cela ne signifie pas qu'il doive abandonner tous ses autres objectifs pour se consacrer exclusivement au bonheur de sa petite amie, ce qui refroidirait plutôt celle-ci car elle ne pourra combler à elle seule tous les besoins de son partenaire. Elle ne souhaite pas qu'il mette sa vie entre parenthèses pour elle ; cela ferait peser une responsabilité trop importante sur ses épaules.

Une femme ne souhaite pas qu'un homme abandonne tous ses objectifs pour se consacrer exclusivement à sa partenaire.

Un homme a besoin de poursuivre des objectifs distincts de ses relations amoureuses. Une fois qu'il aura donné un sens à sa vie, il pourra entamer la relation qui l'aidera à réaliser ses rêves. Sentir à ses côtés la présence d'une femme qui partagera avec lui les fruits de ses succès : voilà qui donne un nouveau sens à son existence.

Tant qu'un homme poursuit un objectif et ne renonce pas à celui-ci, il possède un avenir. Un homme qui se passionne pour son travail, pour ses hobbies, pour ses objectifs ou son avenir se révèle extrêmement attirant. Puisqu'il est capable de se motiver tout seul, sa compagne se sent détendue et à l'aise auprès de lui. Quel soulagement que de rencontrer quelqu'un qui n'a pas besoin qu'elle prenne soin de lui, mais qui, au contraire, possède l'énergie et la volonté requises pour prendre soin d'elle !

Par la suite, en période de stress, un homme pourra oublier où il veut en venir. Il travaille si dur qu'il en oublie qu'il se tue à la tâche pour pouvoir mieux prendre soin de ceux qu'il aime et qui comptent pour lui. Il se met peu à peu à se préoccuper plus de son travail que de la possibilité de vivre une histoire pleine de tendresse. En prenant le temps de se montrer romantique, il pourra se rappeler pourquoi il fait tout cela. Dès qu'il sent l'amour de sa compagne, il songe : « Ah, c'est pour ça que je le fais. » En se montrant réceptive, cette femme lui évite tout risque de perdre de vue son objectif.

Pour qu'un homme reste concentré sur son histoire d'amour, il lui faut se rappeler pourquoi il la vit. En effet, la finalité des relations de couple a changé. Nous n'avons plus besoin de l'autre pour subsister et les rapports basés sur la survie ne perdurent plus. Hommes et femmes souhaitent davantage que la présence sécurisante d'un partenaire qui travaille pour le bien de la famille. Sans doute voulons-nous aussi cela, mais aujourd'hui nous attendons nettement plus : nous sommes en quête de plénitude émotionnelle. Nous voulons de l'affection, de la proximité ; un amour profond et durable.

Les rapports amoureux fondés sur la survie n'ont plus d'avenir aujourd'hui.

Votre objectif est bien plus noble que celui de l'époque précédente et cela doit vous inciter à en apprendre plus sur l'autre et à découvrir de nouvelles façons de communiquer.

TROISIÈME QUALITÉ : LA RESPONSABILITÉ

Quand un homme accomplit ce qu'il a promis de faire, il émet automatiquement une aura de responsabilité. Peu importe qu'une femme le connaisse déjà ou qu'elle l'ait déjà vu se montrer responsable ; cela lui suffira pour tenir pour acquis qu'il croit en lui et qu'il sait où il va. Il devient alors très attirant.

Lorsqu'une femme se montre séduite par un homme puissant ou influent, elle est en fait attirée par le volet responsable de sa personnalité qui l'a conduit à une telle réussite. Même s'il n'adopte pas une attitude aussi responsable dans tous les domaines de son existence, sa capacité de s'attacher passionnément à un objectif et d'assumer l'entière responsabilité de ce qui compte le plus pour lui transparaîtra toujours dans son attitude.

Un homme responsable est quelqu'un qui se soucie des autres, une qualité qu'une femme apprécie généralement beaucoup. Elle a besoin de sentir que son chevalier servant ne cherche pas à obtenir quelque chose d'elle, mais avant tout à vivre une histoire pleine de sens. Plus il se montrera attentionné, plus elle lui accordera sa confiance. Chaque fois que vous accomplissez quelque chose pour elle, cela la conforte dans l'idée qu'elle n'a pas besoin de rester en permanence sur le qui-vive. Votre sens des responsabilités lui permet de se détendre enfin.

Pourquoi un homme doit rester en alerte

Bien entendu, les hommes non plus ne doivent pas être en permanence sur le qui-vive. Mais quand un Martien courtise une Vénusienne, en particulier pendant les trois premières étapes du parcours amoureux, il doit rester attentif, tout comme il le serait dans son travail. Voilà ce qui fait de lui un professionnel, c'est-à-dire une personne accomplissant efficacement les tâches qui lui sont imparties. C'est une personne sur qui on peut compter, une personne responsable.

Lors d'un rendez-vous, cet homme sera attentionné envers sa compagne quels que soient les sentiments qui l'habitent. Et s'il éprouve le besoin de se ressourcer lui-même, il vaut mieux qu'il le fasse seul ou avec des amis.

Pendant les trois premières étapes du parcours amoureux, un homme pourra s'attacher à gagner l'amour de sa partenaire dans ses moments de pleine forme. En revanche, lorsqu'il manque d'énergie, il fera mieux de rester seul.

Il n'existe pas de tue-l'amour plus efficace qu'un homme qui se met à relater ses problèmes à sa compagne. Celle-ci ne tardera en effet pas à se sentir responsable de son bien-être et à éprouver des sentiments maternels. Si, à compter de la quatrième étape du processus amoureux (la proximité), il devient envisageable de révéler sa vulnérabilité et de cesser de jouer les durs, ne vous comportez en aucun cas ainsi tant que vous n'aurez pas démontré auparavant votre capacité d'assurer votre bien-être et celui de votre compagne.

Avant de dévoiler sa vulnérabilité à sa compagne, un homme doit clairement montrer sa capacité d'assumer leur bien-être à tous deux.

Voilà qui peut paraître injuste, comme si les hommes devaient accomplir tous les efforts, tandis que leur compagne se laisse aller. En réalité, les hommes adorent que leur dulcinée abandonne ses responsabilités, car cela lui permet de laisser libre cours à son côté féminin accueillant et réceptif.

Les objections de Jason

Au premier abord, ce schéma ne plut guère à Jason. Il répliqua : « Ah non, j'aime qu'une femme prenne elle aussi ses responsabilités. Je ne veux pas devoir tout faire. » Il n'avait encore jamais vécu de rendez-vous amoureux réellement réussi. Élevé sans père au milieu de plusieurs sœurs, il avait depuis toujours pris l'habitude que des femmes prennent soin de lui. Il n'avait jamais connu la satisfaction et le sentiment de puissance qui envahissent un homme ayant réussi à se débrouiller tout seul. Et puisque son père n'avait pas été capable d'apporter le bonheur à sa mère, il doutait de sa propre aptitude à rendre une femme heureuse.

Sa mère et ses sœurs n'écoutaient guère ses plans et ses projets, trop occupées à lui donner des directives, à l'inciter à s'améliorer, voire à le critiquer carrément lorsqu'il affichait des ressemblances avec son père. En fait Jason se comportait comme un garçon ordinaire, mais il ne recevait pas le soutien nécessaire à son bien-être. De ce fait, devenu adulte, il préférait éviter tout risque de se tromper en laissant sa compagne prendre toutes les responsabilités. Cette attitude démissionnaire lui paraissait beaucoup plus confortable. Mais, quoique sympathique, drôle et amusant, à quarante-sept ans il se révélait encore incapable de s'engager envers une femme. Du jour où il décida de se montrer plus responsable, Jason apprit à goûter ce sentiment nouveau pour lui. Il ne lui fallut alors que six mois pour rencontrer la femme de sa vie.

Quand un homme prend les choses en main

Les femmes adorent qu'un homme prenne en charge un projet et le mène à bien. Il s'agit là d'un aspect primordial car la plupart des femmes affichent une tendance naturelle à assumer trop de responsabilités. Et plus leur existence devient complexe, plus elles se sentiront épuisées et dépassées par les événements.

Ces femmes ne tardent pas à se sentir responsables de tout vis-à-vis de leur entourage... Pour trouver un soulagement, il leur faudra partager leurs sentiments avec une personne aimée. Dès que cela s'avère possible, un déclic s'opère en elles et leur sentiment de responsabilité s'atténue.

C'est en partageant ses problèmes qu'une femme pourra cesser de se sentir responsable de tout.

Lorsqu'un homme parvient à écouter les problèmes de sa compagne sans chercher à les minimiser ni à les « réparer », elle oubliera ce sentiment excessif de responsabilité pour se sentir de nouveau bien. Même s'il ne se charge pas de tout résoudre, plus il se montrera responsable, plus elle se sentira apaisée et entourée.

Du moment qu'elle est écoutée, elle sait que son compagnon fera de son mieux pour lui venir en aide. Plus important encore : elle a pu parler de ses soucis et cela constitue à ses yeux l'aspect le plus important de l'appui fourni par son compagnon.

TROISIÈME PARTIE

Trouver l'âme sœur

CHAPITRE 1

De l'art de bien se préparer

Le premier défi qui s'offre à vous est de renoncer pour un temps à rechercher votre âme sœur : commencez par vous *préparer* à reconnaître celle-ci le jour où elle se présentera. La plupart des gens trouvent leur partenaire de vie ou sont trouvés par lui de manière plutôt inattendue. Lorsque vous serez prêt(e) à l'accueillir, il fera son apparition.

La plupart des gens trouvent leur âme sœur ou sont trouvés par elle de manière plutôt inattendue.

Pour se préparer à cet événement, il faut tout d'abord apprendre à se connaître soi-même. Chez les adolescents, qui en sont encore à découvrir ce que signifie être un homme ou une femme, le flirt permet à la fois d'apprendre plus sur le sexe opposé et sur eux-mêmes. Ils ne cherchent pas l'âme sœur, mais plutôt à explorer leur personnalité et leurs sentiments.

Même si l'on croit sincèrement être amoureux à cette époque, il s'agit rarement de vrai amour. La perspective de sortir avec le nouveau venu excite tous nos sens, mais en faisant plus ample connaissance avec lui notre enthousiasme retombe. Ces premières amours constituent un élément important du travail de préparation qui conduit vers l'âme sœur.

Il arrivera par la suite que, après une déception amoureuse ou parce qu'on s'est senti(e) rejeté(e), on éprouve le besoin de papillonner pour un temps afin de reprendre confiance en sa virilité ou sa féminité. Une fois convaincu(e) de notre pouvoir de séduction, nous pourrons de nouveau dépasser la première étape du processus amoureux et envisager sérieusement une véritable relation de couple.

L'AUTONOMIE CONSTITUE LA BASE DE LA PROXIMITÉ

C'est d'ordinaire entre vingt et trente ans que nous prenons conscience de notre identité en tant qu'êtres distincts de nos parents. Jusqu'alors, nous dépendions le plus souvent complètement d'eux. Il nous faut explorer notre moi, découvrir qui nous sommes, ce que nous aimons et ce qui nous déplaît, ce que nous pouvons faire, ce dont nous avons besoin et ce dont nous n'avons nul besoin.

À mesure que nous devenons plus autonomes, nous attendons davantage d'une relation amoureuse.

Même à soixante-cinq ans ou plus, on retrouvera les interrogations de ses vingt ans après un divorce ou une séparation. Notre premier souci sera de récupérer notre autonomie, base indispensable pour recréer la proximité avec un autre. Quand nous nous remettons d'un échec sentimental, au lieu de chercher une personne avec qui partager notre quotidien, nous nous comportons comme un être affamé en quête de nourriture : n'importe quoi fera l'affaire, du moment que cela apaise cette sensation de faim. Avant d'envisager de vivre une relation intime et donc de reconnaître le partenaire qui nous conviendra, nous devons d'abord nous montrer capable de nous nourrir seul. C'est seulement après que nous pourrons apprécier le fait de nourrir et d'être nourri(e) par un partenaire.

Quel que soit notre âge, à mesure que nous recouvrons notre indépendance et notre autonomie, sortir avec une personne simplement attirante, agréable et intéressante ne nous suffit plus. Nous aspirons à avoir l'occasion de connaître une personne en profondeur et d'être connu(e) d'elle de la même façon. Le besoin d'une relation exclusive et pleine de tendresse renaît.

NOTRE DISCERNEMENT VA EN GRANDISSANT

Chaque fois que nous traversons ce processus amoureux, nous accroissons notre capacité à discerner et reconnaître la personne qui nous conviendra. Même nos mauvais choix deviennent judicieux, puisqu'ils nous aident à nous corriger et à repartir du bon pied. Le temps que vous consacrez à une relation ne sera jamais du temps perdu si vous tirez les leçons de cette expérience et vous assurez de clore celle-ci de manière positive. Chaque fois que vous suivrez les élans de votre cœur, puis découvrirez en définitive que votre partenaire ne vous convient pas, vous vous rapprocherez d'un pas de l'âme sœur.

POURQUOI LES COUPLES ATTENDENT POUR S'UNIR

Les statistiques les plus récentes indiquent que les hommes comme les femmes attendent plus longtemps qu'autrefois pour se lier avec la personne de leur vie. Certains voient cela d'un mauvais œil, alors qu'en fait cela témoigne plutôt d'une plus grande sagesse des jeunes couples. Ceux-ci veulent d'abord savoir qui ils sont, ce dont ils sont capables, ce qu'ils veulent et où ils vont avant de se lancer dans l'aventure du mariage ou de l'engagement. De fait, il paraît prudent d'apprendre d'abord à se connaître soi-même avant d'envisager de partager ce qu'on est dans le cadre d'une vie à deux.

Il est plus prudent d'apprendre à bien se connaître soi-même avant d'envisager la vie à deux.

Ceux qui vivent en couple avant de se sentir autonomes courent le risque de se reposer trop sur l'autre et d'attendre trop de lui. Ils ne prennent pas le temps de jouir de leur indépendance et de découvrir comment combler leurs besoins sans partenaire. Au lieu de consacrer quelques années à se libérer de l'emprise parentale afin de ne plus compter que sur eux-mêmes, ils passent directement du toit familial au nid conjugal, sans jamais cesser de dépendre d'autrui en termes d'amour et de soutien. Se précipiter ainsi dans une relation intime les privera d'une occasion unique de mettre au jour la confiance en soi, l'assurance et l'autonomie nécessaires pour que leur couple s'épanouisse.

Vivre séparés de nos parents marque une étape importante du processus qui fait de nous des adultes. Vivre pour un temps séparés du sexe opposé se révèle tout aussi instructif. Une personne capable de trouver seule son équilibre – ou en partageant un appartement avec des amis du même sexe – pose des bases solides pour un couple futur.

Vivre séparés de nos parents marque une étape importante du processus qui fait de nous des adultes. Vivre pour un temps séparés du sexe opposé se révèle tout aussi instructif.

Quand notre travail et nos amis ne nous satisfont pas, nous nous tournons vers des partenaires susceptibles de remplir notre existence, plutôt que vers ceux avec qui nous pourrions partager celle-ci. Au lieu de mêler deux coupes pleines qui pourront se donner mutuellement de l'amour, nous nous unissons à l'autre avant tout pour combler des carences. Grossière erreur : il faut savoir être heureux seul pour trouver l'âme sœur et fonder un couple.

CHAPITRE 2

Pourquoi certaines femmes restent célibataires

Bien des femmes restent célibataires, alors même qu'elles souhaitent fonder un couple. Et elles s'interrogent : « Pourquoi suis-je toujours seule ? Pourquoi est-ce que je n'arrive pas à rencontrer un homme désireux de s'engager ? » Cette situation ne résulte pas de leur physique, ni de leur personnalité, ni de leur réussite professionnelle, ni même d'une pénurie de partenaires disponibles. Le problème vient du fait qu'elles font passer aux hommes le message « je n'ai pas besoin de vous ».

POURQUOI UNE FEMME A BESOIN D'UN HOMME

Les femmes modernes sont devenues si débrouillardes qu'on ne voit plus très bien pourquoi elles auraient besoin d'un homme pour les épauler. Autrefois, les choses étaient claires : une femme avait besoin de la protection et de l'appui physique d'un homme. Et il lui semblait logique de s'avouer à elle-même comme à ses amis et au monde entier son besoin d'un compagnon. Aujourd'hui, nos compagnes s'assument seules et admettent difficilement qu'elles ont toujours besoin d'un homme, même si ce besoin obéit désormais à des motivations différentes.

Avant de trouver l'homme de sa vie, une femme doit au préalable déterminer pour quelle raison elle a besoin d'un homme. Plus elle est autonome, plus elle souhaite recevoir la tendresse, l'affection, l'amitié et la compagnie réconfortante d'un homme.

Autrefois, les femmes avaient besoin d'un homme pour assurer leur survie et leur sécurité. Aujourd'hui, elles recherchent avant tout ses attentions et sa tendresse.

On peut même dire que moins une femme a besoin des hommes au sens traditionnel, plus elle sera en recherche d'affection et d'amour. Même celles qui se consacrent entièrement à leur foyer, et donc dépendent de leur époux pour leur subsistance, conservent ce côté romantique. L'imaginaire des femmes s'est transformé du tout au tout au cours des trente dernières années et l'amour arrive au premier rang de leurs préoccupations.

CE DONT UNE FEMME A BESOIN

Quand un homme ouvre la portière de sa voiture à sa compagne, il ne le fait pas parce qu'elle serait incapable de s'en charger seule ; il sait fort bien qu'elle pourrait se débrouiller sans lui. Il cherche ainsi à lui témoigner son attention. C'est une façon pour lui de dire : « Je sais combien tu donnes de toi-même, alors ce soir laisse-moi m'occuper de toi. » Ou encore : « Tu es une femme unique. Laisse-moi te montrer combien tu comptes à mes yeux. »

Recevoir un tel message à plusieurs reprises au cours d'un rendez-vous amoureux permettra à une femme de se détendre. Pourquoi se sent-elle à ce point comblée ? Parce que cela répond à l'une de ses aspirations les plus profondes. C'est agréable, elle se sent aimée et elle l'est. Elle reçoit exactement ce dont elle a besoin et son partenaire est ravi de le lui procurer. Après les heures passées à se préoccuper des besoins des autres, elle s'abandonne enfin à ses propres exigences. Voici une liste des besoins de la femme moderne.

LES BESOINS FÉMININS

Elle a besoin d'un moment pendant lequel elle ne se préoccupera plus des désirs d'autrui et que quelqu'un se penche sur ses propres vœux.

Elle a besoin qu'on anticipe ses besoins, ses désirs et ses souhaits et qu'on lui propose de l'aide sans qu'elle doive la solliciter.

Elle a besoin qu'on la remarque, qu'on l'aime et qu'on l'adore.

Elle a besoin de sentir qu'elle manque à un être et que celui-ci la désire.

Elle a besoin de laisser libre cours à son amour et d'obtenir la certitude d'être aimée en retour.

Elle a besoin de s'épancher auprès d'une personne digne de confiance qui ne se retournera jamais contre elle et ne trahira pas ses secrets.

Elle a besoin d'un partenaire qui la considère comme unique.

Elle a besoin qu'on l'aide au quotidien, afin de ne pas avoir l'impression qu'elle fait tout toute seule.

Elle a besoin de passion dans l'intimité.

Non seulement elle a besoin de toutes ces choses,

mais il faut que ces désirs soient comblés par un être l'attirant sur tous les plans – physique, émotionnel, intellectuel et spirituel. Bien sûr, de telles attentions ne sont pas indispensables à sa survie, à l'inverse de la nourriture, de la boisson, de l'oxygène ou d'un toit. Elles se révèlent cependant fondamentales pour son bonheur.

Lorsque les besoins primordiaux qui conditionnent la survie sont remplis, les aspirations plus élevées d'amour et de proximité gagnent en importance. Ainsi, quand on a vraiment faim, on ne se préoccupe plus que de se nourrir. Une fois rassasié, on verra resurgir ses autres besoins. Et quand une femme s'assume au quotidien, son envie de bonheur s'intensifie.

Lorsque les besoins primordiaux qui conditionnent la survie sont remplis, les aspirations plus élevées d'amour et de proximité gagnent en importance.

Une femme pourra accéder à la plénitude sans que tous ces besoins soient comblés simultanément. Le processus amoureux se double d'une satisfaction progressive de ces aspirations. Dès lors qu'elle peut espérer voir un jour tous ses désirs émotionnels comblés, elle se sentira satisfaite.

LES BESOINS MASCULINS

De la même façon, un homme peut vivre sans que ses appétits sexuels soient immédiatement satisfaits ; il lui suffit de pouvoir espérer parvenir un jour à ses fins. Par contre, il a lui aussi des besoins à satisfaire.

Il a besoin qu'on remarque ses efforts et qu'on apprécie sa contribution à la vie du ménage.

Il a besoin que sa compagne lui donne l'occasion de la combler.
Il a besoin qu'on l'accepte tel qu'il est.
Il a besoin qu'on lui fasse dépasser ses limites.
Il a besoin qu'on lui fasse confiance et qu'on se repose sur lui pour la satisfaction de ses besoins.
Il a besoin d'un être qui l'incite à donner le meilleur de lui-même.
Il a besoin qu'on soit content de lui et qu'on se montre réceptif à ses avances.
Il a besoin qu'on l'admire pour ce qu'il a fait ou tenté de faire.
Il a besoin qu'on lui pardonne ses erreurs.
Il a besoin d'une partenaire qui appréciera et reconnaîtra ses qualités les plus louables telles que la patience, la force, la générosité, la gentillesse, l'engagement, la loyauté, la fermeté, la compassion, le courage, la sagesse, l'humour et l'esprit joueur.

En clair, les hommes recherchent un emploi et les femmes ont un poste à pourvoir. Nos besoins divergent donc, mais nous nous complétons parfaitement ; notre compatibilité se révèle totale. Voilà qui illustre l'importance des rituels amoureux. Ces derniers permettent en effet au sexe fort de se sentir indispensable, tout en donnant aux femmes l'occasion de lâcher prise par rapport à leur propension à trop donner.

L'APPROCHE AMOUREUSE

L'approche amoureuse qui définit le rôle de l'homme-donneur et de la femme-réceptrice vise à aider la femme à se détendre et à laisser son compagnon prendre soin d'elle et de ses besoins. Dans une telle dynamique, l'homme gagnera en assurance, en esprit de décision et de responsabilité, tandis que la femme deviendra plus sûre d'elle, plus réceptive et répondra aux avances de son partenaire avec plus d'appréciation. Certains se disent gênés par cette approche amoureuse qui, à leurs yeux, déprécie la femme en la présentant comme vouée à l'assistanat. Ils pensent que cette coutume renforce la notion erronée de faiblesse féminine.

Pourtant, lorsqu'un invité de marque pénètre chez vous, vous lui ouvrez grand la porte et déroulez le tapis rouge. Cela n'implique aucun jugement dévalorisant sur les capacités ou la compétence de cette personne.

De la même façon, le fait qu'un homme invite une femme à dîner ne signifie pas qu'il gagne mieux sa vie qu'elle, ni qu'elle ne pourrait pas s'offrir un tel repas. Cela lui fait seulement plaisir de l'entourer de ses attentions. Tout au long de la journée elle donne d'elle-même et, ce soir, il éprouve l'envie de lui faire plaisir.

S'ils vivent en couple, il ne réglera pas toujours l'addition ; en revanche, dans les occasions spéciales, il s'en chargera. Une femme peut se proposer parfois de payer, mais il se révèle plus sage pour son partenaire d'insister pour s'en acquitter lui-même.

Certaines femmes déduisent à tort qu'elles doivent nécessairement satisfaire les appétits sexuels de leur cavalier en guise de dédommagement pour sa peine. Or, elles l'ont déjà pleinement récompensé en recevant ses hommages ou ses marques d'attention.

L'homme rend hommage à sa compagne en prenant en charge son bonheur, tandis qu'elle lui rend la pareille en accueillant ses attentions et en se montrant réceptive au cadeau qu'il lui fait.

On ne peut comprendre ces mécanismes si l'on ignore combien les hommes et les femmes conçoivent différemment la plénitude émotionnelle.

COMMENT AVOIR BESOIN D'UN HOMME SANS PARAÎTRE MALADROITE

N'importe qui sait qu'une femme qui a trop besoin d'un homme le fera immanquablement fuir. Malheureusement, il arrive trop souvent sur Vénus qu'on jette le bébé avec l'eau du bain : de peur de paraître désespérées, certaines femmes en viennent à nier leur besoin d'un homme ou à rationaliser celui-ci. Dans leur esprit, elles ont le droit de désirer un homme, de connaître une relation amoureuse, de vivre à deux, mais pas d'avouer avoir besoin d'un partenaire.

Pourtant, si vous essayez l'espace d'un instant de vous regarder avec les yeux d'un homme, vous comprendrez qu'il n'existe pas d'autre solution. Vous pouvez parfaitement admettre votre besoin d'un homme sans pour autant paraître pathétique ou désespérée.

Du point de vue d'un homme, un abîme sépare une femme qui a besoin de lui d'une femme désespérée.

Une femme désespérée ne se contente pas de prendre conscience de ses besoins, il lui semble qu'elle a besoin de plus que ne lui offre son partenaire. Elle en vient donc inévitablement à se fâcher contre lui ou à lui faire entendre, par ses réactions, qu'il a des choses à se reprocher. Et comme, au lieu d'apprécier les efforts de son compagnon, elle lui laisse deviner qu'elle aimerait recevoir plus, celui-ci comprend qu'il n'en fait pas assez. Ce n'est pas le fait qu'elle ait besoin de plus qui le fera fuir, mais le fait qu'elle n'apprécie jamais ce qu'il lui apporte.

> *Ce n'est pas votre besoin de lui qui fera fuir un homme, mais le fait que vous n'appréciez pas ses efforts.*

Avoir besoin d'un homme ne signifie pas que l'on attendra plus de lui. Si vous vous concentrez sur ce que votre partenaire vous offre et veillez à l'apprécier, vous éviterez cet excès. Et plus vous vous montrerez sûre de vous, réceptive et encline à répondre à ses avances, plus vous saurez apprécier ce qu'il vous offre tout en espérant recevoir plus.

Pour solliciter l'aide d'un homme, il est inutile d'être une pauvre demoiselle en détresse ou sans défense. Le fait de ne pas recevoir tout ce qu'elle escompte ne lui interdit pas d'accepter avec grâce ce que son compagnon lui donne. Il est toujours flatteur pour un homme de se sentir nécessaire.

D'un point de vue masculin, les femmes les plus attirantes sont conscientes de leurs besoins et certaines que ceux-ci seront comblés. De la même façon que les hommes persuadés d'atteindre leur objectif gagnent en séduction, une femme attirera davantage le sexe opposé si elle paraît persuadée qu'elle obtiendra l'appui auquel elle aspire.

Une femme sûre d'elle n'aura pas non plus besoin de nier son besoin d'un homme juste parce que le partenaire idéal n'a pas encore fait son apparition dans son existence. Elle sait qu'elle peut obtenir ce dont elle a besoin et qu'elle l'obtiendra, ce qui la rend extrêmement séduisante.

COMMENT LES FEMMES SABOTENT LE PROCESSUS DE SÉDUCTION

Quand une femme nie ses sentiments à l'égard d'un homme, elle sabote le processus amoureux. Ses tentatives les plus sincères pour entamer une relation durable et pleine d'amour s'achèvent à chaque fois sur une déception. En acceptant de changer d'optique et d'écouter le besoin tout à fait sain d'inviter un homme dans sa vie, elle ouvrira sa porte à un partenaire. S'abandonner ainsi la mettra mieux à même d'apprécier et d'accepter la gent masculine.

De fait, votre besoin d'un homme peut se comparer à tous vos autres besoins naturels. Ainsi, si vous avez un peu faim, vous ne verrez pas d'inconvénient à grignoter un morceau, mais cela ne revêt pas une grande importance. Si en revanche vous êtes affamée, vous aurez envie de manger et les mets vous paraîtront plus savoureux. Et si vous n'avez rien avalé depuis cinq ou six heures, une bonne et saine faim vous envahira ; vous avez *besoin* de manger. C'est alors que le contenu de votre assiette vous paraîtra le plus succulent et satisfaisant.

De la même façon, lorsqu'une femme écoute son besoin naturel d'attirer un homme dans sa vie, son compagnon peut sentir qu'elle accueillera favorablement ses attentions, qu'elle se montrera réceptive et sûre d'elle. Cela met en valeur ses plus belles qualités. Si vous êtes l'homme qui lui convient ou du moins si vous lui ressemblez, cette femme vous attirera. En écoutant son besoin d'homme, elle se transforme en aimant capable d'attirer le partenaire qui lui convient. Nous étudierons dans le chapitre suivant où elle pourra dénicher celui-ci.

TRANSMETTRE AUX HOMMES LE BON MESSAGE

Une femme qui se montre sûre d'elle laisse entendre à son compagnon qu'elle lui fait confiance : tôt ou tard, il comblera ses désirs. Une telle attitude éveille l'intérêt de son partenaire. Quand une femme se montre réceptive à ce qu'il lui offre, l'homme devine qu'il pourra se voir accepté. Quand elle accueille favorablement les efforts qu'il fait pour lui plaire, il se sent apprécié et elle lui donne l'espoir de réussir encore mieux à l'avenir. Les trois attributs de la féminité garantissent qu'elle ne transmette pas un message erroné relatif à ses besoins.

Lorsqu'une femme exprime la plénitude de sa féminité en se montrant sûre d'elle, réceptive et en répondant aux attentions de son partenaire, elle incite celui-ci à donner le meilleur de sa virilité. Plus il sentira que vous avez besoin de ce qu'il peut vous offrir, plus son intérêt croîtra. Il sentira automatiquement son assurance, son esprit de décision et son sentiment de responsabilité grandir.

Ces hommes gagnent en assurance parce que l'attitude de leur compagne leur indique qu'il existe un poste à pourvoir auprès d'elle. Leur énergie se voit renforcée par le sourire réceptif qui leur laisse deviner qu'ils pourraient décrocher le job de la rendre heureuse. Elle éprouve un besoin et eux détiennent la solution. Et l'accueil favorable qu'elle réserve à leurs attentions leur laisse penser qu'ils pourraient réussir à combler ses attentes. Ce qui, par la suite, les pousse à se sentir plus responsables de son bonheur.

CHAPITRE 3

Où trouver votre âme sœur ?

Les couples disent souvent s'être rencontrés au moment où ils s'y attendaient le moins. Leurs chemins se sont croisés comme par accident, lors d'une réception, en voyage, pendant une promenade, lors d'un séminaire professionnel ou au bureau, et ils associent cette rencontre merveilleuse au hasard, au destin, à la divine providence, à la chance ou tout simplement à leur bonne étoile.

Cela ne signifie pas que vous deviez attendre votre jour de chance ou un heureux accident pour rencontrer l'amour. On peut en réalité trouver des raisons très claires pour lesquelles ces couples se sont constitués. Comme ils n'ont pas conscience de ces facteurs, ils invoquent le destin ou la chance. Mais en fait, ils remplissaient à leur insu les conditions requises pour rencontrer et reconnaître le partenaire idéal. Comprendre ces conditions et susciter délibérément celles-ci accélérera votre processus de recherche de l'âme sœur.

UN COUP DE POUCE AU DESTIN

Chaque jour, sans même s'en rendre compte, des êtres font ce qu'il faut pour rencontrer l'homme ou la femme de leur vie. Ils se placent au bon endroit au bon moment, et le « miracle » peut se produire. Toutefois, même quand un fruit est mûr, on devra prendre la peine de le trouver et de le cueillir. De la même façon, il ne suffit pas d'être prêt à rencontrer l'âme sœur pour que cela arrive ; il faut également se trouver au bon endroit. Les couples heureux se sont croisés dans des environnements qui leur ont permis de rencontrer un partenaire potentiel pour lequel ils ont éprouvé une attirance immédiate.

À notre insu ou de plein gré, nous nous positionnons à l'emplacement adéquat pour rencontrer un partenaire potentiel qui nous inspirera une attirance immédiate.

Comprendre les divers éléments à l'origine de l'attirance qui réunit deux êtres vous donnera la capacité de déterminer les lieux les plus adaptés à votre recherche. Il existe des endroits où vous rencontrerez sans conteste des personnes que vous attirerez, et vice versa. Encore nous faut-il rappeler ce qui suscite une attirance saine.

PREMIER FACTEUR D'ATTIRANCE : DES CENTRES D'INTÉRÊT DIFFÉRENTS

Une attirance saine repose toujours sur un certain nombre de facteurs prévisibles. Le premier et le plus important de ceux-ci est que ces êtres nourrissent des centres d'intérêt différents. Dans un couple équilibré, si tous deux peuvent partager des passions, chacun en possède qui lui sont propres.

Les âmes sœurs partagent beaucoup de centres d'intérêt, mais bien souvent elles en possèdent aussi beaucoup d'autres qui leur sont propres.

Un amoureux tout neuf se répand rarement en s'exclamant : « J'ai rencontré une fille extraordinaire, elle est tellement différente de moi ! » Pendant cette phase, on tend plutôt à s'extasier : « J'ai rencontré un homme ou une femme merveilleux(se) : nous avons tellement de choses en commun. » On n'a pas encore mis au jour toute la richesse de sa personnalité. Les célibataires qui méconnaissent cette réalité risquent de laisser passer des occasions de rencontrer leur âme sœur.

Le fait que l'attirance puisse naître de centres d'intérêt différents explique pourquoi il semble parfois tellement difficile de trouver le partenaire idéal. Sachez que, en général, votre âme sœur s'intéressera à des choses qui ne vous passionnent pas, qu'elle travaille et passe ses loisirs dans des lieux où vous vous rendez rarement. A priori, cela laisse penser que vous ne vous croiserez que par accident. Mais dès que l'on prend conscience de cette réalité, on pourra faire l'effort de rechercher les situations mettant en présence des personnes dont les centres d'intérêt sont différents, et augmenter ses chances de connaître l'homme ou la femme de sa vie. Prenons quelques exemples.

La rencontre inopinée de Kim

Mère célibataire, Kim travaille dans un restaurant. Elle m'a raconté son histoire : « J'avais modifié l'horaire de mon massage hebdomadaire. Et c'est pendant que je patientais à la réception du club sportif que j'ai fait la connaissance de mon futur mari, Peter. Notre rencontre était vraiment le fruit du hasard. Entrepreneur de son état, il était venu en réponse à un appel d'offres. Je n'en reviens toujours pas que nous nous aimions autant alors que nous sommes si différents l'un de l'autre. Peter adore le changement et bâtir des choses tandis que j'aime les antiquités et la stabilité. Il est de droite ; je suis de gauche. Il aime passer ses soirées à la maison et j'aime dîner au restaurant... »

De fait, Kim et Peter avaient des centres d'intérêt tellement éloignés qu'ils ne se seraient jamais rencontrés si le hasard ne les avait placés face à face. Et Peter préférant passer ses soirées à la maison, il ne risquait pas de croiser Kim dans le restaurant où elle travaillait le soir.

Grâce à des amis

Mark, policier : « J'ai rencontré ma femme, Vicky, par l'intermédiaire de mon ami Chuck. Tous deux sont sortis ensemble pendant deux ou trois ans et Chuck ne cessait de me parler d'elle. Après leur rupture, j'ai appelé Vicky et nous avons commencé à nous fréquenter. Je resterai toujours reconnaissant à Chuck de nous avoir présentés et sa femme et lui comptent parmi nos bons amis.

» Je ne pense pas que nous nous serions jamais rencontrés sans lui : elle déteste le sport, alors que j'en suis fou. J'ai fait sa connaissance lors de l'anniversaire de Chuck. Nous avons joué aux cartes, je crois.

» Dès cette époque, j'ai ressenti une certaine attirance vis-à-vis d'elle, mais elle n'était pas libre. Je me rappelle m'être dit que Chuck avait beaucoup de chance. Aujourd'hui il me semble que c'est moi, le veinard ! Vicky et moi sommes très heureux et nous avons trois enfants. »

Les hommes comme Mark qui n'apprécient guère les fêtes verront monter leurs chances de rencontrer leur âme sœur s'ils font l'effort de se plier à certaines mondanités. Tout comme Vicky, une femme qui ne s'intéresse guère au sport augmentera ses chances de rencontrer l'âme sœur si elle assiste à des tournois, à des matchs, etc.

Le projet le plus réussi de Daphné

Daphné, décoratrice d'intérieur, a rencontré son mari Carl en travaillant sur un chantier. « Mon client voulait installer un bain bouillonnant, explique-t-elle. Et je ne sais plus qui m'a donné le numéro de Carl pour que je le consulte à ce sujet. Il a tout de suite compris de quoi j'avais besoin et la manière dont il a géré le projet m'a convaincue que c'était un homme sur qui on pouvait compter. Il s'est révélé le partenaire idéal pour ce projet... et aussi pour moi ! Nous nous sommes d'emblée bien entendus. Pourtant, seul le hasard nous a poussés l'un vers l'autre car je n'aurais jamais acheté un Jacuzzi pour mon propre compte et Carl habitait à l'époque à l'étranger. »

Si son client ne lui avait pas demandé d'installer un bain bouillonnant dans sa salle de bains, Daphné eût-elle jamais rencontré son mari ? On peut en douter, car Carl n'aime que les activités d'extérieur et fait rarement les magasins de décoration intérieure. Bref, leurs chemins n'auraient jamais dû se croiser.

Sans ce projet, la seule chose qui aurait pu permettre à Carl de rencontrer Daphné eût été de passer plus de temps dans les galeries commerciales et dans les boutiques de décoration intérieure. Cela aurait encore augmenté ses chances de la rencontrer ou de rencontrer un intermédiaire susceptible de les mener un jour l'un vers l'autre.

Et, pour le croiser, Daphné aurait dû accepter de sortir de son existence confortable pour faire du camping, des randonnées dans la nature ou des activités de groupe plus sportives comme le rafting ou le ski.

Des centres d'intérêt différents créent une attirance

Les célibataires croient souvent à tort que leur âme sœur partagera tous leurs centres d'intérêt. De ce fait, ils recherchent des partenaires dont les intérêts sont similaires aux leurs. Ils oublient qu'il existe des centaines, voire des milliers d'endroits où se rencontrer.

Bien sûr, il arrive que l'on rencontre l'homme ou la femme de sa vie dans un lieu reflétant des pôles d'attraction communs, mais on peut tout aussi bien le ou la croiser dans un endroit accueillant des gens qui s'intéressent à des choses qui ne vous fascinent pas du tout.

Pour rencontrer votre âme sœur, fréquentez des endroits qui accueillent des personnes dotées de centres d'intérêt différents des vôtres.

Si vous n'avez toujours pas trouvé votre âme sœur dans les lieux que vous fréquentez d'ordinaire, essayez ceux où se rassemblent les personnes aux centres d'intérêt différents des vôtres. Même si vous ne trouvez pas d'emblée le partenaire idéal, vous pourrez au moins ressentir plus d'attirance vis-à-vis du sexe opposé. Ainsi devenu(e) plus désirable, vous vous sentirez plus motivé(e) pour poursuivre vos recherches.

Essayez des expériences nouvelles

Poser le pied dans un endroit qui vous est inconnu permet à une partie jusque-là latente de votre personnalité de s'éveiller. C'est l'une des raisons qui nous poussent vers des êtres aux centres d'intérêt différents : leur contact nous stimule. Une facette toute neuve de notre être s'épanouit. Admettez qu'il n'est guère stimulant de rencontrer son double : si on aspire uniquement à un tête-à-tête avec soi-même, nul besoin de partenaire ! Tester des choses nouvelles donne en revanche plus d'énergie et rend plus séduisant.

Pour trouver votre âme sœur, efforcez-vous donc de fréquenter des endroits où se rassemblent des gens s'intéressant à des choses qui ne vous passionnent pas du tout. Si vous n'aimez pas danser, prenez des cours de salsa ou inscrivez-vous à un concours de danse ; si vous n'aimez pas dîner dehors, forcez-vous à aller plus souvent au restaurant.

Ainsi la plupart des couples mariés unissent une personne plutôt du soir et une autre plus en forme le matin. Tirez-en les enseignements qui s'imposent : pour découvrir votre âme sœur, essayez donc de modifier de temps à autre vos horaires. Les couche-tôt joueront les noctambules et les amateurs de grasses matinées se lèveront pour faire des promenades dès potron-minet.

Vous n'aimez pas le sport ? Prenez l'habitude d'assister aux matchs locaux et adoptez des activités sportives. Vous avez toujours détesté l'école ? Prenez des cours du soir. Si vous n'aimez pas lire, passez plus de temps dans les librairies et les bibliothèques ; si vous vous déplacez d'ordinaire en voiture, marchez ;

si vous avez coutume d'apporter votre déjeuner au bureau, essayez de manger dehors de temps à autre. Si, en revanche, vous prenez presque tous vos repas au restaurant, mettez-vous à fréquenter les supermarchés. Les fans de fast-food tenteront pour leur part quelques incursions dans les magasins de produits diététiques ou sur les marchés bio, et vice versa.

Si vous n'aimez pas tellement lire, passez plus de temps dans les librairies et les bibliothèques.

Élargir de la sorte votre « territoire de chasse » accroîtra nettement vos chances de rencontrer votre âme sœur. Et il vous paraîtra plus facile de trouver un partenaire attirant.

DEUXIÈME FACTEUR D'ATTIRANCE : DES BESOINS COMPLÉMENTAIRES

Le second élément à prendre en compte est l'existence de besoins complémentaires. Pour schématiser, votre âme sœur possède quelque chose dont vous avez besoin. Lorsqu'un homme détient ce qui peut combler les aspirations d'une femme, celle-ci se sentira attirée par lui. Les hommes obéissent à un processus inverse, étant attirés par les femmes qui ont manifestement besoin de ce qu'ils ont à offrir. Une saine étincelle émotionnelle se déclenche alors.

Cette attirance émotionnelle nous évite de nous limiter à l'image irréaliste que nous nous faisons du physique ou de la personnalité du partenaire idéal. Un homme ainsi stimulé ne songera plus à se demander si la femme qu'il courtise ressemble à la créature de ses rêves. Tout au plaisir de la couvrir d'attentions romantiques et de jouir de ses réactions, il en oubliera largement de la juger sur son apparence.

De la même façon, dès qu'un homme distingue ainsi une femme, elle cesse de songer aux traits qu'elle prêtait jusqu'alors à l'homme parfait. En s'abandonnant à l'attirance qui se développe quand elle se montre réceptive aux attentions de son prétendant, elle devient libre de suivre son cœur sans se laisser entraver par des rêves irréalistes.

Les lieux où une femme a besoin d'un homme

Une femme qui sait tout ce qui précède veillera à rechercher l'âme sœur dans les lieux où elle pourra se montrer le plus réceptive et accueillir le mieux ce qu'un homme pourra lui proposer. Si, par exemple, vous avez besoin d'aide pour brancher votre ordinateur, rendez-vous dans un salon informatique ; puisque vous avez un réel besoin de ce que les autres visiteurs ont à vous offrir, vous rencontrerez peut-être celui qui vous convient. Si les ordinateurs ne vous passionnent pas du tout, vos chances croîtront encore.

Si vous avez besoin d'aide pour brancher votre ordinateur, vous rencontrerez peut-être l'homme qui vous convient dans un salon informatique.

Dès que vous demandez votre chemin parce que vous êtes perdue ou en voyage, vous devenez plus réceptive à l'aide d'un homme et plus prompte à apprécier celle-ci. Une randonnée ou une excursion offrent mille occasions pour vous de souhaiter bénéficier d'un appui masculin. En vous inscrivant à un cours, vous mettrez également vos condisciples en position de vous porter assistance. Les compétitions sportives auxquelles vous ne comprenez goutte constituent aussi un excellent choix : il ne vous reste plus qu'à sélectionner un séduisant mentor pour vous expliquer les tenants et aboutissants de la discipline en cause. N'oubliez pas que les hommes adorent jouer les experts. De ce fait, les conquêtes se nouent plus aisément dans les endroits où le savoir-faire masculin peut se révéler utile.

> *Dès que vous vous inscrivez à un cours, vous suscitez l'occasion idéale pour un homme de vous porter assistance.*

Lorsque vous irez danser, vous éprouverez clairement le besoin d'un partenaire et vous apprécierez que celui-ci vous invite. Signalons à ce propos que quand deux femmes dansent ensemble, les hommes présents se sentent réduits au chômage. Et un homme redoute plus que tout de se voir rejeter et de se sentir inutile. Idéalement, sortez avec des couples. Demandez à vos copines de vous prêter leur petit ami ou leur mari l'espace d'un tour de piste. Un prétendant potentiel vous voyant danser avec un simple ami osera plus facilement vous inviter à danser. Une femme qui danse déjà représente une partenaire plus attrayante que celles qui font tapisserie.

Les lieux où un homme sent qu'on a besoin de lui

Les hommes aussi peuvent appliquer les principes énoncés ci-dessus et fréquenter à leur tour les lieux où ils pourraient rencontrer la femme de leur vie et ceux où celle-ci se montrera plus réceptive à ce qu'ils lui offrent. Portez-vous volontaire pour des activités caritatives ou aidez à la préparation du défilé de la fête de votre village ou de votre quartier. Voilà qui vous fera rencontrer beaucoup de femmes nouvelles.

Et dès que la situation exigera que quelqu'un se dévoue pour jouer les meneurs, sautez sur l'occasion : les femmes aiment les hommes déterminés. Même si votre âme sœur n'est pas présente, vous attirerez peut-être l'œil d'une personne qui vous présentera à elle.

Dès qu'une situation exige que quelqu'un se dévoue pour jouer les meneurs, sautez sur l'occasion.

Sachez aussi que garder les enfants de vos amis ou promener leur bébé dans un parc attirera vers vous les femmes comme des mouches. Elles penseront aussitôt : voilà un homme vraiment tendre et responsable. Il s'occupe d'un bébé ! Attention : si vous n'adorez pas vraiment les enfants, ne faites pas semblant juste pour attirer les conquêtes. Le but des suggestions données dans ce chapitre n'est pas de faire naître une attirance temporaire mais de rencontrer une femme avec laquelle vivre une relation durable. Lorsque vous montrerez combien vous êtes responsable, la femme à qui vous convenez verra s'éveiller en elle le désir de mieux vous connaître.

Un homme qui promène le bébé d'amis dans un parc attire les femmes comme des mouches.

Ne redoutez pas qu'elle vous croie déjà pris : elle viendra vous parler du bébé et vous posera quelques questions adroites qui vous permettront de dissiper tout malentendu. Elle sera absolument ravie de découvrir que vous n'êtes pas père de famille. Si aucun de vos amis n'a de bébé, vous pouvez emprunter un chien et le promener dans un parc en variant vos horaires.

Par ailleurs, sachez notamment proposer vos services en cas de crise : incendie, inondation, tremblement de terre, tempête, cyclone.

Ne sous-estimez pas non plus le pouvoir de l'uniforme, très attirant aux yeux d'une femme. Lorsque vous l'endossez, cela démontre que vous êtes fier de ce que vous faites et que vous aimez votre travail – de grands plus vis-à-vis d'une femme. N'hésitez donc pas à arborer votre tenue même pendant vos loisirs...

Les femmes adorent les hommes en uniforme.
Portez le vôtre aussi souvent que possible.

Harry, professeur de théâtre, me confia qu'il avait rencontré sa femme alors qu'elle suivait l'un de ses cours. « C'était une étudiante très douée, ajouta-t-il. Elle me plut tellement au premier regard que je me demandai comment je parviendrais à mener la séance à bien. La seule perspective de l'inviter à sortir me privait de tous mes moyens. Je finis par trouver le courage de proposer de l'aider à travailler ses scènes en fin de journée. Ce fut un moment mémorable ; les étincelles crépitaient de part et d'autre.

» La semaine suivante, j'ai fait jouer à mes élèves des scènes d'amour. À l'issue du cours, Trudy me demanda si j'accepterais de lui donner de nouveau la réplique. Voilà qui me convenait fort bien car si j'étais incapable de prononcer une phrase cohérente en sa présence, tenir un rôle rentrait plus dans mes cordes. Et même si je n'avais évidemment pas écrit la pièce, cette lecture suffit à conquérir Trudy. Je ne remercierai jamais assez Shakespeare... Nous nous sommes souri ce jour-là et nous nous sourions depuis lors. Aujourd'hui encore, je l'aide à répéter. J'adore posséder un talent qu'elle apprécie manifestement. »

TROISIÈME FACTEUR D'ATTIRANCE :
LA MATURITÉ

Un troisième élément détermine l'attirance émotionnelle : la maturité des partenaires. Deux âmes sœurs possèdent normalement un degré de maturité similaire. En général, à mesure que nous avançons en âge, nous acquérons une certaine profondeur. De ce fait, nous serons automatiquement attirés par des personnes dont le degré de maturité ou de profondeur correspond au nôtre. Cette maturité ne dépend pas nécessairement de l'âge, même si ce dernier joue un rôle.

Afin de multiplier les occasions, privilégiez les lieux où vous aurez l'assurance de rencontrer des gens de votre âge. Les réunions d'anciens élèves sont parfaites à cet égard. Même si vous ne rencontrez pas d'emblée un partenaire, vos nouvelles connaissances pourront s'entremettre ; la plupart de leurs amis ont eux aussi votre âge.

Rappelons que l'on ne pourra pleinement reconnaître son âme sœur que lorsqu'on sera prêt(e) à rencontrer celle-ci. Nous devons d'abord apprendre à nous connaître avant de pouvoir déterminer la personne qui nous convient. Chaque fois que nous vivons les étapes les plus évoluées du processus amoureux, nous gagnons en maturité et en discernement.

Lorsque vous mettez fin à une relation de longue durée ou à un mariage, la meilleure façon de trouver l'âme sœur consiste à revoir d'anciens partenaires pour lesquels vous avez éprouvé une attirance émotionnelle. Accordez-vous quelques mois pour faire le deuil de votre histoire passée puis, lorsque vous vous sentirez plus complet(e) et autonome, rappelez tous vos anciens partenaires encore disponibles.

Téléphonez simplement pour reprendre contact et

voyez si des étincelles jaillissent. Il arrive souvent qu'une relation fasse grandir et mûrir de telle façon que, lorsque celle-ci s'achève, il se révèle très facile de faire fonctionner une liaison qui n'a pas fonctionné dans le passé.

Plus nous savons de choses, plus nous en ignorons

La sagesse qui accompagne la maturité nous incite à chercher de nouvelles informations sur les sujets qui nous intéressent et nous tiennent à cœur. De ce fait, une autre tactique pour rencontrer des personnes de maturité équivalente à la vôtre consiste à vous inscrire à des cours traitant de vos sujets favoris.

Carole, qui travaille pour une compagnie d'assurances, a rencontré son mari dans le cadre d'un atelier Mars & Vénus. « J'ai été très impressionnée par le fait qu'il cherche à en apprendre plus long sur les femmes et sur les relations amoureuses. J'avais toujours pensé que je ne pourrais jamais épouser un homme qui ne se préoccuperait pas des différences entre les sexes ou qui, du moins, ne chercherait pas à accroître son savoir dans ce domaine. L'habitude des assurances, je suppose...

» J'ai su d'emblée que je pourrais faire confiance à Bob. Il me semblait que le destin nous avait réunis... avec tout de même un petit coup de pouce de ma part : en m'inscrivant à ces ateliers, j'avais mis toutes les chances de mon côté pour rencontrer un homme désireux de construire une relation de qualité. »

Lâcher prise par rapport au passé

Il arrive qu'on croie que les choses ne pourront plus changer. Les hommes comme les femmes hésiteront à s'engager s'ils pensent que toutes les histoires se suivent et se ressemblent. Mais si l'on prend le temps de tirer les leçons de ses erreurs passées, on pourra s'assurer de vivre à l'avenir des relations plus heureuses.

Pauline occupe un poste de cadre au sein d'une compagnie de téléphone. Elle me narra sa rencontre avec son époux : « Des amis nous ont présentés lors d'un dîner, alors que je n'avais pas la moindre intention de revivre avec un homme. J'avais déjà été mariée à deux reprises. Seulement Craig avait quelque chose de différent. Il ne m'attirait pas du tout physiquement, mais c'était l'homme le plus intéressant que j'aie jamais rencontré.

» Il a sept ans de plus que moi et cela ajoute encore à son attrait à mes yeux. J'ai toujours été plus mûre que mon âge. J'apprécie sa sagesse et ses réactions pleines de réflexion et de considération.

» À son contact, j'ai compris que seule une personne plus mûre pourrait me convenir. Dans le passé, j'avais toujours suivi mes pulsions sexuelles ; cette fois, je n'en éprouvais aucune même si je le jugeais fascinant. Il se mit à me courtiser. Et, au bout d'un certain temps, l'incroyable se produisit : je découvris, à ma grande surprise, que j'éprouvais aussi une véritable passion physique pour lui ! Il a fallu un certain temps pour que celle-ci apparaisse mais, des années après, elle brûle toujours avec autant d'intensité. »

QUATRIÈME FACTEUR D'ATTIRANCE :
LA RÉSONANCE

Le quatrième élément qui commande l'attirance de deux êtres est la résonance : les âmes sœurs possèdent des valeurs jumelles. Elles nous incitent à donner le meilleur de nous-mêmes. Et quand nous nous trouvons ensemble, ce qui compte le plus à nos yeux éveille un écho au sein de nos convictions les plus profondes.

Les valeurs que votre partenaire privilégie en matière de religion, de famille, de travail, de loisirs, de politique, d'argent, de caractère, de sexe ou de mariage vous correspondent et vous inspirent. Vous devinez tout le bien qu'il y a en lui ou en elle et respectez et admirez ces valeurs. Attention : souscrire à des valeurs similaires ne signifie pas que l'on pensera ou ressentira toujours les mêmes choses, mais cela garantit que chacun respectera le point de vue de l'autre et admettra son raisonnement.

Imaginons deux partenaires animés de sensibilités politiques divergentes. Même s'ils soutiennent des approches contraires, ils pourront trouver un terrain d'entente tant que tous deux militeront pour la démocratie. Si, en revanche, l'un bascule vers l'extrémisme, ces deux êtres ne se correspondront pas suffisamment pour qu'une attirance naisse entre leurs âmes.

S'AMUSER À DEUX

Une autre bonne solution pour rencontrer son âme sœur consiste à partir en vacances. Si vous aimez danser et vous amuser, choisissez une formule dans le cadre de laquelle tous les participants prennent leurs repas ensemble et partagent des activités récréatives.

Les croisières et les clubs de vacances représenteront dans ce cas une bonne solution pour chercher l'âme sœur.

Crystal, une institutrice, me confia ceci : « J'ai rencontré mon mari, Charlie, dans un hôtel où nous occupions tous les deux des postes d'instructeurs sportifs. Nous n'avons pas tardé à découvrir que nous aimions l'un comme l'autre les sports nautiques et la fiesta. En plus, Charlie danse comme un dieu ! Bref, je suis tombée follement amoureuse de lui. Je pense que c'est le destin qui nous a réunis dans ce lieu particulier, quand on pense aux mille autres endroits où nous aurions pu atterrir. Pour ma part, je ne souhaitais même pas vraiment travailler dans cet hôtel-là, mais c'était le seul qui recrutait.

» Charlie travaille aujourd'hui dans l'édition, nous adorons toujours partir en vacances ensemble et nous habitons au bord de la mer. Et quand nous nous disputons, nous prenons le temps d'aller danser ou de faire de la voile... et il devient beaucoup plus facile de nous réconcilier. »

CHAPITRE 4

Idées pour rencontrer l'âme sœur

En combinant les quatre ingrédients de l'alchimie amoureuse – centres d'intérêt différents, besoins complémentaires, maturité et valeurs analogues –, nous nous donnons les moyens de connaître un amour durable et passionné. Or, pour trouver un partenaire et établir la relation vers laquelle nous tendons, il faut chercher au bon endroit. Donnons un coup de pouce au destin et rendons-nous dans les lieux propices à une rencontre intéressante.

1. Assistez à une fête donnée par un proche, organisez vous-même une réception, allez danser avec des amis. Être présenté(e) par un tiers est encore le meilleur moyen de trouver son partenaire.
2. Rapprochez-vous d'une ancienne connaissance désormais veuve ou divorcée. Même si vous n'éprouviez pas d'attirance pour cette personne autrefois, peut-être vous séduira-t-elle à présent qu'elle est disponible.
3. Investissez-vous dans une cause à caractère social, comme apporter à manger aux sans-abri ou aider des orphelins. Vous vous sentirez grandi(e) par cette expérience, susciterez l'admiration et l'apprécia-

tion de votre entourage, et sans doute rencontrerez-vous l'âme sœur.

4. Allez là où vous savez pouvoir exercer vos compétences et vous rendre utile : les gens viendront aisément vous demander conseil ou assistance. N'hésitez pas à aborder quelqu'un en lui proposant de lui prêter main-forte.

5. Suivez une formation ou un cours animé par un enseignant très dynamique et stimulant. Cela déteindra sur vous. Vous pourrez, par exemple, demander à un(e) camarade de collaborer avec vous sur un projet.

6. Assistez aux réunions d'anciens élèves de votre école ou lycée. On ne compte plus le nombre de gens qui se retrouvent des années après leurs études et tombent éperdument amoureux !

7. Fréquentez des lieux où vous n'avez pas vos marques et où il est question de domaines auxquels vous ne connaissez rien. N'hésitez pas à solliciter de l'aide ou des conseils. Sachez qu'un homme peut charmer une femme en manifestant le désir qu'elle l'éclaire.

8. Liez-vous aux amis d'une personne que vous désirez ardemment approcher. Mais prenez garde à révéler vos intentions sans détour.

9. Visitez des lieux qu'affectionnent des gens passionnés de sujets qui vous intéressent peu. Par exemple, si vous n'êtes guère féru(e) de peinture, allez dans un musée et initiez le dialogue avec des amateurs d'art.

10. Créez des occasions de rencontres en dehors de votre cercle habituel d'amis. Il est très intimidant pour un homme d'accoster une femme entourée de cinq copines : s'il est éconduit, il sait qu'il sera la risée du groupe.

11. Il est plus facile d'aborder une femme qui ne reste pas rivée à sa chaise lors d'une soirée. Alors bougez !

12. Les cuisines sont le théâtre de prédilection de

la convivialité et des confidences. Proposez vos services pour passer les plats ou mettre la dernière main aux desserts.

13. Mieux encore : portez-vous volontaire pour l'organisation de tels événements.

14. Si vous élevez seul(e) votre enfant, liez-vous avec les parents des amis de votre bambin. Relayez-vous pour le baby-sitting ou pour conduire les petits à l'école. Lorsque vous les connaîtrez bien, demandez-leur de vous parrainer et de vous aider à trouver l'âme sœur.

15. Au bureau, faites une pause-café même si vous n'en aviez pas l'habitude. Vous pourriez faire des rencontres inattendues dans un laps de temps très court.

16. Prenez part aux événements qu'organise l'école de vos enfants : pièces de théâtre, festivités, collectes et compétitions sportives. Cela vous permettra de rencontrer d'autres parents en solo. Si vous n'avez pas d'enfants, ne perdez pas l'occasion d'accompagner ceux de vos amis. Lorsqu'on fréquente un parent célibataire, ce dernier vous est d'autant plus reconnaissant de l'attention que vous portez à ses petits.

17. Proposez vos services de baby-sitter à vos amis et promenez-vous dans un parc en compagnie des enfants. Cela vaut aussi pour un chien. Les femmes sont particulièrement charmées par des hommes qui prennent soin d'enfants ou d'animaux domestiques. Et puis, quel que soit le sexe, la présence d'un bambin ou d'un labrador facilite la prise de contact.

18. Jouez les touristes dans votre propre ville. Imaginez-vous dans la peau d'un visiteur étranger qui verrait vos monuments, vos musées pour la première fois. Vous rencontrerez nombre de gens désireux de vous en faire découvrir les merveilles − et pourquoi pas, l'homme ou la femme de votre vie. Le plus beau, c'est que vous apprendrez l'existence de curiosités qui vous étaient inconnues. Emboîtez le pas à de véritables

voyageurs de passage et suivez le guide. L'amour est parmi eux.

19. Utilisez les petites annonces : placez-en une, ou répondez à celles qui vous parlent. Si vous optez pour la première solution, attachez-vous à vous présenter sous un jour positif et à ne pas vous tromper de rôle. Les femmes devraient rédiger leur texte en se mettant dans la peau d'une acheteuse ou d'une employeuse potentielle : plutôt que d'appâter l'homme, elles auront à cœur de préciser ce qu'elles attendent d'un homme et ce qui leur plaît le plus. L'homme en revanche veillera à occuper le rôle du demandeur d'emploi : il lui incombe de parler de lui-même en termes élogieux, de décrire ce qu'il a à offrir. En bref, l'homme doit dire ce qu'il peut donner, et la femme ce qu'elle espère recevoir.

20. Les agences matrimoniales sont d'un grand secours, de même que les sites de rencontres sur Internet. Ils vous permettent notamment de vous faire au préalable une idée de la personne que vous allez rencontrer, un peu comme si elle vous était présentée par des amis.

21. Vos études sont derrière vous ? Complétez votre CV en suivant des cours ou des formations qui vous amèneront à réaliser des projets de groupe ou à échanger des idées.

22. Inscrivez-vous dans une chorale et chantez – et ce surtout si vous n'aimez pas chanter, chantez faux ou vous jugez trop sérieux pour cela. Le chant choral libère l'âme et vous aidera à éprouver joie et inspiration.

23. Partez en voyage organisé : club de vacances, circuit touristique, etc.

LES DIFFÉRENCES NE CONSTITUENT PAS DES OBSTACLES

Même quand nous ressentons une attirance pour un être, il nous arrive fréquemment de commettre l'erreur de décréter que nous sommes trop différents pour qu'une relation puisse s'établir entre nous. Voilà pourquoi les enseignements du livre *Les hommes viennent de Mars, les femmes viennent de Vénus* ont aidé tant de couples. Beaucoup de gens se découragent, persuadés que leurs différences trop grandes les empêcheront de jamais voir l'autre combler leurs attentes. Dans bien des cas, ces patients ont pu commencer à recevoir de leur partenaire ce dont ils avaient besoin parce qu'ils ont su décrypter leurs différences et découvrir que celles-ci étaient plus une source de bonheur et de soutien que des écueils. De la même façon, ce n'est pas parce qu'une personne ne s'intéresse pas exactement aux mêmes choses que vous que votre relation est vouée à l'échec.

Quand on sait communiquer, ces centres d'intérêt divergents cessent de devenir des sources de conflits. Car lorsqu'une femme se plaint de ce que son mari consacre trop de temps au golf, ce n'est pas son intérêt pour ce sport qui la dérange réellement. Le problème résulte de leur incapacité à combler mutuellement leurs besoins.

LE RESSENTIMENT CRÉE LA DISTANCE

Si les hommes et les femmes se comprennent, interprètent les actions de l'autre de façon erronée et peinent à communiquer, ils deviennent incapables de se montrer mutuellement leur amour et de satisfaire leurs besoins. Et le ressentiment naît.

Plus la rancœur s'installe, plus nos centres d'intérêt divergent de façon extrême. Nous commençons à ressembler à deux pôles opposés. Voici quelques exemples de ce ressentiment et du phénomène de polarisation qu'il entraîne.

Elle a envie de sortir ; il se sent soudain éreinté.

Il propose d'aller au cinéma ; elle décrète qu'elle préférerait assister à un concert.

Elle rêve d'un dîner chinois ; il insiste pour manger italien.

Il a envie de faire l'amour ; elle n'est pas d'humeur.

Elle a envie de sortir se promener ; lui décide de regarder la télévision.

Il est en retard pour partir à son travail ; elle insiste pour discuter tout de suite.

Dans chacun de ces exemples, les intérêts et les désirs de chacun sont comme attirés vers des pôles opposés. Dès que l'un souhaite quelque chose, l'autre désire le contraire.

Quand le ressentiment s'installe, nos centres d'intérêt se mettent à diverger de façon extrême.

Lorsque nous parvenons, grâce à une meilleure communication, à une meilleure compréhension et une meilleure capacité de pardon, à nous délivrer de notre rancœur, nos différences cessent de se dresser entre nous comme des obstacles.

Quand on aime son partenaire, on se met peu à peu à s'intéresser à ce qui le ou la passionne.

Nous sommes attirés par des êtres dotés de centres d'intérêt distincts des nôtres parce que, d'une certaine façon, ceux-ci nous complètent. Ils apportent un équilibre nouveau à notre vie et nous aident à exprimer des aspects encore embryonnaires de notre personnalité. Au fil du temps, à mesure que notre amour se développe, nous partagerons de plus en plus de sujets d'intérêt, tout en nous ouvrant à tous les aspects de l'existence.

LES ÂMES SŒURS HARMONISENT LEURS DIVERGENCES

Il est très important de ne pas attendre de votre partenaire qu'il réponde à vos valeurs au point de penser et de ressentir exactement les mêmes choses que vous. Nous devons veiller à ne pas penser que des valeurs jumelles se confondent avec des centres d'intérêt ou même avec des besoins semblables.

Comme nous l'avons déjà vu, les âmes sœurs possèdent des centres d'intérêt différents et également des besoins émotionnels distincts. Leurs valeurs communes forment une base à partir de laquelle elles pourront travailler à résoudre leurs différences et à trouver des compromis justes.

Des valeurs jumelles représentent une base à partir de laquelle nous pouvons travailler à résoudre nos différences et à trouver des compromis justes.

Cette résonance nous aide à comprendre et à soutenir les points de vue et les besoins de l'autre, même quand notre propre perspective se révèle différente. S'il s'avère parfois ardu de trouver une solution grâce à laquelle chacun sort vainqueur, cela devient possible grâce à une bonne communication, de l'amour et des valeurs communes.

Si nos différences représentent incontestablement un souci, elles nous poussent aussi à nous montrer plus souples et aimants et à faire preuve d'une plus grande considération. Nous sommes attirés par les êtres différents parce que cela nous permet de répondre à un désir profond de notre âme de s'élargir et d'englober ce qui n'est pas nous. Grâce à cela, nous pourrons devenir plus pleinement nous-mêmes. En ce sens, une relation amoureuse réussie nous aide à exprimer pleinement notre moi.

Nous sommes attirés par des êtres différents car cela répond à un désir profond de notre âme d'élargir son champ d'action et d'englober tout ce qui n'est pas nous.

Pour conserver une approche réaliste de la façon dont deux âmes sœurs peuvent harmoniser leurs divergences, étudions quelques exemples de personnes à la fois très différentes et dotées de valeurs communes.

– Vincent et Angela votent pour des partis différents mais leurs valeurs se rejoignent. Tous deux se préoccupent beaucoup du bien-être de la communauté et s'investissent énormément dans celle-ci.

– Jerry déteste parler de ses problèmes, tandis que Barbara aime bien tout mettre à plat. Ils abordent leurs soucis de façon opposée, mais se complètent parfaitement l'un l'autre puisque Jerry aime écouter les nouvelles et Barbara aime à les donner. Il a appris à prêter une oreille attentive à sa partenaire quand elle a besoin de s'épancher. Il lui arrive même de lui raconter à son tour sa journée...

– Claudia s'investit complètement dans son rôle de mère, alors que Clarence prend son rôle paternel moins à cœur. Lui travaille dur pour que sa famille jouisse d'un grand confort matériel. Voilà qui pourrait entraîner des tiraillements, mais ce n'est pas le cas. Clarence et Claudia savent en effet qu'ils partagent le même objectif louable : donner le meilleur à leurs enfants. Ce souci se manifeste simplement par des comportements autres.

— L'appétit sexuel de Keith se révèle plus grand que celui de Teresa, mais tous deux accordent une grande importance à leur proximité. Simplement, Keith préfère l'intimité physique et Teresa celle qui naît du partage du quotidien et des sentiments. Leur certitude de poursuivre le même objectif — se rapprocher encore l'un de l'autre — les aide à faire parfois des compromis sans avoir l'impression de renoncer à ce qui compte le plus pour eux. Teresa est aussi capable d'admettre que l'appétit sexuel de son partenaire ne signifie pas qu'il la considère comme un objet de désir. C'est juste sa façon à lui d'exprimer son souci de proximité. Cela l'aide à rester proche d'elle.

— Bob raffole d'équipement high-tech. Ava, elle, n'aime que les choses simples à l'ancienne. Tous deux attachant une grande importance à leur cadre de vie, les achats et les travaux se révèlent parfois délicats, mais en définitive ils obtiennent une décoration encore plus intéressante.

— Thelma s'investit dans la protection de l'environnement et Jacob dans son travail. Lui aussi se préoccupe de l'avenir de la planète, mais chez lui cela se manifeste plus à travers l'aide qu'il apporte aux autres par son activité professionnelle. Thelma, elle, s'exprime en militant et en écrivant des lettres au gouvernement.

— Paul aime les fêtes et les grandes réunions amicales ; Anna préfère les soirées en petit comité. En fait, tous deux privilégient des rapports humains de qualité. Seulement, Paul donne le meilleur de lui-même dans une ambiance débridée, tandis que sa compagne s'exprime mieux au sein d'un groupe restreint. Ils alternent ces deux modes de réjouissances afin que chacun y trouve son compte. Et, petit à petit,

Anna se surprend à plus apprécier les grandes réunions et Paul se met à goûter aussi les soirées plus calmes.

– Jackson adore les voyages, mais Martha n'aime rien tant que de s'occuper de son jardin. Chacun se détend à sa façon. Il arrive à Martha de regretter que son compagnon s'intéresse si peu aux plantes, tandis que lui déplore qu'elle se montre aussi casanière. Mais peu importe au fond puisqu'ils s'aiment énormément. Au fil des années, Jackson a appris à mieux apprécier leur jardin et Martha a pris goût aux voyages. Respecter leurs différences et accomplir quelques sacrifices leur a donc permis de se rapprocher encore. Et ce qui était source d'agacement à l'origine devient aujourd'hui un élément de leur bonheur.

Voilà comment nos centres d'intérêt différents peuvent devenir des sources de stimulation et de renforcement de notre amour, plutôt que des obstacles à surmonter. Grâce à ces différences, nous conserverons toujours la possibilité de progresser de concert ; du moment que nous sommes attirés l'un vers l'autre, cette évolution est possible.

QUAND ON TROUVE LE MAUVAIS PARTENAIRE AU BON ENDROIT

Si vous cherchez au bon endroit, vous finirez par trouver le partenaire qui vous convient. Il arrive cependant aussi que l'on y rencontre les mauvais partenaires. Vous éprouvez une attirance violente, mais pour une personne bien éloignée de votre idéal. Cela fait partie du processus éducatif qui mène vers l'âme sœur. En tirant les leçons de nos erreurs, nous apprendrons à faire la distinction entre une attirance saine et une attirance malsaine. Une fois que vous aurez appris à reconnaître la seconde et à refuser de vous laisser emporter par elle, vous accroîtrez votre capacité à éprouver des attirances saines. Si en revanche, vous persistez à établir des relations intimes fondées sur une attirance malsaine, votre capacité à éprouver une attirance saine pour une personne qui vous convient en sera réduite. En somme, pour trouver un jour l'âme sœur et vivre heureux(e) à ses côtés, il est primordial d'apprendre à distinguer ces deux types d'attirance.

ATTIRANCES ÉMOTIONNELLES MALSAINES

Lorsqu'un homme sent qu'une femme a besoin de lui, l'attirance qu'il éprouve se révèle en général saine, mais quand il se laisse avant tout guider par la perspective de voir ses propres besoins et désirs satisfaits il n'éprouve pas toujours des sentiments aussi purs. Il est mauvais de ne penser qu'à ce que l'on pourra obtenir. Chez certains, cette dérive évoque une affection passagère semblable à un rhume ou à une grippe, mais pour d'autres il s'agit d'une affection chronique nécessitant l'appui d'un professionnel.

La nature malsaine de l'attirance initiale qui unit deux êtres ne constitue cependant pas un indicateur valable quant au potentiel de leur relation. Une fois ce problème corrigé, en effet, il pourra peut-être exister une possibilité d'attirance saine entre eux.

En veillant à suivre pas à pas les cinq étapes du parcours amoureux et à ne pas se précipiter dans une proximité prématurée, on arrive en général à éliminer les pulsions nuisibles. Au gré de votre progression et à mesure que vous connaîtrez mieux votre partenaire, ces sentiments déviants iront s'amenuisant. Et si vous vivez une histoire qui vous convient, l'attirance renaîtra sous une forme saine. Voici quelques signaux d'alarme qui laissent supposer une attirance malsaine de la part d'un homme.

Symptômes de motivations malsaines chez les hommes

– Il est attiré par des femmes riches parce qu'il a besoin d'argent ou parce qu'il ne veut pas travailler.
– Il tombe amoureux de son infirmière. Dans ce cas, il reste à voir si cette attirance persistera une fois qu'il sera guéri. C'est seulement à ce moment qu'il pourra savoir s'il dispose d'autre chose à offrir à cette femme que sa reconnaissance.
– Il a besoin de sortir avec des femmes très attirantes pour prouver aux autres sa réussite.
– Ses appétits le poussent vers des femmes à la sexualité affirmée ou au look provocant, mais il sait sans l'ombre d'un doute qu'il n'aimerait pas entretenir de relations suivies avec elles.
– Il a envie d'emménager avec une femme par souci de partager le loyer. Mon conseil : trouvez plutôt un colocataire !
– Il replonge dans une relation intime juste après avoir mis fin à la précédente. Affamé d'amour et de compagnie, il affiche un discernement au plus bas. Mais lorsqu'il recouvrera ses esprits, il cessera souvent d'éprouver les mêmes sentiments pour sa compagne.
– Il est attiré par une femme parce qu'elle lui a dit : « Tu es le seul homme que j'aie jamais vraiment aimé. Tu n'es pas comme les autres. » Cela ressemble peut-être à un compliment, mais cela signifie surtout que cette femme a d'énormes problèmes dans ses rapports avec les hommes. Et quand elle découvrira qu'il vient de Mars, comme tous les autres, elle sera follement déçue.

– Il sort avec une femme, mais il se sent attiré par une autre. Banal, jusque-là... mais s'il nourrit l'ambiguïté en courtisant cette femme, voire en flirtant avec elle, il remarquera de plus en plus les autres femmes. Et nulle attirance ne pourra se développer au sein de sa relation initiale.
– Il est attiré par une femme qui n'est pas disponible ou du moins pas pour lui.
– Il s'engage dans une relation parce que sa partenaire exerce des pressions sur lui, alors que celle-ci ne l'attire pas sexuellement. Il arrive même qu'elle lui garantisse que son désir se développera avec le temps. C'est vrai pour les femmes, mais en général un homme ressent un désir physique d'emblée ou jamais.

Symptômes de motivations malsaines chez les femmes

Quand une femme ressent plus le besoin qu'on a d'elle que l'impression de voir ses désirs satisfaits, elle pourra elle aussi éprouver une attirance malsaine pour un homme. Ainsi dans ces exemples :
– Elle a pitié d'un homme et se demande comment il survivra sans elle.
– Elle a l'impression qu'elle désire juste l'aimer et se moque de ce qu'elle recevra en retour. Ce qui peut paraître noble, mais affaiblira son partenaire et la conduira tôt ou tard à éprouver du ressentiment à son égard.
– Un homme lui dit qu'il a désespérément besoin d'elle et elle en est si flattée qu'elle cède à ses avances.
– Son partenaire fréquente d'autres femmes, mais quand il la voit il lui assure qu'elle occupe la première place dans son cœur. Ne vous y trompez pas : il n'existe pas de numéro un au sein d'un harem. L'attitude de

cet homme montre clairement qu'il ne la place pas au-dessus des autres, quoi qu'il en dise.
– Elle devine le potentiel d'un homme et pense qu'il pourra faire de grandes choses avec son aide. Lorsqu'une femme s'arroge le bénéfice du succès d'un homme, il paraît infiniment probable qu'il finira tôt ou tard par la quitter pour une femme qui le laissera prendre la responsabilité de son bonheur.
– Elle sort avec un toxicomane car elle pense pouvoir le sortir de sa déchéance. Ce type d'attirance touche en général des femmes dotées d'une faible estime de soi qui supportent mieux les échecs relationnels si elles parviennent à se persuader que rien n'est vraiment leur faute.
– Elle éprouve une attirance sexuelle immédiate pour un homme. Cela signifie qu'elle réagit à ce qu'elle attend que cet homme soit et non pas à l'individu lui-même. Avant de céder à cette pulsion, elle doit veiller à avoir parcouru avec lui les trois premières étapes du processus amoureux.
– Elle est très attirée par un homme, mais pense manifestement qu'il faudra qu'il change sur un ou deux points avant de pouvoir lui apporter ce à quoi elle aspire. Elle espère que son amour le changera. Ce n'est juste ni pour elle ni pour lui si elle lui donne beaucoup et attend plus de lui par la suite : cela se retournera inévitablement contre elle.
– Elle n'a pas l'impression que son compagnon la respecte et elle prétend comprendre pourquoi il ne se comporte pas bien envers elle. Lorsqu'il lui manque de respect, il se justifie en accusant son propre passé ou en la blâmant.

Si vous ne comprenez pas les signes indicateurs d'une attirance malsaine, vous vous laisserez aisément entraîner dans une relation avec une personne qui ne vous convient pas du tout.

Conclusion

Il est normal de commettre des erreurs avant de trouver la personne qui vous convient. Mais même vos échecs se mueront en succès si vous apprenez à en tirer des leçons et à gagner en discernement. Et vous vous tromperez peut-être encore... Plus on cherche à viser juste, plus on a de chances de rater complètement sa cible. C'est vrai au tir à l'arc comme dans la vie.

Si vous voulez que votre relation de couple vous apporte plus que celles vécues par les générations passées, il vous faut apprendre de nouvelles techniques. Rappelez-vous que plus on court vite, plus on a de chances de tomber. Ce n'est pas grave. Le secret du succès est de se relever et de repartir. Vous pouvez y parvenir. Et une fois que vous aurez trouvé l'âme sœur, vous pourrez regarder en arrière et voir qu'elle est apparue au moment où vous étiez prêt(e) à l'accueillir.

Trouver l'âme sœur et non pas seulement un partenaire stable demande de la réflexion, et beaucoup de pratique. Avec ce type d'approche, vous parviendrez à développer votre capacité de naviguer au gré des cinq étapes du processus amoureux jusqu'à trouver un amour vrai et durable.

Ne vous laissez pas décourager par les tempêtes et par les périodes de sécheresse qui surviendront de temps à autre, ni par les défis que suscite l'harmonisation de nos différences ; rappelez-vous toujours votre désir de vivre un jour une relation de qualité et vous trouverez votre âme sœur et vivrez heureux(se) à ses côtés.

Mars et Vénus
sous la couette

À ma femme, Bonnie,
dont la compréhension, la créativité et l'amour
inspirent encore et toujours mes écrits
et m'aident à mieux comprendre les rapports humains.

Introduction

Il veut du sexe. Elle veut du romantisme. C'est comme s'ils venaient de planètes différentes, lui de Mars et elle de Vénus. Au lit, l'homme et la femme sont évidemment différents, ne fût-ce que physiquement ; mais les différences ne sont pas que physiques : leur fonctionnement, leur sensibilité, leurs besoins sont également complètement divergents, même si ces différences ne sont pas aussi évidentes à percevoir au premier coup d'œil. La compréhension et l'acceptation de nos différences – criantes ou plus discrètes – sont vraiment utiles pour atteindre une plus grande intimité ainsi qu'une vie sexuelle réussie.

Pourquoi le sexe est si important

Nous savons tous que l'aspect sexuel d'une relation tend à revêtir plus d'importance aux yeux d'un homme qu'à ceux de sa partenaire, tandis que l'aspect sentimental compte plus pour cette dernière. En revanche, nous n'en connaissons pas toujours la cause profonde. Une femme qui ne comprend pas l'ampleur de cette différence fondamentale tendra à sous-estimer l'importance du sexe pour son compagnon et en viendra bien souvent à le juger superficiel et à se plaindre de ce qu'il ne s'intéresse qu'à « ça ». Son jugement perdra de son caractère catégorique dès qu'elle découvrira les véritables raisons qui poussent certains hommes à paraître ne s'attacher qu'à l'aspect sexuel d'une relation.

Mieux comprendre les spécificités sexuelles masculines – lesquelles découlent à la fois de l'histoire et du conditionnement social – l'aidera à concevoir pourquoi, pour beaucoup d'hommes, l'excitation sexuelle est la clé permettant d'éveiller les sentiments amoureux. C'est en effet par le biais des pulsions sexuelles que le cœur d'un homme s'ouvre à l'amour, qu'il prend conscience de ses sentiments et aussi de son besoin d'aimer et d'être aimé.

Pour beaucoup d'hommes, l'excitation sexuelle est la clé permettant de prendre conscience de leurs sentiments amoureux.

À l'inverse, les hommes ont souvent du mal à comprendre le réel besoin affectif des femmes et pensent à tort qu'elles se refusent à eux par caprice ou par calcul. Quand un homme veut faire l'amour et que sa partenaire n'est pas immédiatement dans l'ambiance, il se méprend facilement sur ses motivations et se sent rejeté. Il ne devine pas d'instinct qu'elle a en général besoin de se sentir aimée pour pouvoir ressentir son propre désir sexuel.

En somme, tout le malentendu entre les hommes et les femmes provient de ce que, alors que les hommes ont besoin de sexe pour voir leurs sentiments amoureux s'éveiller, les femmes ont besoin d'être amoureuses pour éprouver du désir sexuel.

Les hommes ont besoin de sexe pour voir leurs sentiments amoureux s'éveiller, tandis que les femmes ont besoin d'être amoureuses pour éprouver un désir sexuel.

Tout comme la femme a besoin de bien communiquer avec son partenaire pour se sentir aimée et aimante, l'homme a besoin de proximité sexuelle. C'est quand il est comblé sur ce plan-là qu'il pourra ressentir l'amour que sa partenaire lui témoigne.

Ce qui rend le sexe fantastique

Pour que la sexualité d'un couple soit extraordinaire, il faut que les deux partenaires puissent communiquer ouvertement et dans la tendresse. Ce livre peut aider à accroître la qualité de leur vie intime.

En mettant en pratique les idées énoncées dans cet ouvrage, chacun pourra améliorer considérablement la qualité de ses rapports sexuels et leur intensité. Et quand la sexualité d'un couple gagne en passion, toute la relation amoureuse s'approfondit. Un homme sexuellement épanoui éprouve de plus en plus de sentiments. Il peut donner à sa partenaire tout l'amour dont elle a besoin. Automatiquement, cela améliore encore leur communication et leur intimité.

Quand la vie sexuelle d'un couple s'améliore, toute sa relation s'approfondit.

C'est pourquoi lorsqu'un couple souffre de problèmes relationnels, il vaut parfois mieux oublier pour un temps les questions de fond pour se concentrer sur la relation physique. Une sexualité épanouie peut aider à dédramatiser les choses et à trouver la voie menant à une solution.

En effet, nous l'avons déjà dit, une sexualité épanouie permet au cœur de l'homme de s'ouvrir. Il prend alors conscience de ses sentiments et peut les exprimer à sa partenaire. Dans le même temps, le cœur de sa compagne s'adoucit, ce qui l'aide à se détendre et à s'appuyer sur lui dans les autres domaines de leur relation. Ce processus d'attendrissement accroît grandement sa capacité à communiquer avec son partenaire sans le mettre sur la défensive. La meilleure communication qui s'instaure ainsi au sein du couple favorise à son tour une sexualité encore plus passionnée.

> **C'est une sexualité épanouie qui ouvre le mieux le cœur d'un homme à l'amour. Il peut ainsi prendre conscience de ses sentiments et les exprimer à sa partenaire.**

Pour résoudre efficacement vos problèmes relationnels et instaurer une intimité durable ainsi qu'une meilleure communication au sein de votre couple, je vous recommande aussi mes précédents livres Les hommes viennent de Mars, les femmes viennent de Vénus[1], Mars et Vénus se rencontrent et Mars et Vénus refont leur vie.

Pourquoi écrire un livre de plus sur le sexe ?

La plupart des ouvrages existants traitent – fort utilement – des aspects mécaniques de la sexualité. Celui-ci s'en démarque car il se place sur le plan émotionnel et s'attache avant tout aux méthodes permettant de s'assurer une vie sexuelle épanouissante. Grâce aux nouvelles approches qu'il propose pour mieux communiquer au sein de votre couple, vous apprendrez à satisfaire à la fois vos besoins sexuels et ceux de votre partenaire.

Nombre d'auteurs se concentrent sur les besoins physiques spécifiques des hommes et des femmes, mais rares sont ceux qui se penchent aussi sur l'aspect psychologique des choses. Nous explorerons pour notre part les différences psychologiques qui séparent les hommes et les femmes de manière à vous aider à comprendre comment votre partenaire fonctionne.

---

1. Éditions Michel Lafon, 1997.

Ce livre aspire à guider les hommes comme les femmes sur la voie de l'épanouissement sexuel tant physique qu'émotionnel. Les hommes se réjouiront que leur partenaire connaisse les informations qu'il contient et celles-ci leur permettront aussi de la rendre plus heureuse au lit comme ailleurs. Je reçois de nombreuses lettres de couples ayant participé à mes ateliers, qui m'assurent que leur vie sexuelle a pris, depuis, une dimension nouvelle. Certains de ces couples étaient mariés depuis plus de trente ans.

De bonnes approches amoureuses

La femme moderne attend plus d'un rapport sexuel que sa grand-mère ou même sa mère n'en attendait. Hier encore, on se pliait au « devoir conjugal » avant tout pour satisfaire son époux. Pour nombre de femmes de la génération de nos mères, l'amour était une chose que l'on faisait pour son partenaire, pas pour soi. À présent que les femmes bénéficient de moyens de contraception fiables et accessibles et que la société reconnaît mieux leurs besoins et leurs désirs sexuels, elles ont plus de latitude pour explorer leur sensualité.

Pour beaucoup de femmes, s'intéresser au sexe est aussi un moyen de retrouver un certain équilibre. Après une journée de travail qui les a plongées dans un univers professionnel encore assez masculin, elles aussi aspirent, comme les hommes, à se détendre par le biais de la jouissance sexuelle. Des rapports intenses les comblent donc tout autant que leur partenaire. Pour gérer le stress généré par un environnement professionnel moderne, l'homme a besoin du soutien de sa compagne et elle a besoin du sien.

Pour qu'un homme apporte à sa partenaire l'épanouissement sexuel qu'elle attend aujourd'hui, il doit savoir ce qu'une femme apprécie. Les méthodes traditionnelles en usage pendant des siècles ne suffisent plus et un homme ne peut plus se contenter d'obtenir d'une femme qu'elle se soumette à son désir. Aujourd'hui, elle exige davantage : elle aussi veut avoir un orgasme. À l'homme d'apprendre à le lui donner.

Les femmes ne sont pas seules à attendre davantage d'une relation sexuelle. Leurs partenaires sont eux aussi devenus plus exigeants. Ils refusent de renoncer à la passion. Une proportion croissante d'hommes et de femmes considère d'ailleurs l'absence de passion dans le lit conjugal comme un cas de divorce. Ni les uns ni les autres ne veulent plus souscrire à l'ancien système selon lequel les hommes s'accordaient de discrètes escapades pour satisfaire leur besoin de passion, pendant que les femmes sacrifiaient le leur au maintien de la cohésion familiale. D'une part parce que le sida et les autres maladies sexuellement transmissibles rendent les aventures extraconjugales beaucoup plus dangereuses que par le passé, mais surtout parce que, de nos jours, l'homme recherche une partenaire qui apprécie autant que lui l'aspect sexuel de leur relation et qui l'aidera à conserver leur passion vivace. Pour y parvenir, il est indispensable que tous deux acquièrent un certain savoir-faire amoureux.

Dans les douze premiers chapitres de Mars et Vénus sous la couette, nous explorerons les diverses méthodes permettant d'intensifier votre vie sexuelle, puis, dans le chapitre 13, nous nous pencherons sur l'importance des gestes romantiques hors de la chambre à coucher pour préserver la passion.

Pourquoi les couples cessent de faire l'amour

Il arrive fréquemment qu'après quelques années de mariage, l'un ou l'autre des partenaires voie son envie de faire l'amour disparaître. Il lui semble avoir perdu son appétit sexuel. Ce désintérêt résulte en réalité d'un mauvais environnement : certaines conditions indispensables à *l'épanouissement du désir sexuel font défaut.* Nous étudierons celles-ci en détail au fil de Mars et Vénus sous la couette.

Bien souvent, les hommes et les femmes ne connaissent pas vraiment leurs besoins ou ignorent comment les satisfaire. Et plutôt que de se sentir en permanence frustrés, ils en arrivent à se passer carrément de sexe.

Curieusement, lors de mes ateliers, ce sont généralement les femmes qui viennent à moi pendant les pauses pour me raconter que leur conjoint ne montre plus aucun intérêt pour le sexe. Il est pourtant plus habituel que ce soit l'homme qui éprouve plus de désir que sa partenaire. Mais quel que soit le cas de figure en cause, le problème est réversible et, en mettant en pratique les informations contenues dans ce livre, on peut rallumer la passion au sein du couple.

Comment partager ce livre avec votre partenaire

Mon propos étant d'écrire un livre amusant et pas trop technique, je l'ai volontairement découpé en chapitres courts, afin que vous puissiez arrêter régulièrement la lecture pour mettre en pratique les connaissances que vous venez d'acquérir. Il s'adresse autant aux hommes qu'aux femmes. Si vous souhaitez que votre partenaire le lise, sachez cependant faire preuve de tact pour le lui recommander.

Une femme désireuse de voir son compagnon lire ce livre doit impérativement veiller à ne pas le présenter comme un ouvrage « utile » pour lui ou pour leur vie sexuelle. Il risquerait d'en déduire qu'elle ne le juge pas assez bon au lit, qu'elle souhaite qu'il prenne des cours... Cela le vexerait. Mieux vaut lui proposer : « Tu veux bien lire avec moi ce livre sur la sexualité ? Je sens que nous allons nous amuser », ou « Ce livre est plutôt sexy. Nous devrions le lire ensemble ». Il aura l'impression qu'elle souhaite qu'ils essaient ensemble quelque chose de nouveau, et cela le tentera beaucoup plus.

Un homme qui veut amener sa compagne à lire ce livre doit faire appel à la même stratégie et éviter absolument de se montrer insistant s'il la voit réticente. Dans ce cas, il commencera tout simplement à lire le livre seul et mettra en application les principes qu'il contient. Les transformations qu'elle observera piqueront la curiosité de sa partenaire et elle ne tardera pas à chercher à lire par-dessus son épaule.

En tout cas, au début, sachez accepter un refus de votre conjoint avec le sourire. Peu à peu, à mesure que vous suivrez les conseils de cet ouvrage, il ou elle s'y intéressera. Un homme ne manquera pas de vouloir étudier de plus près les pages qui incitent sa femme à s'attacher à améliorer leur vie sexuelle et une femme voudra savoir d'où son partenaire tire les nouvelles techniques qu'il emploie au lit.

Vous pouvez aussi laisser ce livre traîner dans votre chambre ou dans la salle de bains. La curiosité aura immanquablement raison des réserves de votre compagne ou de votre compagnon.

Lire ces pages à haute voix avec votre partenaire peut vous aider à exprimer simplement des messages d'ordre sexuel. Une exclamation enthousiaste ou un murmure approbateur lors de certains passages peuvent transmettre d'utiles indications quant à vos désirs secrets. Cette lecture à deux sera également l'occasion de discuter de sujets que vous aviez jusqu'alors toujours évité d'aborder de peur de paraître critique ou dirigiste. Les messages écrits ont parfois plus de poids que la discussion verbale.

Un couple peut aussi commencer par lire cet ouvrage chacun de son côté, puis le mettre en pratique. Plus tard, pour améliorer la communication au sein de votre couple, vous aurez avantage à le relire ensemble à voix haute, au moins pour vos passages préférés.

Il arrive fréquemment qu'une femme hésite à exprimer

ses souhaits en matière sexuelle parce qu'elle ne veut pas voir son partenaire suivre ses instructions de manière mécanique. Lire ensemble les pages relatives aux techniques amoureuses donnera aux hommes comme aux femmes une grande variété d'approches inconnues d'eux à tester. Ce qui aidera sûrement certains couples à retrouver une nouvelle passion.

Certains hommes me disent qu'ils savent déjà ce dont je leur parle, mais qu'ils sont ravis de se le voir présenter sous un angle aussi positif. N'oubliez pas non plus qu'il suffit parfois de parler de sexe ou de lire un ouvrage qui en traite pour réveiller des ardeurs assoupies.

Expérimentez ces nouvelles approches amoureuses, mais continuez à discuter et à exprimer vos désirs personnels, car ce qui peut vous tenter peut déplaire à votre partenaire. Mais il peut arriver aussi qu'il évolue et se mette à apprécier certaines choses qui le rebutaient, et vice versa.

Il est primordial de ne jamais demander à l'autre d'accomplir des choses qui le mettent mal à l'aise et de ne jamais lui faire quoi que ce soit qui lui déplaise. Le sexe doit rester un don précieux et mutuel fondé sur l'amour.

La meilleure tactique consiste à absorber les informations que je vous donne puis à tester ce qui vous séduit, comme si vous vous serviez sur un buffet. Tout le monde n'est pas attiré par les mêmes plats, c'est ainsi. Ne cherchez donc pas à faire changer votre partenaire d'avis.

Pour que la sexualité et la passion s'épanouissent au fil des années, il est indispensable que chacun puisse exprimer ses désirs et ses souhaits sans craindre les critiques. Nous devons toujours nous attacher à aborder les questions sexuelles avec un esprit ouvert.

Mes conseils vous rappelleront souvent ce que vous savez déjà intuitivement. Toutes ces idées ont été vraiment bénéfiques pour moi, tout comme les milliers de personnes que j'ai aidées ou qui ont participé à mes ateliers. J'espère que vous apprécierez ce livre et qu'il vous accompagnera longtemps dans votre parcours amoureux.

Une sexualité épanouie est un cadeau du Ciel fait à ceux qui s'attachent à bâtir une relation de couple empreinte d'amour et de complicité. Une vie sexuelle épanouie est votre récompense et vous la méritez.

John GRAY
29 avril 1994.

Rappel important

Ce livre s'adresse aux couples stables et monogames. Si la relation que vous entretenez avec votre partenaire n'est pas stable et monogame, ou si vous n'êtes pas sûr(e) à 100 % que votre partenaire soit séronégatif, vous devez absolument vous protéger. De nombreux livres expliquent comment pratiquer le *safe sex* tout en préservant la spontanéité des rapports et le plaisir, et je ne saurais trop vous recommander d'apprendre – si ce n'est déjà fait – à vous protéger contre le sida et les autres maladies sexuellement transmissibles.

Il est particulièrement important pour les femmes de prendre des mesures protectrices car, dans le cadre d'une relation hétérosexuelle, elles sont plus exposées à une contamination par le virus HIV que leur partenaire masculin. En effet, les rapports sexuels provoquent souvent de minuscules plaies sur la paroi vaginale, qui facilitent la pénétration du virus dans l'organisme. Les femmes qui n'osent pas toujours exiger de leur partenaire qu'il porte un préservatif lors de chacun de leurs rapports sexuels doivent se rappeler que leur santé et leur vie sont bien trop précieuses pour être mises en péril parce qu'un homme juge qu'une capote diminue l'intensité de ses sensations. On trouve d'ailleurs aujourd'hui des préservatifs extrêmement fins et des gels lubrifiants qui limitent considérablement cette perte sensorielle, et il existe mille et une manières d'intégrer le préservatif aux jeux amoureux. Songez également que la sensibilité réduite causée par le port d'un préservatif peut aider l'homme à retarder son éjaculation afin de mieux satisfaire sa partenaire. Et, comme je l'expliquerai de manière plus détaillée dans le chapitre 9, se retenir ainsi peut lui permettre d'éprouver lui aussi un orgasme encore plus intense.

Les hommes, eux, doivent se rappeler combien il est délicat pour une femme de se détendre, de faire confiance à son partenaire et d'apprécier réellement un rapport sexuel si elle redoute de contracter le sida ou toute autre maladie sexuellement transmissible, voire de tomber enceinte. Dans le feu de l'action, il est facile pour un homme d'oublier les risques liés à un rapport non protégé, mais s'il prend la responsabilité de protéger sa partenaire à chaque fois, elle l'appréciera énormément et se montrera encore plus réceptive à ses avances et à ses caresses parce qu'elle se sentira en sécurité dans ses bras.

Si vous entretenez une relation de couple stable et monogame depuis au moins trois mois, vous pouvez tous deux faire un test HIV fiable (le virus n'est souvent pas détectable dans le sang avant ce délai). Adressez-vous à votre médecin traitant ou à un laboratoire d'analyses.

CHAPITRE 1

De bonnes approches amoureuses pour une sexualité épanouie

Si vous vous donnez la peine d'apprendre les approches amoureuses qui suivent et de les mettre en pratique, vous vous en verrez récompensé(e) par une amélioration constante de votre vie sexuelle. Une sexualité épanouie ressource le corps, l'esprit et l'âme – un peu comme de merveilleuses vacances après une période de dur labeur, une agréable promenade dans la forêt un jour ensoleillé de printemps, ou encore la joie qu'un alpiniste éprouve lorsqu'il atteint un sommet. Cela illumine toute notre existence et renforce une relation de couple dans tous ses aspects.

Une vie sexuelle fantastique n'est pas seulement le signe d'une relation passionnée ; c'en est aussi l'un des éléments déterminants. Que nos étreintes soient pleines d'amour, passionnées ou sensuelles, qu'elles soient lentes ou rapides, voire en coup de vent, que nous dégustions notre partenaire comme un grand vin ou que nous jouions ensemble, que nous nous montrions tendres ou brusques, doux ou exigeants, romantiques ou obsédés par nos performances, que nous privilégions l'érotisme ou la simplicité, la tendresse ou la passion, le sexe joue toujours un rôle déterminant pour la survie de l'ardeur amoureuse. Il remplit nos cœurs d'amour et peut combler presque tous nos besoins émotionnels.

Une vie sexuelle géniale n'est pas seulement le symptôme d'une relation passionnée ; c'en est aussi l'un des éléments déterminants.

QUAND UNE FEMME EST SEXUELLEMENT COMBLÉE

Une femme comblée sur le plan sexuel devient plus douce. Son cœur s'ouvre à l'amour à mesure qu'elle acquiert la certitude de celui que son partenaire lui porte. Les enivrantes caresses qu'il lui prodigue et le simple fait qu'il ait pris la peine de se rappeler celles qu'elle apprécie ne laissent plus planer aucun doute dans son esprit : il tient à elle. Être l'objet d'une telle attention passionnée comble son besoin d'amour. Elle peut alors oublier ses tensions pour céder aux attentes les plus profondes de sa féminité et enfin donner libre cours à son désir passionné d'aimer et d'être aimée.

QUAND UN HOMME EST SEXUELLEMENT COMBLÉ

Le sexe permet à un homme d'évacuer toutes ses frustrations et de raviver sa flamme et son attachement à sa relation de couple. Quand sa partenaire émet des réactions positives, il peut alors constater que ses efforts pour la rendre heureuse portent leurs fruits. La combler est son unique quête et sa plus grande victoire. La sentir devenir chaude et humide sous ses caresses l'excite, l'électrise et le motive au plus profond de sa virilité. Les portes du paradis s'ouvrent devant lui car il a atteint son but. Il lui semble que, cette fois, son amour est apprécié à sa juste valeur. Son objectif – parfois dissimulé mais toujours vivant et brûlant – d'aimer et d'être aimé est clairement exprimé et satisfait.

ÉPANOUISSEMENT SEXUEL ET RELATION DE COUPLE

Entretenir des rapports intimes passionnés rappelle aux hommes comme aux femmes le tendre sentiment qui les a au départ poussés dans les bras l'un de l'autre. Pendant un rapport sexuel réussi, le cerveau et l'organisme humains sécrètent des substances chimiques qui portent le plaisir à son paroxysme. Bien faire l'amour accroît notre attirance mutuelle, nous donne plus d'énergie et peut même améliorer notre santé [1]. Après une étreinte enivrante, on se sent jeune et dynamique, plus à même d'admirer, de s'émerveiller et d'apprécier non seulement notre partenaire mais tout l'univers qui nous entoure. L'épanouissement sexuel est le don que le Ciel fait à ceux qui se donnent la peine de faire de l'amour l'une des priorités de leur existence.

Le sexe nourrit le principe féminin et le principe masculin plus directement qu'aucune autre activité de couple. Bien faire l'amour apaise une femme et lui permet de rester en contact avec sa féminité, tandis

---

1. Dans son livre *The Power of Five*, le Dr Harold Bloomfield révèle que des taux d'œstrogènes moyens plus élevés s'observent chez les femmes ayant une vie sexuelle régulière, ce qui leur confère une meilleure solidité osseuse, une meilleure santé cardio-vasculaire et plus de joie de vivre. Les hommes qui font l'amour régulièrement ont, eux, un taux de testostérone plus élevé, qui renforce leur confiance en eux, leur vitalité, leur force et leur énergie.

que son partenaire en retire une force accrue et un contact plus étroit avec sa virilité. Le sexe est ce qui peut le plus nous rapprocher l'un de l'autre... ou nous séparer.

Pour établir une relation sexuelle épanouissante, il ne suffit pas de suivre son instinct, et ce que l'on soit homme ou femme. De nos jours, l'acte sexuel ne se résume plus pour nous à la simple satisfaction d'un besoin physiologique : l'aspect qualitatif tient une place primordiale. L'eussent-ils voulu que nos parents n'auraient pu nous enseigner les secrets d'une vie sexuelle réussie en ce début du XXIe siècle. Le sexe a évolué en même temps que les relations amoureuses et la communication au sein du couple. Pour satisfaire son partenaire au lit, des approches amoureuses d'aujourd'hui sont donc désormais nécessaires.

Si nous ne comprenons pas clairement nos besoins respectifs sur le plan sexuel, en quelques années – voire parfois en quelques mois seulement – les rapports sexuels se transformeront en une routine aussi mécanique que peu exaltante. Heureusement, il suffit de peu de changements bien menés pour renverser la vapeur et réveiller la passion.

LES FEMMES AIMENT LE SEXE

Une sexualité épanouie implique que les deux partenaires aient une attitude positive à l'égard du sexe. Par exemple un homme a besoin, pour continuer à désirer sa partenaire, de sentir qu'elle apprécie autant leurs étreintes que lui. Or, très souvent, les hommes abandonnent la partie car ils croient à tort que leur compagne ne s'intéresse guère au sexe. Cette méprise est très courante tant que l'on ne comprend pas que les hommes et les femmes « fonctionnent » sexuellement de manière différente.

Les hommes, lors des ateliers Mars & Vénus, se montrent souvent très surpris d'apprendre qu'une femme apprécie tout autant le sexe – réussi, bien sûr – qu'un homme. Mais à l'inverse de lui, elle ne peut ressentir ses pulsions sexuelles qu'une fois son besoin d'amour satisfait. Dès lors qu'elle se sent aimée et préférée aux autres femmes, son cœur s'ouvre et sa sensualité s'éveille. Elle ressent alors un désir aussi intense – voire plus intense – que celui que son partenaire peut éprouver. Certes, à ses yeux, l'amour importe bien plus que le sexe, mais une fois son besoin d'amour comblé, le sexe prend une immense importance.

Les femmes apprécient tout autant le sexe que les hommes, mais leur excitation résulte d'un processus plus complexe.

Il n'est pas indispensable, pour qu'une femme libère ses désirs sexuels profonds, qu'elle se sache à proprement parler aimée, mais il faut impérativement qu'elle sente que cette possibilité existe.

L'homme fonctionne en règle générale de manière beaucoup plus simple : il suffit pour lui de se trouver au bon endroit dans des circonstances adéquates pour se sentir excité. Au début d'une relation amoureuse, le désir sexuel est donc beaucoup plus automatique et rapide chez lui que chez sa partenaire.

Au début d'une relation amoureuse, le désir sexuel est beaucoup plus automatique et rapide chez l'homme que chez la femme.

DISPARITÉS CHIMIQUES

Sur le plan physiologique, il en est de même. Les hormones masculines responsables de l'excitation sexuelle s'accumulent rapidement et sont tout aussi rapidement évacuées après l'orgasme tandis que, chez la femme, le plaisir monte beaucoup plus doucement et perdure alors plus longtemps après l'orgasme.
Chez la femme, l'excitation débute lentement, bien avant l'apparition du désir physique. Avant d'aspirer à des stimuli sexuels, elle commence par se sentir désirable. Sa sensualité s'éveille et se réchauffe au contact de son partenaire. Elle se sent attirée par lui et apprécie de passer du temps auprès de lui. Il peut s'écouler plusieurs jours avant qu'elle souhaite donner à leurs rapports un tour plus intime.

Chez la femme, l'excitation débute lentement, bien avant l'apparition du désir physique. Il est difficile pour un homme de comprendre ses besoins spécifiques car lui vit sa sexualité différemment.

De son côté, quand un homme ressent une attirance amoureuse, elle prend immédiatement une tournure sexuelle. Attendre plusieurs jours avant de passer aux actes lui demande un effort considérable. Il est difficile pour lui de comprendre les besoins spécifiques de sa partenaire tant il vit sa sexualité différemment.
Ainsi, un homme qui rentre de voyage éprouve-t-il souvent l'envie de faire l'amour tout de suite tandis que son épouse préférerait prendre le temps de bavarder un peu et de se reconnecter avec lui. S'ils ne comprennent pas que cela résulte d'une différence de « fonctionnement » sexuel, lui risque d'en déduire qu'elle le rejette et elle de penser qu'il la considère comme un objet de plaisir et de se sentir utilisée.

Au début d'une relation, un homme saisit assez bien qu'une femme préfère attendre un peu avant d'avoir des rapports sexuels avec lui. Mais il ignore souvent qu'elle continue par la suite à avoir besoin de se sentir aimée pour ressentir un désir sexuel. Ce soutien émotionnel est en quelque sorte le prix à payer pour accéder à son lit ! Or, comme ses propres besoins émotionnels sont bien moins grands, l'homme ne perçoit pas l'importance que revêtent ceux de sa compagne.

« LES HOMMES NE S'INTÉRESSENT QU'À UNE SEULE CHOSE »

Les femmes pensent souvent que les hommes ne s'intéressent qu'à une seule chose – le sexe – alors qu'en réalité ils aspirent tout autant qu'elles à aimer et être aimés. Seulement, de même qu'une femme a besoin d'amour pour s'ouvrir au sexe, un homme a besoin de sexe pour s'ouvrir à l'amour. Pour pouvoir ouvrir son cœur à l'amour de sa partenaire, un homme doit d'abord être sexuellement excité.

Tout comme une femme a besoin d'amour pour s'ouvrir au sexe, un homme a besoin de sexe pour s'ouvrir à l'amour.

En clair, une femme a besoin d'être *d'abord* comblée sur le plan émotionnel pour désirer un contact sexuel tandis que son partenaire sera, lui, en grande partie comblé sur le plan émotionnel *par* le rapport sexuel lui-même. Les femmes comprennent rarement cette distinction.

Elles ignorent aussi que si un homme est tellement impatient de passer au lit, c'est parce que cela lui permet de se reconnecter avec ses sentiments. En se concentrant toute la journée sur son travail, il a en effet perdu tout contact avec son moi émotionnel. Le sexe refait de lui un être complet. C'est grâce à lui que son cœur s'ouvre et donc par lui qu'il peut le mieux donner et recevoir de l'amour.

Dès lors qu'une femme commence à comprendre cette spécificité masculine, elle considère le sexe d'un œil totalement nouveau. Au lieu d'assimiler le désir masculin à une pulsion primaire dépourvue de tout lien avec l'amour, elle le voit comme une façon pour l'homme d'aimer. Et ses réactions à l'égard de ce qu'elle percevait jusqu'alors comme une obsession sexuelle changent du tout au tout.

POURQUOI LES HOMMES ONT BESOIN DE SEXE

Les hommes ont besoin de sexe pour retrouver leurs sensations. Pendant des millénaires, ils ont dû renier leur sensibilité, leurs émotions et leurs sentiments afin de s'adapter à leur rôle traditionnel. La société attendait d'eux qu'ils protègent et nourrissent leur famille sans s'attarder à explorer leur cœur. Écouter leurs sentiments et leur sensibilité n'aurait d'ailleurs pu que les handicaper dans leur tâche.

Les hommes ont besoin de sexe pour éprouver des sensations.

Un homme qui partait au combat sous un soleil de plomb ou arpentait seul la forêt muni d'un simple arc par un froid glacial avait tout intérêt à oublier ses sentiments. Pour s'adapter à ces conditions de vie extrêmement rudes, nos ancêtres masculins se sont peu à peu désensibilisés. Cette évolution est particulièrement évidente si l'on compare la peau d'un homme à celle d'une femme : la seconde est dix fois plus sensible que la première.

Pour supporter la douleur, les hommes ont appris à faire taire leurs émotions. Mais en s'endurcissant ainsi, ils ont aussi perdu leur capacité à éprouver du plaisir ou de l'amour. Pour beaucoup d'hommes le sexe est donc l'un des rares moyens dont ils disposent pour éprouver quelque chose – comme s'écraser un doigt avec un marteau ou regarder un match de football ! – et c'est sûrement celui qui leur procure les sensations les plus intenses. Quand un homme est excité, il redécouvre l'amour caché au fond de son cœur. En somme, il retrouve son âme.

POURQUOI LES FEMMES NE LE COMPRENNENT PAS

Les femmes le comprennent mal parce qu'elles-mêmes ont des besoins différents. Elles ont avant tout besoin de se sentir suffisamment en sécurité sur le plan émotionnel pour pouvoir parler de leurs sentiments. C'est quand une femme se sent soutenue dans le cadre de son couple qu'elle peut redécouvrir l'amour qui l'habite. Ses besoins émotionnels étant ainsi satisfaits, alors – et alors seulement –, elle peut laisser resurgir ses besoins sexuels.

De ce fait, elle s'étonnera de voir son partenaire lui faire des avances sexuelles alors qu'ils n'ont pas échangé trois mots depuis son retour ou après qu'il l'a ignorée pendant plusieurs jours. Incapable de deviner que le désir sexuel de son compagnon exprime son envie de se rapprocher d'elle et de lui faire partager son amour, elle en déduit à tort qu'il ne se soucie guère de la qualité de leur relation. Et le malentendu s'installe.

En vérité, se montrer réceptive aux avances d'un homme est la meilleure preuve d'amour que sa partenaire puisse lui donner. Le sexe est le plus puissant outil dont elle dispose pour raviver les sentiments de son partenaire à son égard. N'oubliez pas que le sexe compte autant aux yeux d'un homme que la communication à ceux d'une femme. Bref, quand votre mère vous répétait que le plus sûr chemin vers le cœur d'un homme passait par son estomac, elle se trompait... d'environ vingt centimètres (il passe surtout par son sexe).

Quand votre mère vous répétait que le plus sûr chemin vers le cœur d'un homme passait par son estomac, elle se trompait... d'environ vingt centimètres.

CE DONT LES HOMMES ONT BESOIN

Un homme se sent puissant et aimé lorsqu'on l'apprécie, qu'on l'accepte et qu'on lui fait confiance. Voir sa partenaire sexuellement excitée lui procure ces trois « nutriments » en grande dose, car c'est quand une femme aspire à un rapport sexuel qu'elle se montre le plus ouverte et confiante. Elle est prête à abaisser toutes ses défenses de la manière la plus spectaculaire qui soit, non seulement en révélant à son partenaire sa nudité, mais en l'accueillant dans son corps et dans son être mêmes. Un homme désiré de la sorte se sent merveilleusement accepté. Et lorsque chacune de ses caresses éveille en sa compagne une réaction positive et empreinte de plaisir, il se sent grandement apprécié. Il a la preuve tangible et physique qu'il la rend heureuse.

Voilà pourquoi un homme accueilli avec tendresse après une journée stressante par une femme qui, se sentant aimée et soutenue, se donne à lui sans retenue retrouvera un second souffle. On pourrait croire que c'est le sexe qui le ragaillardit, mais en réalité celui-ci lui restitue simplement sa capacité à éprouver des émotions et à recevoir l'amour que sa femme lui porte. Reconnecté avec son moi émotionnel, il redevient un être complet. Tel le voyageur assoiffé égaré dans le désert, il peut enfin se détendre et se désaltérer longuement à l'oasis de ses sentiments.

―――――――――――――――――――
Tel le voyageur assoiffé égaré dans le désert, l'homme sexuellement comblé peut enfin se détendre et se désaltérer longuement à l'oasis de ses sentiments.
―――――――――――――――――――

En caressant puis en pénétrant le corps doux et chaud de sa partenaire, il établit un contact avec sa propre douceur et sa propre chaleur, tout en demeurant dur et viril. Contrôler sa passion lui permettra de s'ouvrir peu à peu à des sensations agréables, bien entendu, mais aussi à la joie plus profonde d'aimer et d'être aimé en retour.

CE QUI REND LE SEXE FANTASTIQUE

C'est au cours de ma cinquième année de mariage avec Bonnie que j'ai commencé à comprendre vraiment ce qui rend le sexe fantastique.

Un jour où nous venions de faire l'amour de manière particulièrement agréable, j'ai dit : « Mmm, c'était vraiment bon. J'ai adoré cela. J'en ai adoré chaque instant. C'était aussi bon qu'au début de notre relation... »

Je m'attendais à ce que Bonnie opine du chef ou réponde quelque chose comme : « Oui, c'était génial », mais je la vis un peu perplexe.

— Tu n'es pas d'accord ? lui ai-je alors demandé.

— En fait, j'ai trouvé que c'était beaucoup mieux qu'au début, me répondit-elle calmement.

Je me mis aussitôt à réfléchir. Que voulait-elle dire ? Qu'elle simulait, au début de notre relation ? Qu'elle n'avait pas trouvé nos premières semaines ensemble remarquables ? Comment pouvait-elle faire un tel commentaire ?

Bonnie a poursuivi : « Au début, quand nous venions de nous rencontrer, notre vie sexuelle était merveilleuse, seulement nous ne nous connaissions pas vraiment. Maintenant, quand tu me fais l'amour, tu sais qui je suis. Tu connais mes plus grandes qualités mais aussi mes pires défauts et tu me désires et tu m'aimes malgré tout. À mes yeux, c'est ce qui donne toute leur dimension à nos rapports sexuels. »

La justesse de son explication m'a frappé. C'est l'amour qui rend le sexe fantastique. Mieux nous connaissons une personne, plus notre intimité et notre amour s'approfondissent, plus notre vie sexuelle peut s'enrichir.

Au fil des années ma perception de la sexualité avait changé, tout comme celle de Bonnie, mais si progressivement que je ne m'en étais pas aperçu. En prendre conscience m'a permis de concentrer mes efforts pour accroître encore notre plaisir mutuel. Le prochain chapitre sera consacré à l'art d'améliorer sans cesse sa vie sexuelle.

CHAPITRE 2

Sexe et passion

Sans passion, les rapports sexuels deviennent vite routiniers et ennuyeux. Or la passion ne dure pas... croit-on. En réalité, un couple qui s'aime et qui apprend comment fonctionne l'autre peut toujours conserver une relation passionnée et épanouissante. Au lieu de voir son attirance pour elle s'émousser au fil des ans, l'homme sera de plus en plus excité par la vue du corps dénudé de sa femme et par le contact de sa peau. Au-delà de la simple excitation physique et du plaisir que procure une sexualité de plus en plus intense, il découvrira aussi que l'amour, la tendresse, la passion et la sensualité qu'il éprouve et qu'il apporte à sa partenaire vont s'accroissant. Cette prise de conscience portera leur plaisir à des niveaux encore jamais atteints.

Une femme aime à sentir les flammes de la passion qui habite son partenaire. Le désir persistant qu'il lui témoigne la ravit. Leurs rapports sexuels se font actes d'amour et deviennent pour elle l'occasion de lui exprimer ses sentiments de la manière qui le touche le plus tout en accueillant au plus profond de son être ceux qu'il lui voue en retour.

De bonnes techniques amoureuses aident également les hommes à comprendre que faire l'amour n'est pas seulement aimer leur partenaire, mais aussi recevoir l'amour dont ils ont besoin. Le désir physique se double d'une envie d'exprimer son amour et de se rapprocher d'elle. Inutile alors pour l'homme de fantasmer sur une femme imaginaire, car il sait réellement qui il aime.

Le sexe devient merveilleux quand il participe d'un acte d'amour partagé et que les sentiments sur lesquels il repose ne cessent de croître. Pour s'épanouir sur le plan sexuel, une femme doit avant tout, rappelons-le, se sentir soutenue sur le plan émotionnel. Ce qui ne dispense pas son conjoint d'apprendre à satisfaire ses besoins sexuels spécifiques.

Pour s'épanouir sexuellement, une femme doit avant tout se sentir soutenue sur le plan émotionnel, ce qui ne dispense pas son conjoint d'apprendre à satisfaire ses besoins sexuels spécifiques.

COMMENT ENRICHIR SA VIE SEXUELLE

Tout couple est à même d'enrichir sa vie sexuelle. Il lui faut pour cela – comme pour toute autre activité – se procurer de nouvelles informations et les mettre en pratique.

La plupart des hommes n'ont jamais appris à faire l'amour. Dès qu'il est physiquement apte à éprouver une excitation sexuelle et à se masturber, un homme est censé se muer instantanément en expert du corps féminin. Or, si nous savons en général pénétrer une femme et atteindre l'orgasme en deux minutes chrono, l'art de faire jouir notre partenaire est une tout autre affaire... Pourquoi, d'ailleurs, les hommes sauraient-ils instinctivement ce qui plaît aux femmes alors qu'ils ne sont pas des femmes ? L'épanouissement sexuel d'un couple passe donc par l'apprentissage par l'homme du corps féminin et de ce qui excite une femme.

Pourquoi les hommes sauraient-ils instinctivement ce qui plaît aux femmes alors qu'ils ne sont pas des femmes ?

Il est d'autant plus délicat pour un homme de découvrir ce qui emmène réellement une femme au septième ciel qu'il est déjà censé le savoir ! Nombre d'entre nous pensent d'ailleurs posséder les connaissances nécessaires pour y parvenir. Nous croyons à tort que ce qui nous procure du plaisir en donne aussi à notre compagne. Et si nous ne parvenons pas à la satisfaire, loin de remettre notre technique en cause, nous en déduisons que le problème vient d'elle. Bref, nous ne comprenons pas qu'au lit les besoins d'une femme sont totalement différents de ceux d'un homme.

L'homme ne comprend pas instinctivement combien les besoins sexuels d'une femme sont différents des siens. Il croit à tort que ce qui lui procure du plaisir en donnera aussi à sa partenaire.

LA PREMIÈRE EXPÉRIENCE SEXUELLE

Je me rappelle très clairement ma « première fois ». Après en avoir longuement discuté, ma partenaire et moi avions décidé de perdre ensemble notre virginité. N'écoutant que mon excitation et mon instinct de mâle, j'ai brûlé les étapes, tel un sprinteur, pour parvenir au plus vite au but ultime de l'exercice. Sans m'attarder à l'embrasser, je suis aussitôt passé à des caresses précises avant de la pénétrer dès que possible et de faire en sorte d'atteindre l'orgasme dans les meilleurs délais.

J'ai rapidement constaté que ma partenaire adoptait une démarche à l'opposé de la mienne. Au lieu de cibler ma zone la plus érogène, elle semblait prendre un malin plaisir à la contourner. Ses mains se promenaient lentement le long de mes cuisses, de mon torse, de mes bras, de mon dos : bref, partout, sauf là où je souhaitais vraiment les sentir. Où voulait-elle en venir ? Agacé par ses tergiversations, je lui ai alors pris la main et l'ai fermement guidée vers mon entrejambe. « Caresse-moi *là* », ai-je exigé.

LES FEMMES RALENTISSENT TANDIS QUE LES HOMMES ACCÉLÈRENT

Trop inexpérimenté pour comprendre ce qui motivait les gestes de ma première partenaire, j'ai cru qu'elle cherchait à me torturer. Peu m'importait qu'elle caresse le reste de mon corps, car un seul endroit m'intéressait ! Quand j'en ai su un peu plus long sur les femmes et sur leur sexualité, j'ai compris que mon amie m'avait tout simplement fait ce qu'elle souhaitait que je lui fasse – et vice versa, d'ailleurs.

Les hommes ne devinent pas instinctivement les caresses qui plaisent aux femmes et, même quand ils en entendent parler, tendent à les oublier. Tous les livres et toutes les chansons évoquant le sexe disent pourtant la même chose : les femmes préfèrent les amants qui prennent leur temps. Malheureusement, l'excitation sexuelle pousse un homme à accélérer automatiquement le mouvement puisque lui a envie d'aller plus vite. Et si nul ne lui a expliqué qu'il n'en est rien, il tient pour acquis que sa partenaire partage ce désir. Il n'imagine même pas le plaisir supplémentaire qu'il pourrait lui apporter s'il faisait l'effort de se retenir et de se retenir encore.

Les femmes préfèrent les amants qui prennent leur temps.

En suivant son instinct, l'homme donne donc à sa partenaire le genre de stimulation dont lui-même rêve, mais pas du tout celle dont elle a besoin. Leur vie sexuelle prendra une dimension nouvelle s'il s'ouvre aux besoins spécifiques de sa compagne et si celle-ci fait l'effort de l'aider à apprendre à mieux la satisfaire.

EN QUOI LA SEXUALITÉ DE L'HOMME DIFFÈRE DE CELLE DE LA FEMME

Le sexe est une expérience très différente selon que l'on est un homme ou une femme. Pour un homme, la jouissance s'apparente avant tout à une *délivrance* après une phase de tension sexuelle. Pour la femme, c'est l'inverse qui se produit. Son plaisir correspond à une *montée en puissance* progressive de la tension sexuelle. Plus elle a le loisir de ressentir cette envie de faire l'amour, plus le rapport en lui-même la satisfera.

Pour un homme, la jouissance s'apparente avant tout à une **délivrance** *après une phase de tension sexuelle. Le plaisir féminin, lui, correspond à* une *montée en puissance* progressive de la tension sexuelle.

La testostérone, l'hormone sexuelle masculine, pousse l'homme à rechercher d'abord l'orgasme. Dès le début de son érection, il cherche instinctivement à se défaire au plus vite de la tension qui monte en lui. Le plaisir qu'il retire d'un rapport sexuel résulte au premier chef du relâchement qui le conduit à l'orgasme et dont celui-ci fait partie intégrante.

La première différence fondamentale entre la sexualité masculine et la sexualité féminine se situe sur le plan biologique. À l'inverse d'une femme, dont les sécrétions vaginales sont suscitées par l'excitation sexuelle, l'homme possède en permanence un réservoir de sperme. Il est d'emblée prêt à éjaculer. D'une certaine façon, en faisant l'amour, il cherche à se « vider », alors que sa partenaire souhaite plutôt être « remplie ».

Le désir qu'éprouvent les hommes d'être immédiatement caressés aux endroits les plus sensibles et de rendre la pareille à leur partenaire est logique. L'excitation sexuelle leur venant facilement, ils n'ont pas besoin de prendre leur temps. Ils attendent uniquement d'une femme qu'elle les aide à se délivrer de leur désir. D'une certaine façon, un rapport sexuel est pour l'homme surtout le moyen de *mettre fin* à son excitation, tandis que sa partenaire, à l'inverse, s'attachera à la *prolonger* au maximum pour mieux libérer ses désirs les plus profonds.

La femme savoure en effet la capacité de son amant d'éveiller lentement ses sens et son envie d'être caressée aux endroits les plus sensibles. Elle s'ouvre comme une fleur au soleil et aspire à lui dévoiler les profondeurs de sa sensualité. Pendant que son partenaire rêve de satisfaction sexuelle immédiate, elle prend plaisir à sentir son propre désir grandir.

POURQUOI LES HOMMES ASPIRENT À LA DÉLIVRANCE

Dès qu'un homme touche la peau tendre d'un sein féminin, le velouté de sa cuisse ou la chaleur de son vagin humide, il sent déjà en lui les prémices du plaisir et de l'amour. Ce contact avec la douce féminité de sa partenaire lui permet de se connecter à sa propre douceur tout en demeurant dur, concentré et masculin.

La sensualité fait partie de son être, mais il en prend surtout conscience lorsqu'il caresse le corps de sa compagne et constate quel plaisir il lui procure. Faire l'amour réveille tous ses sens.

Par exemple, je remarque beaucoup plus la beauté des arbres de mon quartier ou la pureté de l'air juste après une étreinte torride. J'ai l'impression d'être soudain plus vivant. Lorsque je travaille, je me sens vivant aussi, mais faire l'amour à ma femme réveille en moi une sensibilité souvent endormie par la concentration inhérente à la vie professionnelle. En somme, bien faire l'amour m'aide à mieux apprécier le parfum des fleurs.

Plus un homme doit faire taire ses sentiments au quotidien, plus il aura besoin de sexe pour éprouver de nouveau des sensations et ouvrir son cœur. En faisant l'amour, il ne recherche plus uniquement le plaisir, mais aussi l'amour. Même s'il n'en a pas conscience, le désir qui l'habite constamment exprime en réalité la faim de plénitude de son âme.

Le constant besoin de sexe des hommes exprime en réalité la faim de plénitude de leur âme. Celle-ci cherche à fertiliser le désert d'une vie gouvernée par la logique et le cerveau en l'unissant à la terre luxuriante, sensuelle, chatoyante et parfumée du cœur.

Une fois son besoin de prodiguer et de recevoir des caresses sexuelles satisfait, l'homme sent sa capacité d'*éprouver* grandir automatiquement. Son être sensible s'éveille, libérant une immense énergie, et il peut de nouveau ressentir la joie, l'amour et la paix.

LE PLAISIR SEXUEL

Avant le début du rapport sexuel proprement dit, l'homme aspire à pénétrer sa partenaire. Son pénis durci et en érection est totalement concentré et tendu dans l'attente d'accéder au saint des saints féminin. Quand il entre en elle, s'enfonçant dans son vagin, son plaisir s'intensifie fortement car sa tension sexuelle se relâche pour un temps.

Sentir son pénis momentanément entouré et massé de toutes parts par le vagin chaud et humide de sa partenaire nourrit tout son être. Soudain, il se voit téléporté hors du monde aride de la logique et accède à l'univers douillet des sensations et des sentiments.

Pendant l'amour, l'homme se sent téléporté hors du monde aride de la logique et accède à l'univers douillet des sensations et des sentiments.

Le pénis est le plus sensible de tous les organes masculins. Le caresser, c'est caresser l'homme tout entier, le calmer, l'exciter ou l'électriser. Les sentiments d'amour et d'attachement que son esprit rationnel écarte si aisément se réveillent tout à coup sous l'effet du plaisir sexuel.

En pénétrant sa partenaire, l'homme éprouve l'immense satisfaction d'avoir atteint son objectif. Sa tension se relâche, provoquant aussitôt un nouvel afflux de sentiments.

Après avoir dûment apprécié cette phase de détente momentanée, il se retire pour éprouver un regain de tension, puis replonge en sa partenaire pour calmer cette tension. Ce mouvement de va-et-vient intensifie son désir et exacerbe de ce fait les sentiments que procurent les phases de détente. Ainsi la tension va-t-elle croître en lui jusqu'à la délivrance finale.

COMMENT UN HOMME RESSENT L'AMOUR

Un homme est libre de se laisser aller à éprouver des sentiments une fois qu'il a atteint son objectif. Son côté masculin ayant accompli son œuvre avec succès, il peut libérer son côté féminin et sa sensibilité. S'il a su à la fois satisfaire ses propres désirs et combler sa partenaire, il pourra mieux encore se détendre et laisser un profond sentiment de paix, d'amour et de bonheur l'envahir. D'une certaine manière, lorsque lui et sa partenaire ont tous deux atteint l'orgasme, il a l'impression d'avoir bien fait son travail et s'en sent amplement récompensé par l'appréciation et l'amour qu'elle lui témoigne.

En l'aidant à jouir la première, l'homme permettra à sa compagne d'accueillir de manière optimale son orgasme à lui. Ayant elle-même pris son plaisir, elle sera au sommet de son amour et de sa réceptivité à l'égard de son partenaire au moment où lui jouira à son tour. Leur union n'en sera que plus étroite et plus tendre. Quel que soit le degré d'amour que sa partenaire lui porte, c'est dans ces instants précieux qu'il pourra le mieux recevoir cet amour.

Quel que soit le degré d'amour que sa partenaire lui porte, c'est à l'instant précieux de l'orgasme qu'un homme peut le mieux recevoir cet amour.

Ces secondes d'extase le stimulent tout particulièrement s'il la sait comblée et satisfaite de lui. Plus qu'à aucun autre moment, il peut se laisser envahir par son amour, sentir celui qu'il éprouve au plus profond de son cœur et réaffirmer son attachement à sa partenaire et à leur couple.

Le cœur d'un homme s'ouvre à l'amour pendant l'orgasme. Il prend alors la pleine mesure de la profondeur de son amour et de son attachement à sa partenaire.

LA THÉRAPIE PAR L'ÉPANOUISSEMENT SEXUEL

Tous les ressentiments qu'un homme peut éprouver s'effacent comme par magie avec un rapport sexuel éblouissant. Le sexe – réussi – est la meilleure des thérapies pour les hommes. Une bonne communication entre partenaires est comme chacun sait la clé d'une relation de couple réussie et conduit en général à une sexualité épanouissante, mais ce n'est pas toujours le cas. Il s'avère parfois nécessaire de recourir à une thérapie ou à un conseiller conjugal pour remettre un couple en situation de partager des étreintes épanouissantes. Mais une fois cette étape franchie et dès lors que les deux partenaires ont compris comment préserver leur bonne entente physique, tout ira bien pour l'homme et la magie de la passion ne sera plus en péril.

En l'absence de rapports passionnés réguliers, un homme oublie facilement combien il aime sa partenaire. Même s'il lui souhaite tout le bien du monde et se montre affectueux et poli envers elle, il ne ressent plus le lien profond qui les unissait au début de leur relation. Et, peu à peu, les petites imperfections de sa compagne lui paraîtront de plus en plus criantes.

À l'inverse des femmes, qui ont besoin d'exprimer leurs sentiments pour se sentir plus aimantes, les hommes obtiennent ce résultat par le biais du sexe.

Ce qui ne doit pas conduire à négliger l'importance d'une sexualité épanouissante pour les femmes aussi. Une femme insatisfaite sur le plan physique finit inévitablement par se durcir. Elle flanche sous le poids des responsabilités qui reposent sur elle car elle ne se croit pas seulement tenue de prendre soin d'elle-même, mais aussi de son partenaire. Ce faisant, elle en vient facilement à oublier ses désirs sensuels et sexuels spécifiques. Et sans le tendre soutien de son compagnon, elle a l'impression de ne plus avoir une minute à elle.

POURQUOI LES FEMMES SAVOURENT LEUR DÉSIR

Plus une femme consacre d'énergie au quotidien à prendre soin des autres et à leur donner d'elle-même, moins elle se préoccupe d'elle-même et de sa propre sensualité. Bien des femmes sont ainsi plus réceptives aux sentiments d'autrui qu'à leurs propres sentiments.

Tout comme un homme oublie parfois qu'il éprouve des sentiments, elle perd conscience de ses aspirations et de ses désirs sexuels. Le train-train quotidien prend le pas sur ses pulsions plus profondes et plus sensuelles. Et plus elle est débordée et sous pression, plus il lui est difficile de se détendre et d'apprécier les plaisirs de l'existence.

Tout comme un homme oublie parfois qu'il éprouve des sentiments, il arrive à une femme d'oublier ses aspirations et ses désirs sexuels. Le train-train quotidien prend le pas sur ses pulsions plus profondes et plus sensuelles.

C'est en se montrant tendre et attentif envers sa compagne qu'un homme permettra à celle-ci de se retrouver. Temporairement délivrée de la nécessité de se consacrer aux autres, elle pourra laisser resurgir ses besoins sexuels. Il suffira que son partenaire se montre romantique et la choie, comblant ainsi son côté féminin, pour qu'elle s'ouvre automatiquement à sa sensualité. En lui apportant ainsi son assistance, son partenaire l'aide à percevoir ses désirs et à les sentir s'intensifier. Il doit apprendre à le faire spontanément. Tout se passe en effet comme si une femme ne découvrait qu'elle aspirait à un tel soutien masculin qu'au moment où elle le reçoit.

Lorsque par exemple un homme laisse ses mains s'aventurer près d'une zone érogène de sa partenaire, puis s'écarte pour mieux revenir, puis s'éloigne de nouveau, elle éprouvera un désir croissant d'être caressée de manière plus intense. L'amant expert sait diriger ses attentions vers les endroits que sa partenaire voudra à terme lui voir toucher et reculer dès qu'il en approche, exacerbant son désir de le voir préciser sa caresse. Il joue avec ses sens, cédant un petit peu, puis se retirant.

En effleurant ainsi les zones non érogènes entourant les régions les plus secrètes de son corps, un homme inspire à sa partenaire l'envie de le sentir caresser ses zones érogènes.

Au cours d'un rapport sexuel épanouissant, le désir de la femme grandit progressivement. Au début, elle peut ne ressentir qu'un désir léger ou faible, mais à mesure que celui-ci est satisfait et que sa tension sexuelle se libère, une grande ardeur l'envahit. Et si ses désirs continuent à être comblés, son excitation ira augmentant encore et encore. Cette alternance de phases de tension et de détente lui permet de ressentir avec une force croissante son besoin de se fondre en son partenaire avant de le laisser exploser en un orgasme.

Le secret d'une relation sexuelle épanouissante consiste pour un homme à taquiner les sens de sa femme afin d'intensifier son désir sexuel. Nous explorerons dans le prochain chapitre l'art et la manière de procéder.

CHAPITRE 3

Comment rendre une femme folle de plaisir

Les femmes apprécient bien plus une conversation si l'on n'exige pas d'elles qu'elles aillent droit au but. Elles préfèrent, pour se détendre ou pour se rapprocher de quelqu'un, tourner autour du pot pendant un certain temps pendant qu'elles déterminent peu à peu ce qu'elles veulent réellement dire. C'est là une parfaite métaphore de l'approche féminine des rapports sexuels. Une femme apprécie qu'un homme prenne son temps avant de toucher à son but et qu'il commence par tourner autour.

Tant que son désir et son excitation ne sont pas forts, une femme préfère être caressée de manière indirecte. Par exemple, avant de poser ses mains sur ses seins, l'homme doit d'abord décrire des cercles autour d'eux, en s'en rapprochant petit à petit. Puis, lorsqu'il est sur le point de les toucher, il doit éloigner ses doigts, les poser ailleurs et recommencer le même processus.

À l'inverse de l'homme, la femme goûte peu la stimulation directe et immédiate de ses points les plus sensibles. Elle préfère que son amant joue avec son corps et la guide lentement vers les caresses plus précises auxquelles elle aspire au fond d'elle-même. Ainsi, elle appréciera qu'en lui ôtant son soutien-gorge il commence parfois par laisser courir un doigt tentateur le long de la doublure, ou baisse doucement une bretelle pour découvrir un sein, puis la remette en place pour frôler une autre partie de son corps.

Une femme aime que son amant joue avec son corps et la guide lentement vers les caresses plus précises auxquelles elle aspire au fond d'elle-même.

Pour taquiner sa partenaire, un homme peut adopter la technique du « un pas en avant, deux pas en arrière ». En répétant ce processus, il est assuré d'enflammer ses sens, ce qui lui procurera à lui aussi un immense plaisir. Savoir ce qui excite sa compagne et contrôler sa propre passion lui donne un pouvoir exaltant, celui de rendre une femme folle de plaisir.

UNE FEMME A BESOIN DE SE RELAXER

Les hommes comprennent en général mal le besoin qu'ont les femmes d'entamer un rapport sexuel lentement, en se relaxant progressivement, car eux sont d'emblée fin prêts pour l'action. De plus, dans la mesure où ils recherchent l'orgasme pour se détendre, il leur paraît étrange que leur partenaire souhaite se détendre *avant* le rapport sexuel. Pourtant, contrairement aux hommes, la plupart des femmes ne sauraient éprouver de plaisir sexuel que si elles ont d'abord décompressé. Il leur faut d'abord se relaxer afin de prendre conscience de la part d'elles-mêmes qui éprouve le besoin d'être comblée.

Les jeux amoureux et les préliminaires leur donnent l'occasion de le faire et les aident à se libérer de leurs inhibitions. Des contacts physiques lents, rythmés et imprévisibles, frôlant, effleurant ou massant doucement ses zones non érogènes, éveillent peu à peu en une femme le désir croissant de sentir les caresses de son partenaire sur les parties les plus sensibles de son corps.

Les livres traitant du sexe donnent fréquemment aux femmes le judicieux conseil de se préparer à l'amour en prenant un long bain chaud et parfumé dans une salle de bains aux lumières tamisées. Avant que j'aie compris combien la sexualité masculine et la sexualité féminine différaient, cette recommandation me laissait perplexe car pour ma part, après un bain chaud, je n'aspire plus qu'à m'assoupir ! À présent, je conçois mieux qu'une femme puisse tirer parti de la détente induite par un long bain.

Pour exciter une femme, un bon amant veillera à respecter deux principes de base : la relaxation et la douceur. C'est en parcourant de ses mains et de ses lèvres le corps de sa partenaire qu'il réveillera ses zones les plus érogènes et le désir de le sentir approfondir ses caresses.

UN AMANT SACHANT PRENDRE SON TEMPS

Quand je demande aux femmes ce qu'elles attendent avant tout d'un homme, elles me répondent bien souvent qu'elles aiment qu'il sache *prendre son temps*. Avec un amant patient, le plaisir de la femme grandit lentement, si bien que lorsque les doigts et la langue de son partenaire se posent enfin sur ses seins, leurs mamelons durcis appellent ses caresses. Quand il glisse le long de la face interne de ses cuisses pour atteindre son sexe, son clitoris et son vagin, elle est déjà chaude et humide et prête à l'accueillir. Une telle stimulation fait monter le plaisir du plus profond de son être.

Pour l'homme, les choses sont différentes. Tout contact direct avec son pénis augmente grandement son plaisir. Beaucoup de femmes l'ignorent et frustrent leur partenaire en attendant trop longtemps pour toucher ses organes génitaux. Si de telles caresses lui paraissent trop directes, une femme peut commencer par soulager l'impatience de son partenaire en pressant simplement son corps contre son sexe durci.

Les femmes doivent se rappeler que ce sont les caresses directes qui procurent le plus de plaisir à un homme.

À cause de cette différence fondamentale, prendre son temps n'est pas une tendance naturelle de l'homme. Il lui faut donc s'y entraîner. Dès qu'il verra le bonheur qu'il procure ainsi à sa partenaire, son instinct intégrera cette donnée et cela lui paraîtra plus facile. Il lui faudra cependant toujours garder présent à l'esprit que pour intensifier le plaisir de sa partenaire, il doit attendre avant de passer aux caresses directes. Procéder de cette manière lui prendra plus longtemps et il aura parfois l'impression de ne pas progresser d'un pouce, mais au bout du compte sa partenaire éprouvera une jouissance décuplée. Et lui aussi.

Un homme doit se rappeler que pour intensifier le plaisir de sa partenaire, il doit attendre avant de passer aux caresses directes.

DÉCRIRE DES CERCLES

Il existe des temples antiques consacrés à l'adoration du principe féminin du Créateur. Le rituel de l'un d'eux prescrit de contourner trois fois le temple avant d'en franchir le seuil. Il faut adopter la même tactique pour faire l'amour à une femme. Avant de caresser ou de pénétrer une zone sensible, l'homme doit préparer sa partenaire. Par exemple, au lieu d'introduire immédiatement sa langue dans la bouche de la femme qu'il embrasse – ce qu'elle peut juger trop brutal –, il commencera par l'embrasser légèrement à plusieurs reprises. Puis, quand il la sentira s'ouvrir à ses caresses, il glissera doucement sa langue entre ses lèvres. Décrire un mouvement circulaire à l'intérieur de la bouche de sa partenaire avant de l'y plonger plus profondément procure une sensation délicieuse.

Pour caresser les seins d'une femme, puis ses mamelons, il faut également commencer par décrire des cercles autour d'eux. Au lieu de poser directement sa main sur le sein ou sur le mamelon, on frôlera d'abord l'épaule en descendant vers le sein, puis on remontera et ainsi de suite, afin de s'en approcher de plus en plus par des mouvements réguliers. Une fois arrivé au sein, l'homme peut par exemple bouger la main d'avant en arrière en soutenant le sein un peu à la manière d'un soutien-gorge, puis imprimer à son poignet un léger mouvement rythmique de balancier. Après quoi, il peut promener ses doigts sur tout le sein, puis le presser doucement, puis relâcher, et répéter l'opération encore et encore. Ces caresses permettent d'intensifier et de réduire tour à tour la stimulation tout en l'accroissant régulièrement.

Un petit conseil à tous les hommes : apprenez à ôter le soutien-gorge de votre partenaire. Pour moi, déshabiller une femme relevait autrefois du cauchemar à cause de l'étape fatidique du dégrafage du soutien-gorge, durant laquelle je me sentais tellement maladroit. J'ai résolu ce problème en « m'entraînant ». Quand Bonnie laissait un soutien-gorge dans la salle de bains, j'en profitais pour étudier le type de fermeture. Vous pouvez faire de même. Il ne vous faudra que quelques instants pour vous transformer en expert. Vous découvrirez qu'il existe trois principaux types de soutiens-gorge : ceux qui ferment par une agrafe classique s'ouvrant latéralement, ceux qui nécessitent un geste vertical et ceux qui s'ouvrent par le devant. Exercez-vous à les dégrafer jusqu'à ce que vous sachiez le faire sans effort d'une seule main. Puis entraînez-vous à le faire les yeux fermés.

La prochaine fois que vous dévêtirez votre partenaire, elle s'émerveillera de votre habileté. Les femmes aiment qu'un homme soit sûr de lui pendant l'amour ; cela les aide à se relaxer pour mieux apprécier ses caresses. Voilà un domaine où exceller est à la portée de tous. Quand un homme sait la déshabiller, une femme se montre d'autant plus réceptive à ses caresses expertes.

COMMENT INTENSIFIER LE DÉSIR

Pour intensifier le désir de sa partenaire, l'homme peut abandonner un instant les seins pour s'attacher à enflammer une autre partie de son corps, puis revenir à sa poitrine. Cette fois, il s'approchera plus près du mamelon et effleurera celui-ci comme par inadvertance. Cela permettra à la femme de prendre conscience de leur sensibilité et d'aspirer à de nouvelles caresses plus audacieuses.

Après cela, l'homme promènera de nouveau ses

mains autour des seins. C'est le moment de faire preuve de patience car, à ce stade-là, les contourner à trois reprises ne suffira pas. Il doit contenir son ardeur environ dix fois plus longtemps qu'il ne le ferait s'il suivait son instinct.

Lorsqu'il sera enfin parvenu au mamelon, il le caressera doucement d'avant en arrière, en veillant à toujours se comporter comme s'il disposait de tout son temps. Une fois le mamelon durci, il pourra le lécher lentement ou commencer à le sucer. Il portera l'excitation de sa partenaire à son comble s'il suce ses seins tout en lui caressant le clitoris.

ÔTER LA PETITE CULOTTE D'UNE FEMME

L'homme ne doit laisser ses mains s'aventurer entre les cuisses de sa partenaire que lorsqu'il la devine déjà humide. Ce peut donc être une bonne idée de commencer parfois à explorer son sexe à travers son slip.

Pour mieux la troubler, l'amant inventif ne se contentera pas toujours de simplement débarrasser sa compagne de son slip. Parfois, il l'abaissera un peu, puis le remettra en place, et ainsi de suite en un jeu coquin.

Il pourra alors commencer à frôler la bordure du sous-vêtement, puis glisser ses doigts sous l'élastique, dans la moiteur de son sexe.

Après avoir vérifié qu'elle est bien humide, il lui ôtera enfin son slip. Il peut aussi, pour réaffirmer le contrôle qu'il exerce sur son désir, retarder encore cet instant. Au lieu de lui ôter sa culotte, il pourra par exemple la remonter entre ses fesses comme un string pour découvrir celles-ci et les caresser, ou laisser ses mains vagabonder entre les cuisses de sa partenaire.

Même si le désir l'envahit un peu plus à chaque instant, il doit continuer à prendre son temps. Cette retenue et ce *self-control* laisseront à sa partenaire la liberté de se délivrer de ses inhibitions et de se laisser aller.

Enfin, il achèvera de la déshabiller pour se consacrer à la face interne de ses cuisses, puis à son sexe lui-même. Fidèle à la technique que nous prônons depuis le début de ce chapitre, il laissera ses doigts contourner le saint des saints pour mieux l'enflammer. Ce n'est que plus tard qu'il approchera le clitoris.

TOUCHER SON CLITORIS

Les hommes oublient trop souvent de s'occuper du clitoris de leur partenaire. Beaucoup de mes patientes se plaignent de ce que leur compagnon ne caresse jamais le leur, ou, lorsqu'il s'y essaie, ne trouve pas le point sensible ou ne s'y attarde pas assez. Elles en déduisent fréquemment qu'il ne se préoccupe pas assez de leur plaisir.

Ce jugement est erroné. La plupart du temps, un homme oublie l'étape clitoris parce qu'il ignore combien elle est importante pour sa compagne. Voici un chiffre qui, je pense, aidera mes congénères à se le rappeler : d'après la majorité des études et d'après mes statistiques personnelles (basées sur les récits de mes patientes), quatre-vingt-dix-huit pour cent des orgasmes féminins résultent directement d'une stimulation clitoridienne.

Ce n'est pas par indifférence à la jouissance de leur partenaire que les hommes oublient de caresser son clitoris, mais parce qu'ils ignorent que presque tous les orgasmes féminins résultent d'une stimulation de cet organe.

Imaginez, messieurs, à quoi ressemblerait un rapport sexuel sans aucune stimulation du pénis. Avouez que ce ne serait guère exaltant. Le clitoris joue un rôle tout aussi fondamental dans la sexualité féminine. Si vous omettez de lui consacrer en moyenne cinq à quinze minutes, votre partenaire s'ennuiera entre vos bras et n'aura pas d'orgasme.

Les hommes qui viennent me consulter prétendent en général caresser le clitoris de leur femme pendant cinq à dix minutes. Leurs épouses, elles, parlent plutôt d'une ou deux minutes et encore, pas à chaque fois... À moi de leur expliquer que leur partenaire pense vraiment y consacrer plus longtemps qu'il ne le fait réellement, et de leur enseigner des techniques subtiles propres à les aider à obtenir ce qu'elles désirent.

Accepter la propension de l'homme à oublier les besoins spécifiques du sexe opposé est le premier pas dans cette voie. Une femme en colère a en effet bien peu de chances de faire entendre ses requêtes légitimes.

LUI CONSACRER PLUS DE TEMPS

Je conseille par exemple aux femmes dont le partenaire ne caresse pas leur clitoris assez longuement à leur goût de prendre le relais elles-mêmes. Elles lui transmettront ainsi un message clair sans qu'il se sente pour autant critiqué, corrigé ou contrôlé. Quand il verra l'excitation que cette masturbation procure à sa complice, il prendra l'habitude de consacrer plus de temps à stimuler son clitoris.

Une femme qui n'apprécie pas pleinement la façon dont on la caresse doit en effet le laisser clairement comprendre, au lieu d'attendre patiemment que son partenaire devine seul ce qu'il en est. La meilleure méthode consiste à lui faire une démonstration de ce qu'elle souhaite. Dans ce cas, monsieur, prenez un oreiller pour vous installer confortablement, descendez voir ce qu'elle fait et instruisez-vous !

Pour apprendre à consacrer un temps suffisant à cette étape, l'homme pourra la minuter. Je sais que cela ne paraît guère romantique, mais ça marche ! Consultez discrètement votre réveil de temps à autre. Comme beaucoup d'hommes, vous découvrirez avec stupéfaction que l'excitation sexuelle bouleverse vos repères temporels, si bien qu'une caresse qui vous a paru s'étaler sur un quart d'heure n'a en temps réel pas duré plus d'une ou deux minutes.

Une fois ce malentendu dissipé, l'homme pourra décider de consacrer à sa partenaire les cinq à quinze « vraies » minutes indispensables pour qu'elle atteigne le plaisir. Ainsi préparée, elle l'accueillera en elle avec plus d'ardeur.

STIMULER AVEC ADRESSE

Une amante expérimentée sait commencer par stimuler directement les zones les plus sensibles et érogènes du corps masculin, c'est-à-dire son pénis et ses testicules. Ce faisant, elle éveille en lui l'envie d'être caressé, embrassé et léché sur tout le corps. Elle peut alors utiliser avec succès sur lui tous les jeux amoureux qu'elle-même juge si excitants. Le truc, avec un homme, est de s'occuper d'emblée de son organe le plus sensible et le plus affamé de caresses.

L'amant expérimenté, lui, s'attachera d'abord aux zones les moins sensibles et les moins érogènes du corps de sa partenaire. Il pourra commencer par toucher ses cheveux, l'embrasser sans la langue, l'entourer de ses bras, lui effleurer les jambes sans s'aventurer entre ses cuisses, caresser son dos ou encore ses fesses. Ensuite, il pourra se serrer contre elle, puis frotter son bas-ventre contre le sien d'avant en arrière et en décrivant des mouvements circulaires. En laissant ses mains courir sur le corps de sa partenaire et en approchant progressivement de ses zones érogènes grâce au mouvement de va-et-vient rythmique décrit dans ce chapitre, il éveillera peu à peu les parties les plus sensibles de son corps et l'envie qu'il les touche. Alors il pourra les approcher, toujours de manière indirecte, pour mieux les enflammer.

Un amant expérimenté commence par stimuler les zones les moins sensibles et les moins érogènes du corps féminin. Une amante expérimentée stimule d'emblée l'organe le plus sensible et le plus affamé de caresses de son partenaire.

Maîtriser ainsi l'art de faire monter progressivement le plaisir de sa partenaire donne à un homme l'assurance qu'il est capable de la rendre folle de plaisir. Sentir que son amant possède une telle certitude est très excitant pour une femme. Nous verrons dans le prochain chapitre comment gagner en assurance sur le plan sexuel.

CHAPITRE 4

Avoir confiance en soi et en ses capacités sexuelles

Rien au monde n'est plus excitant pour un homme ou pour une femme qu'un(e) partenaire pleine de confiance en lui (elle) sur le plan sexuel. Une femme apprécie un amant sûr de lui et de son aptitude à la combler. L'assurance dont il fait preuve lui souffle qu'il saura lui donner du plaisir, mais aussi s'adapter s'il devine qu'elle ne suit pas son rythme et contenir sa passion.

Rien n'est plus excitant qu'un(e) partenaire pleine de confiance en lui (elle) sur le plan sexuel.

Dès lors que l'homme sent que sa partenaire s'en remet tout entière à son savoir-faire et qu'il lit dans ses yeux qu'elle est absolument certaine de passer un bon moment entre ses bras, son excitation décuple.

Une femme sûre d'elle embrasera elle aussi les sens de son amant, mais de manière différente. Si elle semble trop assurée de savoir comment le rendre fou, elle risque de l'intimider. Saura-t-il montrer un talent équivalent au sien ? S'inquiétera-t-il ? Parviendra-t-il à contenir son ardeur assez longtemps pour la rendre heureuse ? Bien sûr, il est bon qu'elle soit convaincue de sa capacité à le satisfaire, mais comme toujours en matière relationnelle, elle rendra son partenaire encore plus heureux en l'aidant à la combler.

C'est en aidant son partenaire à la combler qu'une femme le comblera le mieux.

EN APPRENDRE PLUS LONG SUR LE SEXE

De vingt à vingt-sept ans, j'ai suivi une démarche spirituelle orientale impliquant la chasteté. J'enseignais la méditation et la philosophie. Au bout de sept ans, j'ai changé d'orientation et j'ai repris une activité sexuelle.

La première année, je me suis comporté comme un homme affamé après un long jeûne. Soucieux de rattraper le temps perdu, je ne pensais qu'aux femmes, à l'amour et au sexe. Je lisais tous les ouvrages et articles traitant de la question et faisais l'amour aussi souvent que possible. Je consommais du sexe matin, midi et soir et il m'arrivait de tellement abuser des plaisirs de la chair que je devais marcher les jambes écartées comme si j'avais deux boules de bowling dans mon slip.

Au lit, j'expliquais à mes partenaires que j'avais été moine et que j'étais donc néophyte en matière sexuelle. Je leur demandais de me faire découvrir leur corps et de me montrer ce qui les comblait le plus.

Cette approche me valait un franc succès. Les femmes ne m'en voulaient pas de n'y rien connaître puisque j'avais été moine. Et non seulement me raconter ce qu'elles aimaient les excitait vraiment, mais en plus j'apprenais une foule de choses. Cela me passionnait tant que j'ai fini par entamer un doctorat de psychologie et de sexologie.

Après environ deux ans d'expérimentation sexuelle intensive et d'étude des différentes traditions érotiques existant de par le monde, ma partenaire de l'époque et moi-même avons créé des ateliers de travail sur le sexe et la spiritualité. Nous encouragions les participants à discuter de ce qui procurait le plus de plaisir aux hommes ou aux femmes, et beaucoup d'entre eux évoquaient sans ambages leurs propres préférences. Tous bénéficiaient grandement de ces échanges, y compris moi, même si je dirigeais les débats. Je prenais d'ailleurs des notes et faisais ensuite des essais à la maison.

POURQUOI DISCUTER N'EST PAS TOUJOURS LA PANACÉE

La plupart des hommes n'ont jamais été moines et n'ont pas cette justification pour interroger une femme sur ses préférences au lit. D'abord, nous l'avons vu, on les amène à penser qu'ils devraient déjà être experts en la matière et en plus, s'ils ont des lacunes, ils redoutent de les avouer car ils savent qu'une femme aime que son amant connaisse son sujet et s'attend à ce qu'il devine instinctivement ce qu'il doit faire. Certaines résistent également à exposer leurs *desiderata* car elles ne veulent pas que le sexe soit une recette de cuisine, mais un miracle à découvrir à deux. Pour diverses raisons, le sexe perd en romantisme à leurs yeux dès qu'elles sont contraintes de se montrer explicites.

> *Une femme pense souvent en secret que si son amant est l'homme de sa vie ou s'il l'aime réellement, il saura comment s'y prendre. Ce genre de raisonnement nourrit efficacement les aspirations romantiques mais n'améliore guère les choses au lit.*

D'autre part, les femmes sont réticentes à l'idée d'exprimer leurs désirs à leur partenaire de peur de le voir porter un jugement sur ceux-ci ou refuser de s'y prêter. Bien que la plupart des livres traitant de la sexualité insistent sur la nécessité de parler de ce que l'on aime et de ce que l'on n'aime pas, peu de couples le font. Notre société est trop pleine d'inhibitions en ce qui concerne le sexe et les discussions y ayant trait. Si bien que l'on n'en parle qu'en cas de problème.

Celui des deux partenaires qui n'est pas satisfait de la relation exposera alors ses requêtes à un conjoint sur la défensive et une conversation qui aurait pu, en d'autres circonstances, être aussi instructive qu'amusante tourne au réquisitoire. L'autre se sent critiqué ou blâmé, généralement à juste titre.

Les hommes, en particulier, supportent mal ce genre de situation. Quand une femme leur explique ce qu'elle apprécie ou n'apprécie pas, ils entendent : « Tu n'es vraiment pas doué. Les autres types savent le faire ; pourquoi pas toi ? Quel est ton problème ? »

Comme il est supposé qu'un homme sache tout du sexe, on lui interdit d'interroger sa partenaire sur ses goûts et de prendre le temps de découvrir comment la combler. Tout comme certaines femmes simulent l'orgasme pour plaire à leur amant, les hommes se sentent parfois contraints d'afficher une assurance qu'ils sont loin de ressentir. Et bien qu'ils rêvent d'en apprendre plus long sur les désirs secrets de leur compagne, ils ignorent comment formuler leurs questions sans donner l'impression de douter de leur science sexuelle.

Tout comme certaines femmes simulent l'orgasme pour plaire à leur amant, les hommes se sentent parfois contraints d'afficher une assurance qu'ils sont loin de ressentir.

QUELQUES MANIÈRES SIMPLES DE PARLER DE SEXE

Pour surmonter ce problème de communication, un couple peut lire de concert des ouvrages spécialisés et en discuter après. Il est beaucoup plus facile d'aborder le sujet si votre partenaire n'a pas l'impression que vous critiquez ses méthodes. Quand vous lisez quelque chose qui vous tente, faites-le-lui savoir par un petit – ou un grand – « Mmm ».

Même ceux d'entre nous qui savent tout du sexe peuvent tirer bénéfice d'une meilleure compréhension des différences entre les hommes et les femmes. Cela nous pousse à multiplier les efforts pour satisfaire les besoins spécifiques de notre partenaire.

Au cours de mes ateliers, je demande parfois aux participants d'applaudir quand mes propos leur semblent particulièrement justes, de manière à bien les souligner pour leur partenaire. Les hommes s'étonnent souvent des applaudissements de leur femme et vice versa. Un mari supporte mieux de voir sa femme applaudir de cette façon plutôt que de l'entendre lui expliquer ses désirs. D'abord, la majorité des femmes présentes bat elle aussi des mains et, en plus, la sienne ne formule pas de critiques, mais se borne à saluer des idées tentantes. Et puisque sa compagne a ainsi pu lui transmettre ses souhaits, elle n'aura pas besoin de les lui expliquer directement.

Ce mode de communication indirect et moins intimidant a permis à de nombreux couples qui avaient renoncé au sexe de renouer avec les plaisirs de la chair.

Être clairement informés de leurs différences rend les hommes et les femmes plus enclins à accomplir les efforts nécessaires pour apporter un nouvel élan à leur vie sexuelle.

CHAQUE FEMME EST UNIQUE

Les hommes et les femmes sont différents, nous l'avons vu, mais chaque femme est également différente des autres. C'est pourquoi il est si utile pour un couple de trouver le temps de discuter à cœur ouvert et sans tabou à un moment donné.

Pour ne rien arranger, les femmes ne se contentent pas de se distinguer les unes des autres : elles évoluent au fil du temps. Et si un livre ou un séminaire peuvent vous donner des conseils d'ordre général, ils ne pourront tenir compte des préférences spécifiques de votre partenaire.

Chaque femme est unique. C'est pourquoi il est si utile, pour un couple, de prendre le temps de discuter à cœur ouvert.

Quand Sam caressait le clitoris de sa partenaire et l'entendait gémir, il savait qu'il avait fait ce qu'il fallait... mais sans vraiment savoir ce qu'il avait fait. Son assurance au lit s'en ressentait. Je lui ai suggéré de demander à la principale intéressée, Ellen, de lui apprendre sa géographie intime. Je leur ai recommandé de commencer par en discuter dans le calme sans rechercher une excitation sexuelle.

Au début, Ellen s'est fait un peu prier car parler de sexe l'intimidait, mais Sam a su la rassurer en lui expliquant combien cela l'aiderait à la rendre plus heureuse. Bien des années après, Sam se remémore encore chacun de ses mots.

Un homme peut se détendre lorsqu'il sait exactement ce qui plaît à sa partenaire. Bien sûr, il ne s'agit pas pour lui de se transformer en machine et de suivre ses instructions à la lettre à chaque fois, comme un mode d'emploi, mais d'utiliser ses connaissances et l'assurance qu'elles lui procurent pour transformer chacune de leurs étreintes en une expérience nouvelle. Si une innovation ne semble pas concluante, il sait qu'il lui suffit de revenir aux méthodes éprouvées. Ainsi délivré de l'angoisse de l'échec, il peut laisser libre cours à sa créativité et à sa spontanéité.

Un homme se montre plus facilement aventureux s'il sait qu'il peut se rabattre en cas d'échec sur des méthodes éprouvées.

LE LIVRE DE L'AMOUR

« En somme, tu veux le fascicule expliquant comment me faire l'amour », a commenté Ellen quand Sam lui a présenté sa requête. Sam a souri et acquiescé.

Dans le secret de leur chambre, Ellen lui a d'abord expliqué comment elle aimait être caressée et où. Sam ayant sollicité une démonstration pour les caresses des parties génitales, elle lui a indiqué de manière quasi clinique ce qu'elle souhaitait. Il ne s'agissait pas pour elle de se donner du plaisir, mais d'enseigner à Sam comment lui en procurer.

Après l'avoir observée avec attention, Sam a imité

les gestes d'Ellen afin de les maîtriser parfaitement. Il s'est aussi attaché à mémoriser la configuration du sexe de sa femme afin de pouvoir répéter, sans erreur et à l'aveuglette, les caresses apprises. Pour s'y entraîner, il a utilisé un miroir. Étendu à côté d'Ellen, il la caressait d'une main en maintenant le miroir de l'autre et vérifiait l'exactitude de ses gestes grâce à son reflet. Cette méthode lui permet désormais, quand ils font l'amour, de comprendre pourquoi Ellen gémit et comment intensifier son plaisir, car il peut à tout instant visualiser clairement ce que ses mains font et ce qu'elles touchent.

Au cours de cette session « éducative », Sam a également examiné avec soin les organes sexuels de sa femme et notamment la position de son clitoris. Il sait à présent exactement où celui-ci se situe, si bien qu'Ellen est assurée de voir ce point sensible recevoir toujours la stimulation nécessaire. Plus important encore, Sam sait exactement ce qu'il fait entre les cuisses de sa partenaire.

Leur vie sexuelle a pris une dimension nouvelle. J'ai alors suggéré à Sam, quand leur plaisir avait été particulièrement intense, de demander à Ellen ce qu'elle avait le plus apprécié. Et j'ai expliqué à Ellen qu'elle devait, au cours de ces discussions, toujours veiller à insister sur ce qui lui avait plu, afin de ne pas paraître critiquer Sam.

Si Sam l'interroge spécifiquement sur une chose qu'elle n'a pas adorée, elle se contente de marquer un temps d'arrêt en lui faisant comprendre qu'elle réfléchit à une manière gentille d'exprimer son opinion défavorable. Une critique présentée ainsi est beaucoup mieux supportée.

Dans certains cas, elle commente simplement : « C'était bien » ou « Ça allait », mais sans grand enthousiasme. Sam en déduit sans peine qu'elle ne raffole pas de la caresse en cause. D'une chose lui déplaisant réellement, elle dit : « Ce n'est pas vraiment ma tasse de thé. » Grâce à ces réponses pleines de tact, Sam ne redoute pas de l'interroger de nouveau.

En remettant le sujet des goûts sexuels d'Ellen régulièrement sur le tapis, Sam donne à sa partenaire la possibilité de le tenir informé de l'éventuelle évolution de ceux-ci. De même, il veille à le lui signaler lorsqu'elle fait quelque chose qu'il a vraiment apprécié.

QUAND PARLER DE SEXE ?

Il est vraiment anti-romantique au possible de demander à une femme ce qu'elle aime pendant que vous faites l'amour. Mieux vaut le faire juste après ou à un autre moment. Pendant l'amour, une femme n'a pas envie de penser à ses désirs, mais de se laisser aller à ses sensations.

On en apprend cependant beaucoup sur ce qu'une femme apprécie au lit en écoutant avec attention comment elle réagit pendant l'amour. C'est pourquoi un homme a besoin que sa partenaire lui exprime verbalement son plaisir, afin de déterminer ce qu'elle aime et comment la satisfaire au mieux. Et, ce qui ne gâche rien, une femme voit souvent son plaisir s'accroître lorsqu'elle l'extériorise de la sorte.

Pour obtenir une réponse plus directe à ses interrogations, l'homme peut également questionner sa compagne. Choisissez pour cela un jour où vous pensez l'avoir comblée.

Ce peut être aussi une bonne idée d'aborder le sujet de manière indirecte en sollicitant un commentaire de sa part sur un passage d'un livre que vous lisez, d'une conférence ou d'un film.

Au cours de la conversation qui s'ensuit, sachez

faire preuve de naturel et de tact. Pas question de prendre des notes, puis de déclarer : « Donc, si j'ai bien compris, tu voudrais que je fasse cela, puis ceci, puis cela. » Une telle approche lui paraîtra beaucoup trop mécanique. Une femme a besoin de sentir qu'en faisant l'amour avec elle, son partenaire exprime des sentiments... et surtout pas qu'il suit un mode d'emploi.

JOUER À LA MAIN CHAUDE
PENDANT L'AMOUR

Les hommes sont particulièrement susceptibles pour tout ce qui touche à leurs performances sexuelles. De ce fait, ils perçoivent souvent les suggestions ou requêtes émises par leurs partenaires comme des critiques et les vivent très mal.

Émettre des messages du type « tu chauffes » ou « tu refroidis » peut débloquer la situation. Vous avez sûrement déjà joué à la main chaude, ce jeu au cours duquel, après avoir caché un objet, on aide le candidat à le retrouver en lui donnant ces indications. Quand il s'approche de son objectif, on lui annonce qu'il « chauffe » et, quand il s'en éloigne, qu'il « refroidit ». Une femme peut guider les caresses de son amant en lui signalant, en gémissant, par exemple, qu'il se « rapproche » ou « s'éloigne » de son but.

Elle peut ainsi l'aider efficacement, ce qui est très fructueux. N'oubliez pas, mesdames, qu'un homme progresse sur votre corps à l'aveuglette. Il a besoin que vous le guidiez, que vous lui appreniez à jouer de votre anatomie comme d'un instrument de musique.

Dans la phase de relaxation de l'amour, il est normal pour une femme d'apprécier en silence le bien-être qui l'envahit. Cela peut être très déroutant pour son partenaire car il sait que, souvent, une femme silencieuse est une femme mal comblée. La solution est simple : rassurez votre partenaire en lui expliquant que votre silence n'exprime pas l'ennui, mais la quiétude. Dites par exemple : « C'est tellement agréable. Fais-moi juste un câlin », ou « C'est si bon de se détendre ainsi. J'adore sentir tes mains sur moi », ou encore tout simplement « Mmm, j'aime ça ». Cela l'aidera à trouver en lui la patience et la compréhension nécessaires.

COMMENT DONNER DES INDICATIONS POSITIVES

Quand un homme tente une caresse déplaisante ou dont vous ne voulez pas, la meilleure tactique est de pousser gentiment sa main ou ses lèvres vers une zone plus agréable. Comme toujours en matière relationnelle, c'est en guidant son partenaire sur la voie de la réussite plutôt qu'en stigmatisant ses erreurs qu'une femme aide le mieux un homme.

Au lit, elle peut déplacer doucement sa main vers l'endroit où elle souhaite la sentir et lui faire comprendre combien elle apprécie cette caresse améliorée. Il recevra vite le message. Si elle tient à s'exprimer à voix haute, elle doit toujours préférer un « j'aime telle chose » à un « je n'aime pas cela ».

DIX PHRASES QUI COUPENT À UN HOMME TOUS SES EFFETS

Une femme qui ne comprend pas la sensibilité masculine risque de refroidir involontairement son parte-

naire en disant la mauvaise chose au mauvais moment. Quelques exemples :
1. « Tu ne fais pas cela comme il faut. »
2. « Je n'aime pas cela. »
3. « Aïe ! Tu me fais mal ! »
4. « Ne me caresse pas comme cela. »
5. « Ça me chatouille. »
6. « Pas comme ça. »
7. « Pas encore. »
8. « Pas là. »
9. « Je ne suis pas prête. »
10. « Qu'est-ce que tu fais ? »

Ce genre de petites phrases peut refroidir un homme en moins de temps qu'il n'en faut pour les prononcer.

POURQUOI UN HOMME SE GLACE

Il arrive souvent que le principal but d'un homme pendant l'amour soit de satisfaire sa partenaire. Il est alors tout particulièrement sensible à ses éventuelles réactions négatives. Blessé, il perd pour un temps toute envie d'elle et il lui faudra attendre un peu avant de voir son désir renaître. Sa partenaire doit le savoir.

Quand un homme cherche à satisfaire sa partenaire, il est tout particulièrement sensible à ses éventuelles réactions négatives.

Voici un exemple de situation dans laquelle une femme refroidit involontairement un homme. Au lit avec Jake, Annie s'était montrée si directive – « Pas comme ça », « Je n'aime pas ça », « Tu me chatouilles » –... qu'elle l'a mis K-O en trois phrases. Il s'est interrompu, tout désir envolé.

– Que se passe-t-il ? Quelque chose ne va pas ? s'est étonnée Annie.
Jake n'a pas répondu. Quelques instants plus tard, Annie a repris :
– Nous n'étions pas en train de faire l'amour ?
– Si, a-t-il répliqué.
– Nous ne continuons pas ?
– Non.
Et Jake s'est retourné... et s'est endormi.
Quand Jake est venu me consulter, je lui ai conseillé de discuter avec Annie de cet incident. Il lui a donc expliqué que, pendant l'amour, il se sentait particulièrement vulnérable à certains commentaires.
« Je préférerais que tu déplaces ma main vers l'endroit où tu veux être caressée, au lieu de me dire que tu n'aimes pas ma façon de faire, a-t-il ajouté. Si je te chatouille, pousse ma main et évite de rire, surtout si je me trouve être d'humeur sérieuse. Tu peux aussi appuyer sur mes doigts pour me faire comprendre qu'une caresse plus appuyée te plairait davantage que les frôlements que je pratique.»
À la grande surprise de Jake, Annie a favorablement accueilli ses remarques, ce dont il lui fut fort reconnaissant. En contrepartie, lorsqu'il arrive à Annie de laisser échapper une remarque qu'il pourrait mal interpréter, il fait de son mieux pour l'ignorer.
Si un homme voit son excitation retomber à la suite d'un commentaire maladroit, mais fait comme si tout allait bien, son désir ne tardera pas à renaître. Discuter du problème sans plus tarder produit souvent l'effet inverse et coupe définitivement son élan.

Si un homme voit son excitation retomber à la suite d'un commentaire maladroit, mais fait comme si tout allait bien, son désir ne tardera pas à renaître.

DES SONS PLUTÔT QUE DES PHRASES

La meilleure méthode pour guider son partenaire consiste pour la femme à émettre des sons plutôt que de recourir à des phrases complètes. Une femme qui parle trop refroidit certains hommes. Ils en déduisent non sans raison qu'elle se laisse encore guider par sa tête et ne parvient pas à s'abandonner à ses sensations. Certaines femmes sont tentées de répéter des phrases lues dans un roman d'amour telles que : « Tes caresses me donnent envie de te sentir en moi. » Pour un homme cela peut paraître aussi incongru qu'un admiratif : « Mon Dieu, que ton membre dur est énorme », tout droit sorti d'un film pornographique. Il sent que ces mots n'émanent pas de celle qu'il tient entre ses bras. Elle lui transmettra le même message beaucoup plus efficacement avec des gémissements, des « mmm » et des « ohhh ». De telles réactions suffisent amplement à éclairer son partenaire.

Les réactions que ses caresses suscitent chez sa partenaire suffisent à guider un homme.

En outre, d'autres femmes ont tendance à parler pendant l'amour afin d'inciter par là leur amant à en faire autant, car il est fascinant à leurs yeux qu'il puisse être à la fois dur, excité et loquace.

L'homme tend malgré tout à demeurer silencieux pendant que l'excitation monte en lui. Bien qu'il en soit capable, il ne s'exprime pas à voix haute car, pour sa part n'appréciant pas d'entendre sa partenaire le faire, il n'imagine même pas que cela puisse l'exciter. C'est pourtant le cas. En lui parlant, il attise encore son désir et contribue à la rassurer quant à l'excitation qu'elle lui procure et à l'aider à aimer son propre corps.

VINGT PHRASES
POUR ENFLAMMER UNE FEMME

Voici vingt exemples de phrases auxquelles un amant qui souhaite intensifier le plaisir de sa partenaire peut recourir, à condition, bien entendu, qu'elles reflètent ses sentiments. Il ne doit jamais les utiliser comme des « recettes » pour l'exciter, mais pour exprimer des sentiments profonds qu'il n'aurait peut-être pas eu seul l'idée d'énoncer clairement.

1. « Tu es si belle. »
2. « Tu es mon rêve incarné. »
3. « Je t'aime tant. »
4. « J'aime partager ta vie. »
5. « Tu m'excites tellement. »
6. « Tes seins me rendent fou. »
7. « J'adore caresser ta peau douce. »
8. « J'aime te serrer dans mes bras. »
9. « J'adore tes seins. »
10. « J'adore tes jambes. »
11. « Tu as des seins superbes. »
12. « Tes lèvres sont si douces. »
13. « Je me sens tellement bien avec toi. »
14. « Tu es brûlante. »
15. « J'adore le goût de ta peau. »
16. « Tu es tout humide. »
17. « Je suis tout à toi. »
18. « Je n'aime que toi. »
19. « J'adore faire l'amour avec toi. »
20. « J'ai envie de toi. »

Exprimés à haute voix ou susurrés à son oreille, ces mots doux aident votre partenaire à se sentir aimée, ce qui lui permet de s'ouvrir à ses désirs sexuels les plus torrides. C'est d'autant plus utile qu'avec l'accent mis aujourd'hui par les médias sur des créatures dotées d'un physique parfait, il est parfois difficile pour une femme d'admettre que son amant soit réellement fou de son corps en comparaison plus banal.

Je récolte toujours des applaudissements féminins nourris quand je lis cette liste et en particulier les phrases portant sur les seins. Trop d'hommes ignorent combien les femmes apprécient de tels compliments et aiment à les entendre encore et toujours. Un homme qui, lorsqu'il pose les mains sur les seins de sa partenaire, les juge superbes, ne songe pas toujours à l'en féliciter. Il croit à tort qu'elle déduira forcément cet hommage de l'ardeur qu'il met à les caresser.

Le directeur d'une boutique de lingerie féminine m'a un jour relaté l'anecdote suivante. Un groupe de femmes d'une soixantaine d'années est entré dans son magasin. L'une d'elles a essayé un ensemble très sexy. Ses amies ont toutes objecté qu'elle ne le porterait jamais, mais elle a rétorqué avec assurance : « Quand on est la seule femme nue dans une pièce avec un homme, on vaut pour lui toutes les pin-up ! » Peu de femmes ont une aussi bonne connaissance de la nature masculine. Quand un homme est amoureux, plus son excitation croît, plus le corps de sa partenaire lui semble parfait. La circonférence de vos cuisses est vraiment la dernière chose qui le préoccupe pendant l'amour.

Quand vous êtes la seule femme nue dans une pièce avec un homme, vous valez pour lui toutes les pin-up !

POURQUOI LES HOMMES REGARDENT LES AUTRES FEMMES

Quand tous les hommes se retournent pour suivre du regard une femme au physique séduisant, cela rappelle à toutes les autres femmes présentes que leur propre corps est moins parfait. Et cela peut porter un rude coup à leur moral et à leur confiance en leur pouvoir de séduction. Dire son amour à une femme que l'on tient nue et offerte entre ses bras et la combler de compliments ne fait pas qu'attiser son désir. Cela l'aide également à se sentir belle et à apprécier l'amant tendre qui partage son lit.

Quand tous les hommes se retournent tels des automates pour suivre du regard une femme au physique de déesse, cela rappelle à toutes les autres femmes présentes que leur propre corps est moins parfait. Et cela peut porter un rude coup à leur moral et à leur confiance en leur pouvoir de séduction.

Une femme ne peut deviner que le même homme qui lorgne cette passante aux courbes idéales pourra aussi juger parfait le corps de celle qu'il aime et désire, même si aucun magazine de mode ne songerait à faire poser cette dernière pour sa couverture.

Une attirance uniquement fondée sur des critères physiques ne peut être qu'un feu de paille. Quand un homme aime réellement une femme, il est séduit par elle tout entière et pas seulement par son corps. Et, plus elle l'attire, plus son corps lui paraîtra ravissant.

CHEZ LES HOMMES,
TOUT COMMENCE PAR UN REGARD

Il est très important que les femmes comprennent que l'attirance qu'un homme éprouve à leur égard est d'abord visuelle. Dès qu'un homme aperçoit une jolie femme, il rêve de la voir nue. Une femme qui rencontre un homme séduisant aura certes envie de mieux le connaître, mais pas uniquement à cause de son physique. Et elle ne le déshabille pas d'emblée du regard.

Les femmes en déduisent souvent, à tort, que les hommes sont superficiels. Elles ne comprennent pas que, tout comme elles, ils souhaitent faire plus ample connaissance avec une personne qui les attire. Il se trouve qu'eux voudraient commencer par explorer son corps.

Au début, les hommes sont donc plus attirés par des critères physiques, alors que les femmes s'intéressent plutôt à la personnalité d'un partenaire potentiel. Puis, à mesure que la relation progresse, l'homme s'attachera de plus en plus à la personnalité de sa partenaire, alors qu'elle se laissera peu à peu charmer par les attraits physiques de celui qui lui a plu pour d'autres raisons.

Même s'il arrive qu'au début d'une relation un homme ne soit pas totalement subjugué par le corps de sa partenaire, à mesure qu'il la connaîtra mieux et que son amour pour elle grandira, son physique lui paraîtra approcher de plus en plus la perfection. Il est facile pour un célibataire de laisser les médias lui dicter les critères de beauté du corps féminin. Il comparera alors les femmes qu'il rencontre avec celles qu'il voit dans les magazines ou à la télévision. Mais, fort heureusement, lorsqu'il est excité et amoureux d'une femme, ce mauvais sort est brisé et il redevient à même d'apprécier sa beauté spécifique. Pour toutes ces raisons, il est primordial qu'un homme pense à complimenter une femme pendant l'amour. Cela les délivre tous les deux de l'influence des médias.

UNE SOLUTION SIMPLE

Une femme qui n'a pas compris le rôle du regard dans la sexualité masculine se sentira menacée dès que les yeux de son partenaire s'attardent sur une autre et se mettra à lui en vouloir. Il existe une solution simple à ce problème. La femme doit accepter que son partenaire apprécie la beauté des autres femmes et ne voir là qu'une réaction naturelle. L'homme, lui, doit apprendre à canaliser ses regards pour éviter de la blesser. Un jour, ma femme Bonnie et moi avons pris un ascenseur en compagnie d'un couple plus âgé et d'une jeune beauté de dix-neuf ans vêtue d'un bikini microscopique. Il était difficile de détourner les yeux d'un tel spectacle – même pour les femmes. Quand nous sommes sortis de l'ascenseur, l'autre femme a réprimandé son mari : « Je comprends que tu regardes les jolies filles, mais tu n'es pas obligé de baver de convoitise ! »

La femme doit accepter que son partenaire apprécie la beauté des autres femmes et ne voir là qu'une réaction naturelle. L'homme, lui, doit apprendre à canaliser ses regards pour éviter de la blesser.

De fait, il est essentiel de respecter à la fois les règles élémentaires de bienséance et les sentiments de sa partenaire. Quand il m'arrive de remarquer une jolie fille et de laisser mon regard s'attarder sur elle, je prends toujours soin, par égard pour ma femme, de me retourner ensuite vers elle. En revenant à elle et en lui consacrant toute mon attention, je réaffirme mon attachement, à elle et à notre relation. Ainsi, au lieu de la glacer, je l'attendris. C'est ma façon de lui dire : « Oui, c'était une très belle femme. J'adore les belles femmes. Et quelle chance j'ai d'être marié à l'une d'elles. C'est avec toi que je veux être. »

DU TEMPS, DU TEMPS, ENCORE PLUS DE TEMPS

Si nous voulons gagner en assurance et faire en sorte que notre passion survive aux outrages du temps, nous devons consacrer plus de temps à chaque intermède amoureux. Un homme peut atteindre l'orgasme après quelques minutes de stimulation, mais c'est rarement le cas pour sa partenaire. Une fois qu'il l'a compris, il peut se tranquilliser : ce n'est pas parce qu'il s'y prend mal que le plaisir de sa femme monte lentement et qu'elle met bien plus longtemps que lui à atteindre l'orgasme.

La durée constitue en effet la plus grande différence entre sexualité masculine et sexualité féminine. Un homme est biologiquement conçu pour s'exciter très vite, comme une torche qui s'embrase, alors que la femme suit un rythme beaucoup plus lent et progressif.

COMBIEN DE TEMPS ?

En règle générale, il faut à un homme deux ou trois minutes de stimulation pour atteindre l'orgasme. C'est le plus souvent un processus simple, comme secouer une bouteille de bière puis laisser la mousse en jaillir tel un geyser.

Pour une femme, les choses sont plus complexes. Il faut compter en moyenne dix fois plus longtemps avant qu'elle prenne son plaisir, soit vingt à trente minutes de caresses génitales et de préliminaires.

Un homme qui souhaite donner un orgasme à sa partenaire doit se remémorer cette règle simple : pour qu'elle atteigne l'« O »rgasme, il lui faut placer ce « O » après les 2 à 3 minutes de l'homme – ce qui donne 20 à 30 minutes.

Pour qu'une femme atteigne l'« O »rgasme, son amant doit placer ce « O » après ses propres 2 à 3 minutes – ce qui donne 20 à 30 minutes.

Malheureusement, trop d'hommes laissent libre cours à leur ardeur, jouissent au bout de quelques minutes et croient sincèrement que leur partenaire est tout aussi heureuse et comblée qu'eux…

PLAISIR SEXUEL ET PLAISIR ÉMOTIONNEL

L'homme a tellement apprécié leur rapport sexuel qu'il ne conçoit même pas qu'il ait pu être moins exaltant pour sa compagne. Quand elle lui dit qu'elle n'a pas joui, il se sent facilement déboussolé ou frustré. Et tant qu'il n'aura pas compris qu'elle avait besoin de dix fois plus de temps que lui pour prendre son plaisir, il risque d'en déduire qu'il ne sait pas l'exciter.

Pour ne rien arranger, il arrive souvent qu'une femme émette des gémissements et autres cris du même type pendant le rapport même si elle n'éprouve aucun plaisir. Elle exprime ainsi la satisfaction émotionnelle que lui procure le plaisir de son compagnon.

En somme, elle apprécie les liens émotionnels qui les unissent et le plaisir qu'elle lui donne. Certes, cela accroît son désir. Mais cette satisfaction émotionnelle n'induit pas chez elle de stimulation sexuelle. Seules des caresses et du temps peuvent lui procurer un orgasme.

Être comblée sur le plan émotionnel ne suffit pas à faire jouir une femme. Seules des caresses et du temps peuvent lui procurer un orgasme.

En matière immobilière, on dit souvent que la valeur d'une propriété dépend de trois éléments : de son emplacement, de son emplacement et de son emplacement. Sous la couette, c'est la même chose sauf que l'on parlera de temps, de temps et encore de temps.

Une femme à qui son partenaire accorde le temps nécessaire peut être assurée d'obtenir la satisfaction à laquelle elle aspire. Et quand un homme comprend que ce n'est pas tant ce qu'il fait que le temps qu'il prend pour le faire qui compte, sa confiance en lui s'en trouve extraordinairement renforcée.

Un homme dont la partenaire a régulièrement des orgasmes a instinctivement confiance en ses capacités sexuelles. Pourtant, si elle ne jouit pas à chaque fois, il s'inquiète. Dans le chapitre suivant, nous verrons qu'une femme peut parfois être comblée sans orgasme.

CHAPITRE 5

Les femmes sont comme la Lune, les hommes sont comme le Soleil

La sexualité des femmes évoque la Lune en ce sens qu'elle va perpétuellement croissant et décroissant. Parfois le meilleur des amants ne pourra lui donner d'orgasme, non seulement parce qu'elle en est incapable, mais souvent aussi parce qu'elle ne veut pas en avoir un. Les hommes doivent absolument comprendre cette différence entre la sexualité de leur compagne et la leur.

Au cours de son cycle sexuel, qui s'étale sur environ vingt-huit jours, la femme traverse des phases pendant lesquelles elle désire vraiment un orgasme et durant lesquelles son corps est mûr et prêt à en vivre un, et des phases au cours desquelles elle préfère un câlin et de la tendresse. Pendant ces dernières périodes, une femme peut faire l'amour et même éprouver une excitation sexuelle, mais son corps n'a pas envie d'avoir un orgasme.

Parfois, une femme désire vraiment un orgasme et son corps est mûr et prêt à en vivre un, alors qu'à d'autres moments elle préférera un câlin et de la tendresse.

En somme, son cycle sexuel comporte plusieurs phases comparables à celles de la Lune et ses besoins sexuels varient au rythme de celles-ci. Il n'existe aucun moyen de deviner dans quelle phase de son cycle personnel une femme se trouve, d'autant que la longueur de ce dernier varie suivant les mois.

Les hommes éprouvent quelque difficulté à comprendre ce mécanisme, car eux ne sont pas comme la Lune mais comme le Soleil : tout se lève chaque matin avec un grand sourire !

Quand un homme est excité, son corps souhaite se libérer de la tension qui l'habite. Il veut un orgasme et il est le plus souvent capable d'en avoir un. S'il n'a pas la possibilité d'assouvir pleinement son désir, il se sentira insatisfait sur le plan émotionnel et pourra même éprouver un inconfort d'ordre physique. C'est pourquoi il lui est difficile de concevoir que sa partenaire puisse envisager de faire parfois l'impasse sur l'orgasme. Et comme il ignore qu'une femme peut apprécier l'intimité qu'apporte un rapport sexuel sans pour autant souhaiter d'orgasme, il déduit de son attitude que quelque chose ne va pas.

COMMENT LES HOMMES ÉVALUENT LEURS PERFORMANCES SEXUELLES

La plupart des hommes mesurent leur succès sur le plan sexuel à l'aune de l'orgasme de leur partenaire. Si celle-ci ne jouit pas, l'homme risque donc de bouder pendant des heures. C'est pour cette raison que tant de femmes se sentent obligées de simuler un orgasme juste pour rassurer leur amant et lui faire plaisir.

Une telle contrainte pèse lourdement sur les rapports sexuels. Elle interdit en outre à la femme de suivre le flux et le reflux de son rythme naturel.

Puisqu'elle doit toujours faire preuve d'une réceptivité égale, elle ne peut se détendre et se laisser emporter par sa sexualité.

Un rapport sexuel assorti d'une obligation d'avoir un orgasme ne peut satisfaire pleinement une femme.

Si une femme pense devoir simuler l'orgasme ou s'il lui semble que l'amour comporte pour elle une obligation de résultat, elle risque de ne plus parvenir à avoir de véritable orgasme. On raconte souvent ainsi que les plus célèbres « bombes sexuelles » de l'histoire étaient en réalité frigides. De même il arrive souvent que les prostituées qui, avec leurs clients feignent d'adorer le sexe et de jouir, soient incapables d'éprouver du plaisir avec un partenaire choisi par elles.

La dictature de l'orgasme obligatoire peut donc priver une femme de jouissance, même quand son corps y est « techniquement » apte. C'est pourquoi l'une des bases d'une vie sexuelle épanouissante est que la femme ne se sente jamais tenue de simuler des réactions qu'elle n'éprouve pas réellement. Il faut pour cela que les deux partenaires comprennent bien les différences qui séparent la sexualité masculine et la sexualité féminine.

Une vie sexuelle réussie se compose d'instants inoubliables et de moments moins intenses, mais toujours empreints d'amour et qui comblent les besoins des deux partenaires : l'homme prend du plaisir et la femme, si elle n'est pas d'humeur à en faire autant, reçoit les preuves d'affection physiques indispensables à son équilibre.

ÉTREINTES MÉMORABLES

On le sait, certaines étreintes sont plus mémorables que d'autres. Une sexualité épanouissante comprend à la fois les premières et les secondes.

Même quand on connaît en théorie les techniques propres à illuminer sa vie intime, il est facile de les négliger et de laisser la routine s'installer dans le lit conjugal. Les hommes sont particulièrement enclins à le faire. Ce n'est pas qu'ils manquent de considération pour leur compagne, mais plutôt qu'ils oublient combien il est important de lui accorder toute leur attention. Par nature soucieux d'efficacité, ils vont instinctivement se demander, quand vingt minutes de préliminaires ont produit l'effet requis, s'ils ne pourraient pas obtenir le même résultat en dix minutes seulement. Et, insensiblement, ils oublieront que leur partenaire a besoin de *plus* de temps.

POURQUOI LES HOMMES OUBLIENT LES BESOINS DE LEUR PARTENAIRE

Si l'épanouissement sexuel n'implique pas que chaque étreinte doive nécessairement produire des étincelles, cela présuppose en revanche que chacun des partenaires s'attache à se remémorer les attentes spécifiques de l'autre. Dans l'idéal, tous deux devraient voir chaque rapport satisfaire pleinement celles-ci.

Les hommes oublient souvent que leur femme a tout comme eux besoin d'être comblée sur le plan sexuel. Au début d'une relation, un homme prend son temps parce qu'il s'interroge encore sur ce qu'elle aime et ignore jusqu'où elle le laissera aller, mais, une fois installé dans une vie sexuelle régulière, il cesse de le faire et s'étonne de la voir moins apprécier ses caresses. Il ne devine pas que c'étaient la lenteur et la délicatesse empreinte de prudence de ses gestes qui l'excitaient, et même s'il le sait il lui arrive néanmoins de les négliger dans le feu de l'action, tout simplement parce qu'elles ne reflètent pas son instinct.

Une fois que sa compagne et lui ont une vie sexuelle régulière, l'homme abandonne peu à peu lenteur et précaution, sans deviner que c'était précisément cela qui excitait sa partenaire.

Bien souvent, sa partenaire en déduira qu'il ne tient pas à elle. Pourtant, il arrive au plus amoureux des hommes d'omettre de se préoccuper des besoins de sa compagne, et ce sans même s'en apercevoir. Je me rappelle ainsi un événement survenu au cours de ma première année de mariage. Bonnie et moi rentrions d'une conférence sur le sexe et je lui ai demandé si elle avait apprécié ma prestation.

– J'adore t'entendre parler de sexe, m'a-t-elle répondu. C'est pour cela que j'assiste toujours à tes conférences sur le sujet. Tu exposes les choses si clairement.

– Quand j'explique comment établir une sexualité épanouissante ? ai-je insisté, tout fier.

– Oui... mais il est dommage que tu mettes tes enseignements en pratique moins souvent qu'avant.

Je suis resté coi.

– Tu veux dire que je ne fais pas tout ce que je recommande ?

– Eh bien, ces derniers temps, je trouve que tu te montres un peu pressé.

– Ce soir nous aurons tout notre temps, ai-je répliqué avec un clin d'œil complice.

Bonnie a souri.

– Mmm, voilà qui s'annonce fort bien.

Ce soir-là, les commentaires mesurés et dépourvus de toute note critique de ma femme m'ont aidé à prendre conscience de mes erreurs sans me mettre sur la défensive. La nuit qui suivit fut mémorable. Je raconte cette anecdote pour bien montrer que même un homme qui enseigne aux autres comment améliorer leur sexualité peut parfois oublier les principes de base d'une vie intime épanouissante.

Une femme qui voit son partenaire peu disposé à lui accorder le temps nécessaire à son plaisir doit l'inciter à ralentir son rythme en quelques mots bien choisis, clairs mais exempts de reproche. En voici quelques exemples :

« Oh, j'adore cela. Allons-y très lentement. »
« Mmm, encore... Nous avons tout notre temps. »
« Ce soir, je veux profiter de toi très longtemps. »

CE QUI REND UNE ÉTREINTE MÉMORABLE

Au cours de mes premiers ateliers, j'ai découvert au fil des récits des participants un schéma commun. Les hommes racontent combien ils ont donné du plaisir à leur partenaire. Ils se glorifient de l'avoir rendue folle ou de lui avoir fait atteindre le summum de l'extase. Les femmes, elles, expliquent plutôt ce qu'elles ont ressenti ou ce que leur partenaire leur a fait. Le déroulement des opérations importe plus à leurs yeux que leur dénouement. Cet écart de perception est essentiel.

En clair, un rapport sexuel est mémorable aux yeux d'un homme s'il a procuré un plaisir intense à sa partenaire. C'est quand il a le mieux comblé sa compagne qu'il se sent lui-même le plus heureux.

Un rapport sexuel est mémorable aux yeux d'un homme s'il a comblé sa partenaire.

C'est la même chose qui rend une étreinte mémorable pour une femme : son propre plaisir. Bien sûr, elle souhaite que son amant en tire lui aussi satisfaction, mais la jouissance qu'il éprouve n'est pas une composante de la sienne. Elle ne lui apporte pas la stimulation physique dont elle a besoin pour atteindre l'orgasme. On entendra d'ailleurs rarement une femme qualifier une nuit d'inoubliable parce que son partenaire a eu un orgasme particulièrement intense. Il lui suffit que son amant réussisse à lui donner du plaisir.

Donc, pour qu'un rapport sexuel soit mémorable aux yeux des deux partenaires, il faut que la femme soit comblée. Je n'ai encore jamais entendu un homme déplorer que sa partenaire ait pris plus de plaisir que lui, se soit uniquement préoccupée de sa propre jouissance, ou encore l'ait « sauté » en vitesse avant de repartir.

QUAND LE PLAISIR DE SA PARTENAIRE DEVIENT CELUI DE L'HOMME

Plus les liens émotionnels au sein d'un couple se resserrent, plus le plaisir de la femme se fond avec celui de son amant. En entrant physiquement en elle, il la pénètre aussi émotionnellement, si bien qu'il en vient à pouvoir quasiment ressentir dans sa chair la jouissance qu'elle éprouve. L'excitation qu'elle manifeste étant pour lui un motif de fierté, celle-ci intensifie encore son ardeur.

Comme nous l'avons vu, le plaisir de l'homme dépend directement de la jouissance de sa partenaire et de l'intensité du plaisir qu'elle prend. Si elle n'a pas d'orgasme, il en déduit à tort qu'il ne l'a pas satisfaite et son propre plaisir en est diminué. Il s'épargnera bien des tracas quand il comprendra qu'une femme peut parfois être comblée sans atteindre l'orgasme.

Parfois, une femme peut être comblée sans atteindre l'orgasme.

C'est un grand soulagement pour les deux partenaires quand l'homme saisit cette nuance. Il peut oublier l'équation « rapport sexuel réussi = elle a eu un orgasme » et sa compagne se voit pour sa part délivrée de la nécessité de rechercher à tout prix l'orgasme quand son corps ne s'y prête pas, ce qui lui permet d'apprécier plus pleinement les caresses de son amant. Aux yeux de ce dernier, un rapport sexuel réussi devient tout simplement celui qui laisse sa compagne heureuse. Il doit toujours se rappeler que les femmes sont comme la Lune et peuvent parfois être comblées sans orgasme. Les témoignages de certaines de mes patientes explicitent ce phénomène :

« Je n'ai pas besoin d'avoir un orgasme à chaque fois. Et quand je n'en ai pas, cela ne reflète pas un quelconque problème. »

« Parfois, être serrée contre mon mari suffit à me combler. Je suis ravie qu'il ait un orgasme, mais je n'ai pas vraiment envie d'en faire autant. Pas cette fois. D'autres fois, en revanche, je suis aussi motivée que lui ! »

« Certaines fois j'aime avoir un orgasme, d'autres je préfère les caresses et la tendresse. »

« Parfois, nos étreintes sont trop gouvernées par la recherche de l'orgasme. Je me surprends à m'efforcer à tout prix d'en avoir un, au lieu de me détendre et d'apprécier l'instant. Je voudrais que cela n'ennuie pas mon partenaire si je n'ai pas toujours d'orgasme. Moi, cela ne m'ennuie pas. »

Un homme qui ne comprend pas que les femmes sont comme la Lune court au-devant des frustrations et fait peser sur sa partenaire une pression pénible qui la poussera à simuler le plaisir.

POURQUOI LES FEMMES S'ÉTONNENT

Quand j'explique à un groupe que l'homme aspire avant tout à combler sa partenaire, cela surprend manifestement la plupart des participantes. « Dans ce cas, pourquoi se dépêche-t-il autant de prendre son propre plaisir ? » interrogent-elles. Dès lors que l'on comprend les différences entre sexualité masculine et sexualité féminine, la réponse coule de source.

L'homme veut combler sa partenaire mais croit à tort que ce qui lui plaît satisfait aussi celle-ci. Étant lui-même excité et comblé par le plaisir de sa partenaire, il pense que sa jouissance à lui déclenchera la sienne. Il ne perçoit pas d'instinct qu'une femme a besoin de plus de temps. Devenir un bon amant exige un apprentissage.

Comme je l'ai déjà souvent répété, le plaisir féminin est beaucoup plus complexe que la jouissance masculine. Il exige pour naître un amant sachant prendre son temps, des caresses particulières et une attitude aimante. Chez l'homme, les choses sont beaucoup plus simples : dès qu'il est excité, atteindre l'orgasme devient une quasi-certitude.

Son problème, dont nous reparlerons ultérieurement, est de ne pas jouir trop rapidement. Du point de vue de l'homme, sa partenaire est trop lente, alors que celle-ci pense plutôt que c'est lui qui va trop vite. Ces difficultés se résoudront d'elles-mêmes dès que l'homme apprendra à prolonger les préliminaires pour mieux satisfaire sa compagne. Et une femme comblée accepte mieux que, parfois, son amant n'ait pas envie de lui faire l'amour aussi patiemment qu'à l'accoutumée.

En réalité, les hommes et les femmes sont éminemment compatibles. Dans les phases de pleine lune de sa partenaire, durant lesquelles elle aspire à l'orgasme, l'homme prendra plaisir à l'emmener au septième ciel. Et lorsque la lune de sa femme est un mince croissant, il comblera son besoin de tendresse tout en laissant libre cours à sa passion. Dans ce dernier cas, il pourra atteindre l'orgasme en quelques minutes, comme il est biologiquement programmé pour le faire. Certaines fois, il fera donc lentement l'amour afin d'amener sa bien-aimée jusqu'à l'orgasme et lorsque, en revanche, celle-ci n'est pas d'humeur érotique, monsieur pourra profiter de la liberté qu'elle lui accorde afin de rechercher un plaisir rapide. Suivant les cas, il se comportera en sprinteur ou en coureur de fond qui économise ses forces pour « tenir la distance ».

QUAND UNE FEMME NE VEUT PAS D'ORGASME

Il arrive qu'au début d'un rapport sexuel une femme ignore si son corps désirera avoir un orgasme. Elle ne connaît pas la phase dans laquelle son cycle lunaire se trouve. Lorsque son partenaire la sollicite, elle éprouve l'envie de faire l'amour, mais au fil de l'étreinte elle découvre que son corps n'aspire pas à aller jusqu'au bout de son plaisir.

Si son partenaire s'évertue à essayer de la faire jouir et qu'elle-même essaie en vain d'atteindre l'orgasme alors que son corps n'est pas d'humeur à cela, cela peut se révéler extrêmement frustrant pour tous deux. L'homme a l'impression que quelque chose ne va pas et, suivant les cas, se fait des reproches ou blâme sa partenaire. Si celle-ci ne sait pas que son corps obéit à des phases similaires à celles de la Lune, elle peut elle aussi se croire victime d'un problème. Soucieuse de le résoudre, elle s'efforcera de jouer le jeu et de réagir aux caresses de son amant, mais il ne s'agira que d'autosuggestion. Une telle attitude ne peut que saper l'assurance du couple sur le plan sexuel et laisser de mauvais souvenirs propres à perturber son entente physique. Une fois que les deux partenaires auront compris le cycle sexuel féminin, ces malentendus se dissiperont d'eux-mêmes. Et la plus grande assurance qui résultera de la nouvelle harmonie régnant au sein de leur couple permettra à leurs flux d'énergie sexuelle de circuler plus librement. Nombre de femmes m'ont assuré qu'il leur suffit de s'entendre dire qu'elles sont comme la Lune pour que leurs tensions s'évanouissent et qu'elles redeviennent capables d'avoir un orgasme. Une femme qui a du mal à s'ouvrir à ses sensations pendant l'amour verra les choses se simplifier dès qu'elle ne se croira plus « tenue » d'atteindre l'orgasme. Cette nouvelle liberté ouvre la voie à des sensations plus naturelles. De plus, en n'essayant pas d'avoir un orgasme sur commande, elle préserve sa capacité à en avoir un à un autre moment.

Pour une femme qui a du mal à s'ouvrir à ses sensations pendant l'amour, tout devient plus facile dès qu'elle ne se croit plus « tenue » d'atteindre l'orgasme.

Une femme qui, pendant l'amour, réalise qu'elle ne va pas avoir d'orgasme ne doit pas persévérer dans des efforts inutiles, mais plutôt l'annoncer à son partenaire par un propos comme : « Viens maintenant. » Cette petite phrase magique change tout. Elle permet à la femme de se détendre et à l'homme d'abandonner sans remords la partie pour se consacrer à atteindre son propre orgasme dans les meilleurs délais.

Que la femme n'ait pas toujours d'orgasme ne pose problème qu'au sein des couples qui ignorent encore que cela ne signifie pas que l'homme a failli à ses devoirs. Quand sa femme lui dit : « Viens maintenant », il se sent libéré d'un grand poids. Cela lui rappelle que si sa partenaire ne jouit pas cette fois, ce n'est la faute de personne, sinon de la nature, qui veut que ce ne soit pas le moment pour elle d'avoir un orgasme. À lui de la satisfaire pleinement en se montrant tendre et en la serrant contre lui pendant qu'il prend son plaisir.

Un homme doit savoir consacrer du temps à sa compagne afin d'amener celle-ci au septième ciel mais, parfois, il a aussi besoin qu'elle lui accorde le droit de jouir vite. Au cours du prochain chapitre, nous étudierons le plaisir qu'une « formule express » apporte à un homme et nous verrons comment une femme peut elle aussi y trouver son compte.

CHAPITRE 6

Les joies de la « formule express »

Beaucoup de livres étudient la nécessité pour l'homme de laisser à sa partenaire le temps d'atteindre son plaisir, mais aucun n'évoque jamais son besoin légitime, parfois, de *ne pas* faire preuve de patience. Même si un homme se réjouit bien entendu de brider son ardeur pour mieux satisfaire sa partenaire, il lui arrive aussi de rêver de faire l'impasse sur les préliminaires et de juste « le » faire. Un instinct profond pousse chacun de nous à désirer se laisser aller complètement, sans retenue ni souci de se contrôler plus longtemps ou de faire le nécessaire pour combler sa compagne. Ce n'est pas que nous ne voulions pas la rendre heureuse, mais plutôt que nous aspirons à ne pas chercher, pour une fois, à nous retenir.

Pour pouvoir se montrer patient et accorder tout le temps nécessaire à sa partenaire, un homme a besoin de s'autoriser de temps à autre une « formule express ». S'il peut occasionnellement succomber à ses instincts et jouir de ce plaisir égoïste, il sera plus enclin à faire les efforts nécessaires le reste du temps.

Tout comme une voiture gagne à rouler de temps à autre à bonne vitesse sur une autoroute pour décrasser son carburateur, une partie de l'homme a besoin de prendre son plaisir rapidement et sans frein.

Pour pouvoir se montrer patient et accorder tout le temps nécessaire à sa partenaire, un homme a besoin de s'autoriser de temps à autre une « formule express ».

Éprouver ce besoin et y céder sont deux choses différentes. Par exemple, quand James s'accordait une « formule express », il se sentait toujours un peu coupable vis-à-vis de Lucy, parce qu'il était clair pour lui qu'elle ne retirait guère de plaisir d'une telle étreinte.

Aux yeux de James, omettre les préliminaires était égoïste et en faisant cela, il se montrait un piètre amant.

Pour contourner ce problème, il attendait d'être presque en retard pour partir travailler avant de faire des avances à sa femme.

De ce fait, il devenait « normal » de ne pas y consacrer plus de quelques minutes. Lucy se prêtait volontiers à ce petit jeu et James pouvait bénéficier sans remords de sa « formule express ».

Au bout de quelque temps, James s'est lassé de cette solution. Il ne voulait plus avoir à être en retard pour pouvoir s'accorder une « formule express ». Je lui ai conseillé d'en discuter avec Lucy.

UNE « FORMULE EXPRESS » CONTRE UN CÂLIN

James a expliqué à Lucy qu'il aimerait pouvoir parfois faire l'amour sans préliminaires. Il a précisé qu'il savait que cela ne la satisferait pas mais qu'il en rêvait. J'ai alors demandé à Lucy ce que James pourrait faire

en retour pour qu'elle apprécie elle aussi ces « formules express ».
– Je ne sais pas, a-t-elle répondu. Il faut que j'y réfléchisse. J'ai peur, si j'accepte le principe de la « formule express », de ne plus jamais obtenir de James que cela.
– C'est logique, a admis James. Cela te rassurerait-il que je te promette de continuer à te faire l'amour en prenant mon temps aussi souvent que maintenant ?
– Cela me paraît équitable. Que dirais-tu d'y ajouter une nuit vraiment mémorable ou une escapade romantique au moins une fois par mois ?
James a acquiescé. En contrepartie des « formules express » occasionnelles – ou sexe « *fast-food* » –, Lucy et lui feraient l'amour « fait maison » une ou deux fois par semaine et se réserveraient au moins une fois par mois une soirée consacrée au sexe « trois étoiles ». Mais Lucy demeurait dubitative.
– Tout ceci est bel et bon, a-t-elle déclaré, mais l'idée d'une « formule express » me gêne toujours. Quand nous le faisons, cela ne dure souvent guère plus que trois ou quatre minutes. James a déjà fini que je commence tout juste à m'échauffer. J'ai l'impression qu'il s'attend à ce que je sois excitée et réceptive à ses avances, mais je ne peux pas l'être en si peu de temps !
– Rassure-toi, a répondu James. Si tu promets de m'autoriser une « formule express » de temps à autre, je te promets de ne jamais rien attendre de ta part en retour. Je considérerai cela comme un cadeau que tu me fais. Je sais que tu ne ressentiras pas grand-chose et je ne te reprocherai jamais de rester aussi inerte qu'une planche !
Lucy a éclaté de rire.
– D'accord, mais ce n'est pas tout. Tu veux des « formules express » régulières ? a-t-elle repris. Eh bien

moi j'aimerais que tu prennes l'habitude de me serrer contre toi pendant quelques minutes sans manifester ni excitation ni désir sexuel.
– Pas de problème. Préviens-moi quand tu voudras un câlin et je me ferai une joie de me contrôler et de me montrer tendre et affectueux. C'est tout ?
– Oui, je crois.

LES QUATRE CONDITIONS

J'ai trouvé qu'il s'agissait là d'une excellente hygiène sexuelle, comme un bon équilibre alimentaire. On mange régulièrement à la maison, on se fait un bon restaurant gastronomique de temps en temps et, quand on n'a pas trop de temps à consacrer à la cuisine, on mange rapidement un plat préparé. Pour m'assurer que les « formule express » de James n'engendreraient aucune culpabilité ou rancœur, je leur ai suggéré de résumer leur pacte.

James a pris la parole le premier :
– Bon, si je respecte les quatre conditions suivantes – sexe « fait maison » régulièrement, sexe « trois étoiles » une fois par mois, ne rien attendre de toi lors d'une « formule express » et te faire régulièrement des câlins, sans arrière-pensée sexuelle –, tu es d'accord pour que nos étreintes se résument de temps à autre à une « formule express ».
– C'est exact. Je précise tout de même que je ne veux pas me sentir obligée de te dire « oui » si je suis fatiguée, en plein trouble prémenstruel, ou juste vraiment pas d'humeur amoureuse.

James a volontiers admis cette réserve.

Au rendez-vous suivant, James m'a raconté leur première « formule express » mutuellement consentie.

Lucy était demeurée totalement passive entre ses bras et il ne lui en gardait absolument pas rigueur.

COMMENT ACCROÎTRE L'ATTIRANCE SEXUELLE AU SEIN DU COUPLE

L'accord conclu dans mon cabinet a bouleversé la vie sexuelle de James et de Lucy d'une manière qu'ils n'auraient pu imaginer. D'abord l'attirance de James pour Lucy s'est incroyablement accrue. James m'a décrit ce phénomène en ces termes : « Pour la première fois de ma vie sexuelle, je me suis senti complètement libre. Enfin, j'ai pu m'abstenir de préliminaires pour entamer directement le rapport sexuel en lui-même. Et pour la première fois, je n'ai pas eu à me préoccuper de la qualité de ma prestation, ni de faire plaisir à ma partenaire. Seul mon bien-être comptait. Je sais que Lucy n'a rien ressenti d'exaltant, mais je n'en conçois ni remords ni culpabilité car je sais qu'elle accepte de me faire ce cadeau et que nous savons tous deux qu'il en ira différemment la prochaine fois. »

Ces « formules express » occasionnelles avec la bénédiction de sa partenaire apportent à James – comme à la plupart des hommes – un sentiment de liberté comparable à celui que l'on pourrait éprouver dans un grand magasin où l'on saurait pouvoir acheter tout ce que l'on désire, ou au volant d'une voiture sur une route dépourvue de limitation de vitesse. C'est un peu comme conduire une moto sans devoir porter de casque : il s'agit clairement d'une sensation très adolescente, mais cela injecte un sang nouveau dans la vie d'un homme et dans une relation. Après tout, c'est adolescent que l'homme est au sommet de sa forme sexuelle. Rien d'étonnant donc à ce que

« rajeunir » ainsi redonne un coup de fouet à sa vie intime.

Une fois leur pacte conclu, James n'a plus jamais hésité à faire des avances à Lucy par peur qu'elle les repousse. Aujourd'hui, si elle n'est pas d'humeur amoureuse, au lieu de lui dire « non » – ce qu'il percevait comme un rejet –, elle lui accorde le plus souvent une « formule express ».

Détail intéressant : après quelques années de « formules express » sans remords, celles-ci ont perdu beaucoup de leur attrait aux yeux de James, si bien que quand Lucy n'est pas réceptive à ses avances, il préfère souvent simplement attendre qu'elle soit mieux disposée.

Depuis qu'il sait qu'il peut presque toujours obtenir de sa femme une « formule express », il ne se sent plus rejeté quand elle n'est pas d'humeur à faire l'amour.

Cette certitude de ne pas être repoussé est essentielle pour qu'un homme continue à être passionnément attiré par sa partenaire. Et c'est très excitant pour un homme que de pouvoir de temps à autre foncer pleins gaz en ne se préoccupant que de lui-même.

COMMENT PROPOSER UNE ÉTREINTE SANS RISQUE DE REBUFFADE, MÊME QUAND ELLE N'EST PAS D'HUMEUR À « ÇA »

En déculpabilisant les « formules express », une femme incite automatiquement un homme à se sentir plus libre de lui faire des avances. Voici quelques exemples de phrases qu'il pourra employer et les réponses auxquelles sa partenaire peut recourir en lieu et place d'un simple « non ».

Il dit :	Elle répond :
« J'ai vraiment envie de toi. Faisons l'amour. »	« Je ne suis pas d'humeur à faire l'amour, mais je suis d'accord pour une "formule express". »
« Tu m'as manqué. Trouvons un moment pour faire l'amour. »	« Hum, c'est une bonne idée. Je ne dispose pas de beaucoup de temps pour le moment, mais nous pourrions tenter une "formule express". »
« Cela te tente, une sieste coquine ? »	« On peut se faire une "formule express", si tu veux. Cela m'aidera peut-être à me détendre. Et après, nous pourrions discuter. »
« Réservons-nous du temps demain pour faire l'amour. »	« Je ne suis pas d'humeur pour de longs préliminaires, mais une "formule express" me tente assez. Parfois, j'ai juste envie de te sentir en moi, même si un orgasme ne me tente pas. »
« Je te désire comme un fou. Je meurs d'envie de te faire l'amour. »	« J'adorerais cela moi aussi, mais nous manquons de temps. Que dirais-tu d'une "formule express" ? »
« Faisons l'amour, ce soir. »	« J'ai vraiment mal à la tête. Je préférerais attendre demain, mais si tu veux, je peux te caresser. »

Sans mot dire, il se rapproche d'elle dans le lit et commence à la caresser.

Ils font l'amour, il caresse son clitoris et elle sent qu'elle ne va pas avoir d'orgasme.

Il se donne beaucoup de mal en préliminaires, elle n'est vraiment pas d'humeur érotique. Elle a juste envie de se sentir proche de lui pendant qu'il prend son plaisir.

« Mmm, c'est agréable. Ne te préoccupe pas de moi, ce soir. Vas-y carrément. »

Elle écarte sa main. « Viens en moi. Je veux juste te sentir bouger. J'adore sentir ton plaisir. » (En clair : OK pour une « formule express ».)

Elle peut saisir son pénis en érection et le glisser en elle en disant : « Ce soir, "formule express" ! »

Ces « formules express » sans culpabilité enrichissent la vie sexuelle du couple et procurent un soulagement imprévu aux deux partenaires. Quand l'homme se voit délivré de tout risque de rejet, il réalise combien cela le minait auparavant et combien cela bridait son ardeur, et ce nouveau mode de communication amoureuse libère les femmes de la nécessité de faire bonne figure ou de simuler l'orgasme quand elles ne sont pas d'humeur à en avoir un.

POURQUOI LES HOMMES CESSENT DE PRENDRE L'INITIATIVE EN MATIÈRE SEXUELLE

Chaque fois qu'un homme fait des avances à sa partenaire et se voit repoussé, il est blessé et son ego meurtri. Si cela se reproduit trop souvent, il hésite de plus en plus à prendre l'initiative d'un rapport sexuel et, à terme, son envie de le faire risque d'aller s'amenuisant. Certains se mettront à désirer d'autres femmes, qui, elles, ne les ont pas encore rejetés ; d'autres se désintéresseront purement et simplement du sexe. Ceux qui sont attirés par d'autres femmes risquent d'en conclure à tort que leur compagne ne leur plaît plus, et les autres attribueront à l'âge leur libido en baisse.

Un homme dont la partenaire repousse trop souvent les avances verra son envie de lui en faire s'amenuiser. Il pourra se mettre à désirer d'autres femmes, qui, elles, ne l'ont pas encore rejeté, ou se désintéressera purement et simplement du sexe.

Au début d'une relation, les amants font l'amour dès qu'ils le peuvent ou presque. Puis, à mesure que leur travail et le quotidien reprennent leurs droits, le rythme de leurs étreintes va naturellement s'espaçant. La venue d'enfants les oblige par la suite à programmer leurs rapports et à attendre le moment propice. C'est normal, mais ce n'est pas une raison pour repousser son partenaire. Or, bien souvent, quand celui-ci propose de faire l'amour, sa compagne le rejette sans même en avoir conscience. Voici quelques exemples de phrases involontairement assassines :

« Je ne peux pas tout de suite. Il faut que je prépare le dîner. »
« Je ne peux pas. Je dois rappeler mon bureau. »
« Pas maintenant. Il faut que j'aille faire les courses. »
« Je n'ai pas le temps. »
« Je ne peux pas. J'ai déjà trop à faire. »
« Je n'ai pas très envie. »
« Ce n'est vraiment pas le moment. »
« J'ai mal à la tête. »

« J'ai autre chose à faire que penser à ça à cette heure-ci. »
« J'ai mes règles et j'ai mal au ventre. »

Lorsqu'il entend une phrase de cet acabit, l'homme s'efforce de se montrer compréhensif mais, au fond de lui, il a à chaque fois plus de mal à ne pas percevoir de telles réponses comme un rejet. Et, petit à petit, il cesse de faire des avances à sa partenaire. Il la désire encore mais, ayant essuyé des refus, il préfère attendre qu'elle lui manifeste clairement son désir. Cela le conduit à consacrer une énergie considérable à l'étude et à l'analyse des moindres expressions de sa compagne. Est-ce le bon moment ? Acceptera-t-elle de faire l'amour ? Son anxiété va croissant et, même s'il n'en a pas conscience, il se sent un peu plus rejeté chaque fois qu'il a envie d'elle et se tait.

LES APPARENCES SONT TROMPEUSES

Jake et Annie étaient mariés depuis sept ans lorsqu'ils sont venus me consulter ; ils connaissaient des difficultés conjugales depuis près de quatre ans. Passionnément attirés l'un par l'autre au début de leur mariage, ils avaient vu leur ardeur se refroidir peu à peu. Au cours d'une séance, Annie a dit à Jake :

– Cela me manque, de ne plus faire l'amour avec toi. Est-ce que j'ai fait quelque chose qui t'a dégoûté ? Tu es en colère contre moi ?

Jake a paru surpris par ces questions.

– Il me semble que j'ai toujours envie de faire l'amour et que c'est toi qui ne veux jamais, a-t-il rétorqué. Souvent, quand j'ai envie de toi, je ne dis rien car je sens que tu n'es pas d'humeur aux câlins.

– Comment peux-tu connaître mon humeur sans me demander mon avis ?

– Tu m'as assez souvent repoussé pour que je devine quand tu n'as pas envie.
– Tu es vraiment injuste. Parfois, même si je ne suis pas d'humeur amoureuse, le simple fait de t'entendre me suggérer une étreinte suffit à me faire découvrir que cela me tente fort. Et même si cela ne se produit pas instantanément, prendre conscience de ton désir m'aide à progresser dans cette direction. J'apprécie vraiment que tu prennes l'initiative en amour.

Une fois que Jake et Annie ont découvert l'art de la « formule express » sans remords, la passion a de nouveau embrasé leur couple.

POURQUOI UN HOMME SE SENT REJETÉ

Quand Annie parlait de leur vie sexuelle avec Jake, elle ne comprenait pas qu'il se sente rejeté juste parce qu'elle n'était pas d'humeur à répondre à ses avances. Elle pensait que, puisqu'il savait qu'elle aimait faire l'amour avec lui, il ne se vexerait pas de la voir momentanément indisponible. Intellectuellement Jake était d'accord avec elle mais, émotionnellement, il en allait tout autrement.

Pour toutes sortes de raisons, se sentir repoussé sur le plan sexuel est particulièrement fragilisant et douloureux pour un homme. De par leurs spécificités biologiques et hormonales, les hommes sont beaucoup plus portés sur le sexe que les femmes. Il est naturel que cela occupe plus souvent leur esprit. Et un homme qui ne peut assouvir son désir se sentira plus facilement rejeté qu'une femme placée dans la même situation.

> **Comme l'homme est plus porté sur le sexe, il se sentira plus facilement rejeté s'il en est privé.**

Comme nous l'avons déjà vu, c'est par le biais de leur excitation sexuelle que les hommes se reconnectent le mieux avec leur sensibilité, le cœur d'un homme s'ouvrant à mesure que le désir enflamme ses sens. C'est donc quand un homme brûle d'ardeur et s'apprête à faire des avances à sa compagne qu'il est le plus vulnérable sur le plan affectif. Et c'est dans ces instants qu'il souffrira le plus cruellement d'un éventuel rejet. Si sa partenaire l'a déjà blessé et repoussé, l'excitation sexuelle ravivera sa douleur. Sans comprendre pourquoi, il sentira alors la colère l'envahir.

> **Un homme déjà blessé et repoussé par sa partenaire verra l'excitation sexuelle raviver sa douleur. Sans comprendre pourquoi, il sentira alors la colère l'envahir.**

Si l'homme ignore comment éviter de se voir repoussé, cela accroît encore sa frustration et sa souffrance. Et, souvent, il finit par cesser de désirer sa partenaire. Incapable de résoudre son problème concrètement, il réussit ainsi à le court-circuiter. Il ne s'agit pas tant d'une désaffection à l'égard de sa partenaire que d'un réflexe d'autoprotection.

Certains redirigent leurs ardeurs vers une femme imaginaire qui ne risque pas de les rejeter ou sur une femme dont ils ne sont pas épris. Dans ce dernier cas, leur indifférence les protège de tout risque de refus douloureux. Cela explique pourquoi un homme peut avoir envie d'une inconnue et ne plus ressentir que froideur pour la femme qu'il aime réellement.

LES FEMMES AIMENT LE SEXE

Les femmes aiment le sexe même s'il est moins aisé pour elles que pour leurs compagnons de prendre conscience de leurs désirs. Les hommes ont fréquemment du mal à comprendre cela car, au cours de leur vie d'adulte, ils reçoivent quantité de messages qu'ils interprètent comme des manifestations de désintérêt de la gent féminine à l'égard des relations sexuelles. Or, pour que sa passion et son désir survivent au temps, un homme a besoin de sentir clairement que sa partenaire aime faire l'amour avec lui.

Pour que sa passion et son désir survivent au temps, un homme a besoin de sentir clairement que sa partenaire aime faire l'amour avec lui.

En règle générale, l'appétit sexuel masculin atteint son point culminant vers l'âge de dix-sept ou de dix-huit ans. Une femme, elle, atteint sa pleine maturité sexuelle entre trente-six et trente-huit ans. Cette disparité se retrouve au niveau de la relation intime : l'homme s'excite très rapidement, presque sans préliminaires – avoir l'occasion de faire l'amour lui suffit – alors qu'une femme a besoin de plus de temps. L'homme en déduit tout naturellement que ses compagnes apprécient moins le sexe que lui.

La sexualité d'un homme est aussi influencée par l'attitude de sa mère par rapport au sexe. Un adolescent qui redoute de voir sa mère découvrir son intérêt croissant pour le sexe et les filles risque d'en déduire inconsciemment qu'il est mal de vouloir avoir une vie sexuelle. Et, plus tard, lorsqu'il se trouvera auprès d'une femme qu'il aime, ces sentiments inconscients resurgiront souvent sous forme de petites voix intérieures lui soufflant que, s'il manifeste trop de désir, il va dégoûter sa compagne et l'inciter à le repousser.

Un tel passé va rarement jusqu'à empêcher un homme d'accorder un intérêt sain au sexe, mais il le rend plus sensible à tout ce qu'il perçoit comme un rejet. Quand sa partenaire n'est pas d'humeur érotique, il pense inconsciemment : « Je le savais. Mes ardeurs l'indisposent. »
Pour contrecarrer cette tendance masculine à la culpabilité, une femme doit sans cesse veiller à laisser subtilement deviner à son partenaire son goût pour le sexe. Accepter des « formules express » occasionnelles est la meilleure manière de faire passer ce message. Il est également primordial de savoir réagir positivement aux avances de son amant.

Accepter à l'occasion des « formules express »
et réagir positivement aux avances de
son partenaire préservent le désir et la passion
au sein du couple.

COMMENT LES HOMMES S'IMAGINENT À TORT REJETÉS

Il arrive souvent qu'une femme soit potentiellement d'humeur à faire l'amour mais que son partenaire ne s'en aperçoive pas. Bilan : il se sent rejeté alors qu'elle aurait peut-être souhaité ses avances.
Encore une fois, il s'agit d'un problème d'interprétation. Lorsqu'une femme répond « je ne sais pas » ou « je ne suis pas sûre » à une proposition claire de faire l'amour, l'homme y voit un refus poli et se sent rejeté. En réalité, sa compagne a juste voulu dire ce qu'elle a dit : qu'elle ne savait pas ce qu'elle désirait. Les hommes étant comme le Soleil − et pas comme la

Lune –, ils le comprennent mal. Si l'on demande à un homme si une étreinte le tente, il répondra sans tergiverser : soit le Soleil est levé, soit il est couché, et l'homme sait en général s'il a envie de faire l'amour.

Une femme qui n'est pas certaine de vouloir faire l'amour a juste besoin d'un peu de temps, d'attention et de discussion pour dissiper ses doutes. Dès que son partenaire sait cela, il n'interprétera plus son hésitation comme un rejet et n'abandonnera plus son idée au moindre doute.

Y A-T-IL UNE PARTIE DE TOI QUI VEUT FAIRE L'AMOUR ?

Pour aider une partenaire qui semble peu fixée sur ses propres desiderata à y voir plus clair en elle, son compagnon peut par exemple lui demander : « Y a-t-il une partie de toi qui a envie de faire l'amour avec moi ? » Il recevra presque toujours une réponse positive. Bien des femmes se récrieront même aussitôt : « Bien sûr, une partie de moi a toujours envie de faire l'amour avec toi. » Que voilà de douces paroles !

Parfois, cependant, sa partenaire poursuivra en énumérant les raisons pour lesquelles elle n'a pas envie de faire l'amour. Elle expliquera par exemple : « Je ne sais pas si nous en avons le temps. Il faut encore que je m'occupe du linge et que j'aille acheter le pain », ou encore : « Je ne sais pas où j'en suis. J'ai tellement de soucis, aujourd'hui, que je crois que je ferais mieux de commencer par régler ce dossier. »

Son partenaire aurait cependant tort de croire à un refus sans appel. Il s'agit en réalité pour elle de parler et d'exprimer ses idées afin de déterminer ce qu'elle désire réellement. Et bien souvent, après avoir exposé ses motifs de réticence, elle conclura : « Allons-y ! »

L'homme qui ignore les spécificités de la sexualité féminine risque d'être refroidi par une telle conversation. Se rappeler qu'une partie de sa partenaire veut faire l'amour lui rendra plus supportable l'évocation des parties d'elle qui n'en ont pas envie. Et même si la femme décide en définitive que ces dernières sont majoritaires, elle pourra toujours proposer à son compagnon une « formule express », en attendant une occasion plus propice pour faire vraiment l'amour.

La femme doit elle aussi veiller à user de cette méthode pour aider son partenaire à prendre son mal en patience pendant qu'elle réfléchit à ses désirs réels.

Prenons un exemple :

L'homme : – Tu veux faire l'amour ?

La femme : – Une partie de moi adorerait cela, mais je ne suis pas sûre que ce soit une bonne idée. Il faut encore que j'aille faire les courses. Je dois acheter des légumes, etc.

En annonçant d'emblée qu'une part d'elle est fort tentée par sa proposition, elle rend plus facilement admissibles aux yeux de son partenaire toutes les raisons qui font qu'elle n'est peut-être pas d'humeur amoureuse.

NOMS DE CODE POUR LE SEXE

Pour nombre de couples, le mot « sexe » possède des connotations négatives ou douloureuses. Même chose pour les verbes qui désignent la pratique de l'acte sexuel. Si les utiliser vous met mal à l'aise, rien ne vous empêche de mettre au point des noms de code secrets propres à votre couple. Et même si les mots justes ne vous dérangent pas, vous pouvez faire cela comme un jeu.

Un couple que j'ai interviewé parle de « faire de la

voile ». Pour proposer à sa femme une étreinte, le mari dira par exemple : « Il fait un temps superbe, aujourd'hui. Tu veux aller faire de la voile ? » Si c'est elle qui prend l'initiative, elle suggérera : « Il a l'air de faire vraiment beau, aujourd'hui. Peut-être pourrions-nous aller... » Son conjoint termine sa phrase : « Faire de la voile ? » Et tous deux sourient, prêts à passer un bon moment.

Si vous avez, comme ce couple, opté pour des métaphores nautiques, vous pourrez par exemple, lorsque vous envisagez une séance particulièrement sensuelle, proposer à votre partenaire une « longue croisière ».

Lorsqu'en revanche la femme ne se sent pas d'humeur érotique et veut suggérer une « formule express », elle pourra répondre : « Prenons plutôt le hors-bord, aujourd'hui. » Faites preuve de créativité. Et amusez-vous.

LE SEXE ET LES MÉDIAS

Les médias ne sont pas étrangers à l'hypersensibilité des hommes à toute forme de rejet. L'homme d'aujourd'hui supporte d'autant plus mal qu'on le repousse sur le plan sexuel que les médias le bombardent chaque jour d'images publicitaires peuplées de créatures idéales dont tout le corps crie, de manière plus ou moins détournée : « Oui, je te veux. Je suis prête pour toi. J'ai faim de toi. Je suis à toi. Je veux du sexe et encore du sexe. Viens, prends-moi. » Un tel message est exaltant, mais un homme qui se laisse tromper par cette illusion finit par penser que tout un chacun a une vie sexuelle brûlante et passionnée, sauf lui. Et s'il est en couple, il s'affole dès que sa partenaire n'est pas d'humeur à « ça ». L'herbe est toujours plus verte sur les écrans de télévision...

Dès que sa compagne se montre moins ardente, il a l'impression qu'elle va lui imposer des épreuves avant de lui ouvrir son lit. Il se sent désavantagé parce qu'il la désire plus violemment qu'elle ne le désire. Il ne comprend pas que, même quand elle a réellement envie de lui, une femme a parfois d'abord besoin de son soutien émotionnel pour pouvoir en prendre conscience.

Ce qui ne signifie pas qu'elle aime moins le sexe que lui, mais simplement qu'elle a besoin de tendresse et d'amour pour pouvoir laisser libre cours à ses pulsions sexuelles. Il suffit souvent pour la mettre d'humeur amoureuse de lui offrir un bouquet de fleurs ou de ranger la cuisine – même si c'est difficile à croire pour les hommes, pendant mes ateliers, les femmes applaudissent toujours vivement ce conseil !

L'homme ne comprend pas toujours que, même quand elle a réellement envie de lui, une femme a parfois d'abord besoin de son soutien émotionnel pour pouvoir en prendre conscience.

Aujourd'hui, le sexe est omniprésent dans les médias et pourtant, paradoxalement, j'entends de plus en plus de femmes se plaindre du désintérêt de leur compagnon pour les relations sexuelles. Plus les hommes voient d'images de sexualité à la télévision ou dans la presse, plus ils se sentent facilement rejetés par leur partenaire et moins celle-ci les attire. Mais attention : un homme ne cesse pas de désirer sa compagne parce qu'elle ne peut rivaliser avec les corps parfaits et siliconés des filles des magazines, mais parce qu'il croit qu'elle le repousse et qu'il se sent trahi.

Il est primordial que les femmes comprennent que ce n'est pas tant le physique de ces créatures de rêve qui attire leur compagnon que le message de disponibilité sexuelle qu'elles lui adressent. Inutile, donc, de remodeler votre corps à l'image du leur dans l'espoir de réveiller l'ardeur de votre partenaire. Travaillez plutôt à établir au sein de votre couple une communication positive et apprenez à répondre aux avances de votre amant par des messages non générateurs de rejet sexuel.

Pour réveiller l'ardeur de votre partenaire, il est inutile de remodeler son corps à l'image de celui des créatures de rêve qui peuplent les médias. Mieux vaut travailler à établir au sein de son couple une communication positive et apprendre à répondre aux avances de son partenaire par des messages non générateurs de rejet sexuel.

POURQUOI LES HOMMES SE SENTENT DÉSAVANTAGÉS

Tant qu'il n'a pas assimilé tout ce qui sépare la sexualité de sa partenaire de la sienne, l'homme se sent désavantagé car il croit que, pour faire l'amour, il doit d'abord convaincre sa partenaire.

Il ne devine pas que celle-ci se sent également frustrée. Elle rêve d'intimité et de communiquer avec lui, mais lui ne semble guère intéressé par cela. C'est pourquoi songer à sa propre susceptibilité pour tout ce qui touche à ces domaines peut aider une femme à mieux comprendre l'hypersensibilité de son partenaire dans le domaine sexuel.

Une femme comprendra mieux l'hypersensibilité masculine dans le domaine sexuel si elle la rapporte à la susceptibilité dont elle fait elle-même preuve s'agissant de sentiments, de communication et d'intimité.

Il est très douloureux pour une femme qui essaie de parler à son partenaire de se heurter à un mur de silence. Un homme qui voit ses avances sexuelles repoussées éprouve la même chose.

Tant qu'une femme ne comprend pas les différences entre hommes et femmes et tant qu'elle n'a pas appris à mieux communiquer avec le sexe opposé, elle souffre lorsque son partenaire se retire dans sa grotte. À terme, elle risque de ne même plus avoir conscience de son besoin de lui faire partager ses pensées et de s'ouvrir aux siennes. Tout comme une femme peut faire usage de ses nouveaux talents pour attirer son partenaire hors de sa grotte, ce dernier peut aider sa compagne à s'ouvrir au sexe.

En somme, comprendre nos différences nous enseigne qu'il ne s'agit pas pour nous de chercher à persuader notre partenaire de nous aimer plus ou de faire l'amour avec nous selon nos propres règles, mais de le ou la soutenir. En l'aimant mieux, nous l'encourageons à nous donner l'amour dont nous avons besoin.

Si l'on ignore tout cela, la violente attirance physique des débuts ne résiste pas au passage du temps et, au bout de trois ou quatre ans, n'est plus que cendres. Dans le chapitre suivant, nous étudierons pourquoi les couples d'aujourd'hui font de moins en moins l'amour.

CHAPITRE 7

Pourquoi les couples font moins l'amour

Les couples d'aujourd'hui ont une activité sexuelle bien plus réduite que les médias ne le suggèrent. Bien sûr, les rues sont pleines d'hommes et de femmes affamés de sexe, mais une fois mariés ils se préoccupent d'une foule d'autres choses et le sexe passe à l'arrière-plan. Cette désaffection s'explique principalement par le fait que les hommes se sentent rejetés par leur partenaire et que celle-ci les juge insuffisamment romantiques et se croit incomprise. Si on ne le lui a jamais expliqué, une femme ne peut deviner l'hypersensibilité d'un homme qui veut faire l'amour, ni combien un refus peut le blesser. Et son partenaire n'imagine même pas l'ampleur de son besoin de tendresse et d'attentions, ni la nécessité cruciale pour elle de parler pour s'ouvrir à lui et apprécier ses avances.

La désaffection des couples pour le sexe s'explique principalement par le fait que les hommes se sentent rejetés par leur partenaire et que celle-ci les juge insuffisamment romantiques et se croit incomprise.

Pour que les hommes cessent de se sentir rejetés, les couples doivent apprendre à communiquer librement, positivement et sans gêne à propos du sexe, et en particulier des avances sexuelles. Un homme qui pense sincèrement que sa partenaire apprécie leurs étreintes et se voit régulièrement rassuré sur ce point conservera une ardeur inchangée.

Un homme qui pense sincèrement que sa partenaire apprécie leurs étreintes et se voit régulièrement rassuré sur ce point conservera une ardeur sexuelle inchangée.

De même, lorsqu'une femme perçoit son partenaire comme un amant expérimenté et qu'elle se sent soutenue dans le cadre de leur couple, son désir pour lui perdurera. Une bonne communication et un soutien aimant demeurent toutefois à ses yeux les éléments déterminants d'une relation amoureuse. Pour l'homme cela compte aussi, mais rarement autant que son succès sexuel auprès de sa compagne.

Lorsqu'une femme perçoit son partenaire comme un amant expérimenté et se sent soutenue dans le cadre de leur couple, son désir pour lui perdure.

AVANCES SEXUELLES ET CONVERSATION

Un homme assuré de voir ses avances sexuelles recevoir un bon accueil continuera de prendre l'initiative avec sa partenaire. Si, en revanche, il redoute qu'elle le repousse ou s'il pense qu'elle attend de lui qu'il la persuade à chaque fois de céder à ses invites, il se découragera et, au bout du compte, adoptera un rôle passif, voire se désintéressera du sexe. Pour que la passion qu'il voue à la femme de sa vie grandisse, il lui faut se sentir libre de l'approcher sans risque d'être rejeté.

De la même façon, une femme a besoin de savoir que son partenaire est toujours là pour la comprendre et l'écouter. S'il n'est pas d'humeur à discuter, un homme doit le signaler aimablement. Il pourra par exemple déclarer : « Ce que tu éprouves m'intéresse vraiment, mais j'ai besoin de rester seul un moment. Tu veux bien que nous en parlions après ? » Sa partenaire sera extrêmement touchée qu'il fasse l'effort de se préoccuper de ses sentiments et qu'il prenne la peine de revenir effectivement auprès d'elle plus tard pour poursuivre leur conversation avortée. Elle se sent aimée.

Lorsque, de son côté, elle n'est pas d'humeur amoureuse, elle doit faire preuve envers son partenaire d'une considération identique et, pour lui exprimer sa tendresse, veiller à lui rappeler combien elle adore faire l'amour avec lui et lui faire comprendre qu'elle reviendra bientôt à de meilleures dispositions. Et afin de mieux l'aimer, elle l'encouragera à exposer plus librement encore ses désirs sexuels. Car tout comme une bonne communication au sein de son couple aide une femme à mieux apprécier le sexe, une sexualité épanouie rend automatiquement un homme plus aimant.

Tout comme une bonne communication au sein de son couple aide une femme à mieux apprécier le sexe, une sexualité épanouie rend automatiquement un homme plus aimant.

QUAND UNE FEMME VEUT PLUS DE SEXE

Quand un homme évite de prendre l'initiative en matière sexuelle pour ne pas risquer un refus, cela signifie en pratique qu'ils ne fait plus l'amour que lorsque c'est sa partenaire qui a initié le mouvement. Ce qui ne motive pas le Martien, car cela lui donne la déplaisante impression de devoir toujours attendre le bon plaisir de cette dernière. Son désir risque alors de s'étioler peu à peu sans qu'il devine même pourquoi. Lorsque cela se produit, l'équilibre des désirs s'inverse et son appétit sexuel devient inférieur à celui de sa compagne. Et, bien souvent, celle-ci s'affole un peu.

La frustration la gagne et va croissant car plus elle désire son partenaire, moins celui-ci manifeste d'ardeur. Il se met à interpréter le décalage entre la libido de sa partenaire et la sienne comme le signe qu'il n'est pas à la hauteur de ses attentes et cela le refroidit encore plus.

Le désir sexuel repose sur un équilibre fragile et les hommes sont plus vulnérables que les femmes à une rupture de cet équilibre. Un homme qui aspire à une vie amoureuse plus intense peut espérer, à force d'avances respectueuses et patientes, amener sa partenaire à accroître son appétit sexuel pour qu'il s'aligne sur le sien. Lorsqu'en revanche la femme est plus ardente que son partenaire et se plaint sans cesse du manque d'enthousiasme de ce dernier, elle risque d'éteindre durablement ses ardeurs. Le sexe tourne pour lui à un exercice obligatoire dans le cadre duquel il est tenu de fournir une prestation adéquate.

Si les femmes savent combien une obligation de résultat peut inhiber leur excitation, elles ignorent que pour l'homme c'est encore dix fois pire. Lui ne peut en effet pas simuler un désir qu'il n'éprouve pas : s'il n'a pas d'érection, sa partenaire comprend aussitôt qu'il n'est pas dans l'ambiance. Il supporte de ce fait d'autant plus mal les pressions exercées sur lui. Elles achèvent même de le refroidir totalement. Lorsqu'un homme a l'impression qu'il est tenu d'honorer sa partenaire ou d'avoir une érection, rien – et j'entends par là absolument rien – ne se produit dans son pantalon.

Comme un homme ne peut simuler un désir qu'il n'éprouve pas, il est encore plus angoissant pour lui de se sentir tenu de réagir aux avances de sa compagne que pour une femme placée dans le cas de figure inverse.

CE QU'ELLE PEUT FAIRE QUAND IL N'EST PAS D'HUMEUR À « ÇA »

Bien des couples abandonnent la partie à ce stade de dégradation de leur vie sexuelle. Consciente de l'embarras de son partenaire, la femme fait machine arrière. Elle ne sait que faire pour débloquer la situation : si elle essaie de discuter du problème, il perçoit cela comme un reproche et lorsqu'elle tente une avance, il est toujours fatigué ou mal disposé.

Heureusement, il existe des solutions. Tout comme un homme peut se contenter d'une « formule express » quand sa partenaire n'est pas d'humeur amoureuse, celle-ci peut recourir à certaines techniques quand l'inverse se produit.

De même qu'un homme peut se contenter d'une « formule express » quand sa partenaire n'est pas d'humeur amoureuse, celle-ci peut recourir à certaines techniques quand l'inverse se produit.

David et Sue ont vécu une telle situation. À une certaine époque, Sue avait beaucoup plus souvent envie de faire l'amour que David. Il a assouvi de bonne grâce l'appétit sexuel d'ogresse de sa partenaire pendant plusieurs semaines avant de commencer à s'en lasser. C'était pour lui une expérience nouvelle : jamais auparavant il n'avait été confronté à une femme plus portée que lui sur le sexe.

Ne sachant dire non à Sue, il se forçait à « assurer » même quand il n'en avait pas envie, plusieurs fois par semaine, voire plusieurs fois par jour. Mauvaise solution car, très vite, cela lui est apparu comme une contrainte insupportable. Le sexe n'était plus pour lui un plaisir, mais un devoir qui ne lui procurait plus aucun bien-être. David a donc résolu d'apprendre à refuser une étreinte.

Il ignorait cependant comment s'exprimer pour ne pas blesser Sue et pour éviter qu'elle se sente rejetée. Un soir qu'elle était blottie contre lui devant la télévision et lui caressait lentement la cuisse, il a posé la main sur la sienne pour l'immobiliser et lui a dit : « Je suis épuisé, ce soir. J'ai vraiment besoin de regarder le journal télévisé. » Et comme il ne voulait surtout pas paraître la repousser, il a ajouté sans réfléchir : « Pourquoi ne commencerais-tu pas sans moi ? Je te rejoindrai plus tard. »

Sue s'est éclipsée et David a reporté son attention sur l'écran de télévision et a fini par oublier ce dialogue. Quarante-cinq minutes plus tard, il était sur le point de s'assoupir quand une petite voix l'a appelé depuis leur chambre : « David ? Je suis prête. »

La moitié inférieure de son corps se réveilla comme par miracle et il répondit : « J'arrive ! » Quand il la rejoignit, Sue était au bord de l'orgasme car elle venait de passer quarante-cinq minutes à se caresser en imaginant les mains et les lèvres de David sur elle. Rien d'étonnant, donc, à ce qu'elle ait atteint l'orgasme deux minutes après qu'il l'eut pénétrée. David jouit quelques secondes plus tard. Tous deux étaient ravis. Sue avait eu l'étreinte qu'elle appelait de ses vœux et David avait vécu une expérience divine, bien plus délicieuse encore qu'une « formule express » puisque, sans fournir aucun effort, il avait néanmoins eu la joie de donner un orgasme à Sue.

PRENDRE LA RESPONSABILITÉ DE NOTRE PROPRE PLAISIR

Ce soir-là, au lieu de se consumer en reproches, Sue a pris sur elle de se satisfaire elle-même. Prendre ainsi ses responsabilités est très sain. Dans l'idéal, nul ne devrait jamais, dans aucun domaine d'une relation, rendre son partenaire responsable de son insatisfaction. Cela est particulièrement vrai en matière de sexe car il est très difficile de combler ses propres besoins à cet égard sans trahir son partenaire. Voilà pourquoi la masturbation est si utile.

Se charger de son propre plaisir a délivré Sue de sa dépendance envers David et de la frustration qu'elle concevait s'il n'était pas disponible quand elle le souhaitait. Elle a tiré le meilleur parti possible de la situation en s'allongeant dans leur lit et en imaginant qu'il lui faisait l'amour. Elle s'est caressée en prenant tout son temps, laissant la tension sexuelle grandir en elle, si bien que quand David l'a pénétrée, elle était déjà au bord de l'orgasme.

Plus tard, David lui a dit qu'il avait adoré sa tactique. Il a ajouté qu'elle détenait là un excellent moyen de le faire changer d'avis lorsqu'il n'était pas d'humeur amoureuse. L'indisponibilité de David ce soir-là a en fin de compte permis à Sue d'exprimer sa sexualité plus librement. Et grâce à cela, elle sait que David l'honorera aussi souvent qu'elle le souhaitera. Un homme fatigué et pas d'humeur à « ça » apprécie grandement que sa partenaire prenne ses réticences avec le sourire. Sinon, il lui semble qu'elle fait peser sur lui une obligation.

Quand son partenaire n'a pas envie de faire l'amour, une femme peut aussi le laisser s'assoupir à son côté pendant qu'elle se masturbe langoureusement. Une fois prête à l'accueillir en elle, une vingtaine de minutes plus tard elle se tournera vers lui et se frottera doucement mais fermement contre lui. Il y a fort à parier que quand il s'éveillera au contact de son sexe humide, il se montrera plus que disposé à lui accorder ce qu'elle souhaite. Cette méthode les laissera tous deux satisfaits.

Agir ainsi assure à une femme de ne plus jamais être privée de plaisir sexuel. C'est pour cela qu'il est bon qu'une femme se caresse auprès de son compagnon et pas seulement quand il est absent. Si son partenaire voyage beaucoup, il arrivera à une femme d'éprouver l'envie de se caresser en son absence. Elle a tout intérêt à le lui raconter car savoir qu'elle n'a pas pu attendre son retour excitera encore plus celui-ci. Peut-être même cela l'incitera-t-il à raccourcir ses déplacements...

Je recommande également vivement à chacun des deux partenaires de faire savoir à l'autre quand il se masturbe, afin de lui laisser le loisir de se mêler à ses jeux de mains.

Quand vous vous masturbez, signalez-le à votre partenaire afin de lui laisser la possibilité de se mêler à vos jeux de mains.

L'APPROCHE INDIRECTE

Une autre tactique efficace pour faire changer d'avis un homme qui n'a pas envie de faire l'amour consiste à lui prodiguer des avances claires mais indirectes.

Une femme à qui on laisse le loisir de refuser de faire l'amour (et d'expliquer pourquoi) changera souvent d'avis pour se découvrir en fait assez tentée par une étreinte. Chez l'homme, une telle façon de faire ne fonctionne pas du tout. Une fois qu'il a répondu par la négative, il est très difficile de le faire revenir sur sa décision. Tout se passe comme si son refus avait été gravé dans la pierre. Et si sa partenaire insiste il se braque, persuadé qu'elle cherche à le contraindre à se plier à ses désirs.

Une fois qu'un homme a dit qu'il ne voulait pas faire l'amour, son refus est comme gravé dans la pierre. Si sa partenaire insiste, il se braque, persuadé qu'elle cherche à exercer une contrainte sur lui.

En revanche, des avances indirectes lui laissent le temps de peser en lui-même le pour et le contre et, éventuellement, de se laisser gagner par l'excitation. Pour faire subtilement deviner son désir à son partenaire, une femme peut recourir à divers signaux.

À noter : les hommes d'humeur amoureuse apprécient eux aussi de recevoir de tels signes indicateurs de l'ardeur de leur partenaire.

Chaque femme possède son propre code amoureux, mais voici quelques exemples de messages qu'elle peut transmettre simplement par le biais des vêtements qu'elle arbore au lit. Bien entendu, les interprétations que je donne ci-après ne constituent que des indications d'ordre général.

Du satin blanc

En choisissant du satin blanc, une femme indique à son partenaire son souci d'être aimée avec douceur, tendresse et sensibilité. Elle aimerait qu'il la traite comme une vierge, prenne son temps et la cajole.

De la soie rose ou de la dentelle

Pour la femme qui porte de telles matières, le sexe est l'expression romantique de sa vulnérabilité féminine et l'occasion de s'abandonner sans retenue aux caresses les plus folles. Elle veut sentir la force de son amant et se fondre dans son amour. Elle dissimule en elle des trésors de passion qui ne demandent qu'à s'enflammer au contact de l'ardeur de son partenaire et de l'amour qu'il lui porte.

Un parfum sensuel et des senteurs exotiques

Une femme parfumée d'effluves capiteux désire que son amant la hume et la savoure sensuellement. Attention cependant, messieurs : les parfums et senteurs exotiques enflamment les sens. Veillez donc plus que jamais à contrôler votre ardeur et votre impatience. Sachez savourer chaque étape de l'étreinte, vous interrompre de temps à autre pour mieux reprendre et répéter vos dernières caresses, avant de gagner en audace.

Des sous-vêtements noirs ou un porte-jarretelles

Une femme qui porte des sous-vêtements audacieux souhaite séduire, exciter et se montrer plus audacieuse qu'à l'accoutumée. Mais même si elle joue les amazones et attend de son partenaire qu'il se prête au jeu, elle n'en souhaite pas moins qu'il finisse par reprendre le contrôle des événements et domine sa passion tandis qu'elle-même cédera à la sienne.

Une chemise de nuit courte et flottante sans rien dessous

Lorsqu'une femme porte un petit tee-shirt féminin accompagné d'un slip assorti ou une chemise de nuit courte sans rien dessous, le message qu'elle exprime est plus vague. Certes, elle n'est a priori pas d'humeur violemment érotique, mais il se peut néanmoins qu'elle aspire à faire l'amour. Il est également possible qu'elle ne le souhaite pas et qu'elle ait seulement envie de sentir son partenaire bouger et jouir en elle sans aller elle-même jusqu'au plaisir.

Rien du tout

Si une femme se couche nue alors qu'elle sait que son partenaire veut faire l'amour, cela signifie qu'elle est ouverte à toute éventualité.

Des boucles d'oreilles et des bijoux

Une femme qui porte des bijoux au lit se sent belle et désire que son partenaire l'adore telle une idole, la couvrant de baisers et de caresses. Elle aspire à une étreinte lente et sensuelle. Son compagnon ne doit pas omettre de la complimenter à haute voix sur sa beauté.

Un vieux pyjama de pilou

Le message est on ne peut plus clair : elle n'est pas d'humeur à « ça » ! Profitez-en pour lui faire un câlin tendre et lui témoigner votre amour de manière non sexuelle.

S'HABILLER POUR L'AMOUR

En laissant ses vêtements refléter son humeur amoureuse, une femme aide beaucoup son partenaire à se sentir désiré et accueilli sur le plan sexuel. Les messages énumérés ci-dessus ne se décryptent pas de manière identique pour toutes les femmes, mais ils constituent des points de référence pour lire les signaux sexuels émis par nos compagnes. Ils peuvent aussi aider ces dernières à prendre conscience de l'importance de s'habiller pour l'amour de manière à séduire leur amant, mais aussi pour se plaire à elles-mêmes et se sentir bien.

Je me suis pour ma part penché de plus près sur les messages vestimentaires de ma femme à la suite d'un petit incident. Alors que nous nous enlacions depuis un moment au lit, elle s'est soudain écartée et m'a annoncé son intention de se changer.

– Quelle importance, ai-je protesté, puisque je vais de toute façon te déshabiller.

Elle m'a souri avant de m'expliquer :

– Je sais, mais je veux que tu m'ôtes le bon vêtement. Celui-ci ne correspond pas à ce que j'éprouve aujourd'hui.

À compter de ce jour, j'ai observé de beaucoup plus près ses tenues et les signaux qu'elle m'adressait à travers eux.

D'AUTRES SIGNAUX SEXUELS

Il existe maintes autres façons pour une femme d'exprimer à un homme son envie de faire l'amour sans se montrer trop directe. Étudions-en ensemble quelques exemples. Certains d'entre eux vous plairont sûrement ; d'autres pas. Sélectionnez-les à votre guise, comme si vous parcouriez les rayons d'un magasin. Et, qui sait, peut-être quelques-uns vous inspireront-ils des signaux personnels !

Allumer des bougies

Susan allume une bougie ou un bâtonnet d'encens près du lit conjugal quand elle a envie de son mari. Rachel, elle, dispose des bougies sur la table du dîner.

Manger du chocolat

Quand Sharon demande à Tim de lui offrir une barre de chocolat au cinéma, il sait que la nuit sera chaude. Sa femme a en effet des envies de chocolat les jours où son corps réclame un violent orgasme.

Faire du feu

Quand elle a envie de faire l'amour, Carol fait du feu dans sa chambre ou demande à son mari d'en faire. Et pendant qu'il empile le petit bois et les bûches, elle le regarde faire en lui faisant bien comprendre combien elle apprécie qu'il prenne le temps de sacrifier à ce petit rituel.

L'attendre pour vous coucher

Normalement, quand Grant rentre tard de voyage, Theresa se couche sans l'attendre. Parfois, il la trouve avec un livre. Si elle le pose ouvertement dès qu'il pénètre dans la pièce, Grant comprend qu'elle est d'humeur amoureuse.

Préparer son plat préféré

Pour laisser deviner à son mari qu'elle souhaite un rapprochement sous la couette, Karen prépare du saumon, le plat favori de l'intéressé.

Rapporter des pistaches

Depuis qu'un jour Tom a raconté à Joyce que les pistaches agissaient sur lui comme un aphrodisiaque, celle-ci lui signale qu'elle le désire en rapportant des pistaches fraîches du marché. Parfois, elle en pose sur la table dès le matin : cela laisse à Tom toute une journée pour fantasmer sur la soirée qui les attend.

Boire un vin spécial

Margaret sort une bouteille d'un vin que son mari et elle apprécient tout particulièrement pour lui indiquer son envie de faire l'amour. Parfois, elle lui demande aussi d'en acheter en rentrant de son bureau.

Se blottir contre lui

Quand Cheryl se blottit contre son mari en marchant, il devine qu'elle souhaite rentrer au plus vite et se retrouver contre lui.

Lui donner trois baisers

Quand Maggie accueille son mari le soir et veut lui transmettre un message sensuel, elle l'embrasse trois fois d'affilée. Ces trois petits baisers suffisent à accélérer le pouls de l'époux ainsi accueilli.

Lui masser les pieds

Pour lui exprimer son désir, Evelyn demande à son mari de lui masser les pieds.
Leslie, elle, propose à son partenaire un massage des pieds. Ces deux tactiques fonctionnent aussi bien l'une que l'autre.

HISSER LES COULEURS

Les peuples nomades de Mongolie usent d'un signal sexuel que j'apprécie tout particulièrement. Quand une femme souhaite faire l'amour, elle hisse un petit drapeau au-dessus de la yourte familiale. Lorsque, à son retour au campement, son mari voit ledit drapeau et en saisit le message, il s'en empare avant de courir chercher une sorte de lasso. De son côté, la femme saute en selle pour s'enfuir au grand galop. Son partenaire se lance alors à sa poursuite, l'attrape au lasso et la fait chuter de cheval, après quoi ils luttent à terre pendant quelques instants avant de faire l'amour. Ce petit rituel leur assure des étreintes passionnées. Muni de l'autorisation indirecte mais non moins claire de son épouse, le mari la poursuit et s'empare d'elle. Et de son côté, bien qu'elle contrôle en réalité la situation, la femme a l'impression d'être poursuivie avant de s'abandonner avec passion entre les bras de son « ravisseur ».

LANGAGE CORPOREL ET SEXE

Le lieu où une femme se change et se prépare pour la nuit fournit lui aussi de précieuses indications quant à son état d'esprit. Lorsqu'elle se dévêt discrètement face à son placard, cela signifie généralement qu'elle n'est pas d'humeur amoureuse. Si en revanche elle dispose sa chemise de nuit sur le côté du lit dévolu à son partenaire et se déshabille à cet endroit-là, il peut raisonnablement en déduire qu'elle attend ses avances.

Une femme qui use de ce dernier signal de disponibilité sexuelle n'obtiendra pas toujours la réaction escomptée, mais même si son partenaire n'est pas tenté pour le moment par son offre indirecte, elle le prépare efficacement à la désirer plus tard. S'il est épuisé, il peut, au lieu d'expliquer qu'il n'a pas envie de faire l'amour – ce que beaucoup d'hommes jugent très gênant – se contenter de se blottir dans son oreiller avec un soupir d'aise en disant : « Aaah, que

je suis content de me coucher. Je tombe de sommeil. »
Le message est clair.

Cette tactique épargne à sa partenaire de se sentir repoussée et évite à l'intéressé de devoir se justifier.

QUAND QUESTIONNER UN HOMME LE GLACE ENCORE PLUS

Bombarder un homme de questions pour savoir pourquoi il n'est pas d'humeur amoureuse achèvera de doucher ses ardeurs et risque de surcroît de le retenir durablement de désirer sa partenaire. Voici une liste de questions à ne surtout pas poser (et de commentaires à garder pour vous) si votre compagnon résiste à vos signaux.

« Qu'est-ce qui ne va pas ? »
« Tu n'aimes plus faire l'amour avec moi ? »
« Avant, tu avais tout le temps envie de moi. »
« C'est parce que j'ai grossi ? »
« Je te plais toujours ? »
« Je ne t'excite plus ? »
« Tu m'aimes encore ? »
« Peut-être devrions-nous en parler ? »
« Nous devrions peut-être consulter un spécialiste. »
« Est-ce que nous referons un jour l'amour ? »
« Je t'ai vu regarder d'autres femmes, ce soir. Tu ne veux plus de moi ? »
« Tu préférerais être avec quelqu'un d'autre ? »
« J'ai fait quelque chose qui t'a déplu ? »
« Pourquoi ne veux-tu pas faire l'amour ? »
« Qu'est-ce qui se passe ? Quelque chose ne va pas ? »

S'il est légitime qu'une femme souhaite obtenir une réponse à de telles questions, mieux vaut pour elle éviter de les poser lorsqu'elle vient de se dévêtir devant son partenaire et qu'il lui a fait comprendre qu'il était fatigué et préférait les bras de Morphée aux siens. Elle doit au contraire dédramatiser cet instant délicat en agissant comme si tout allait bien. Ce n'est pas le moment d'exiger de son partenaire qu'il la rassure sur la profondeur de son amour.

En adoptant une attitude neutre et sereine, elle indiquera à son compagnon qu'elle comprend qu'il ne soit pas d'humeur amoureuse, qu'elle ne lui en tient pas rigueur et qu'elle reste disponible si d'aventure il changeait d'avis.

Deux solutions s'offrent alors à elle : soit elle se console en se disant qu'ils feront l'amour une fois prochaine, soit, si elle est vraiment excitée, elle se caresse. Il est très important que les hommes admettent que leur partenaire se donne un orgasme si elle a envie d'en avoir un quand il n'est pas d'humeur. La compréhension régnera alors au sein de leur couple. Un homme qui sait que sa partenaire acceptera sa présence s'il décide de prendre en marche le train du plaisir ou bien qu'il préfère s'endormir sera plus tenté d'intervenir juste avant que sa compagne atteigne l'orgasme. Le succès de cette méthode vient de ce qu'elle ne fait peser aucune pression sur l'homme.

Il peut néanmoins être utile qu'il rassure par avance sa partenaire et lui confirme qu'il accepte qu'elle le réveille sensuellement juste avant de jouir.

QUAND LES HOMMES CESSENT DE PRENDRE L'INITIATIVE

Les couples cessent de faire l'amour pour deux raisons majeures : soit parce que l'homme cesse de faire des avances à sa partenaire, soit parce que celle-ci lui en fait trop.

Si c'est toujours la femme qui prend l'initiative en matière amoureuse, elle ne tardera pas à se lasser de la situation. Son partenaire se montrera pour sa part de moins en moins ardent. Les femmes ignorent en effet trop souvent qu'à pourchasser un homme plus qu'il ne les sollicite, elles le rendront passif. Si au lieu de s'en tenir à de discrètes invites destinées à lui faire comprendre que ses avances seraient les bienvenues elles font tout le travail à sa place, le sexe perd peu à peu pour lui de son intérêt, sans qu'il même sache pourquoi.

En laissant libre cours à son instinct de chasseur, une femme extériorise son côté masculin. En contrepartie, son compagnon va inévitablement se « féminiser ». Ce déséquilibre détruira lentement la passion au sein de leur couple. Lorsqu'en revanche elle se contente d'avances indirectes, la femme permet à un homme de communier avec sa masculinité et de prendre conscience de son désir pour elle.

En se limitant à des avances indirectes, une femme permet à son partenaire de communier avec sa masculinité et de prendre conscience de son désir pour elle.

Bien souvent, l'homme ne comprend même pas pourquoi son ardeur s'est envolée. Il en déduit parfois à tort que sa partenaire ne l'attire plus alors qu'en réalité c'est l'agressivité qu'elle déploie sur le plan sexuel qui le rebute. Même les hommes qui apprécient a priori qu'une femme prenne l'initiative au lit s'étonnent de voir leur désir s'étioler rapidement.

J'entends souvent des femmes se plaindre de devoir toujours prendre l'initiative à la place de leur partenaire. Je leur suggère de plutôt s'attacher à lui faire comprendre par des signaux subtils qu'elles accueilleraient volontiers ses avances.

Plutôt que de prendre l'initiative avec son partenaire, une femme doit s'attacher à lui faire comprendre qu'elle accueillerait volontiers ses avances.

Attention : cela ne signifie pas qu'une femme ne doit *jamais* prendre l'initiative en matière sexuelle. Les problèmes ne surgissent que lorsque c'est elle qui le fait *la plupart du temps*.

QUAND UNE FEMME NE S'INTÉRESSE PAS AU SEXE

Un homme perd facilement courage s'il lui semble que sa femme attache moins d'importance au sexe que lui ne le fait. Et, à terme, si elle omet de lui rappeler par des signaux constants combien elle apprécie ses attentions sexuelles, il finira par se détacher d'elle. Soudain, les inconnues – ces femmes qui ne l'ont pas encore rejeté – lui paraissent incomparablement plus attirantes que la femme qui partage son lit. Une frontière ténue le sépare alors de l'aventure extraconjugale...

Lorsqu'un couple ne communique plus et que son entente sexuelle s'effrite, les femmes se réfugient volontiers dans leurs fantasmes, alors que les hommes soulagent leurs frustrations par le biais d'escapades. Le sexe extraconjugal a des siècles durant été l'apanage quasi exclusif de la gent masculine. Les femmes se consacraient avant tout à leur foyer et à leur famille, bien plus importants à leurs yeux qu'un épanouissement sexuel que la plupart d'entre elles percevaient comme un luxe inaccessible. L'époux se consolait de leur froideur en allant discrètement chercher son plaisir entre les bras d'autres femmes. Malheureusement, lorsqu'un homme détourne son énergie sexuelle de sa femme, il devient très difficile pour celle-ci d'être suffisamment comblée sur le plan émotionnel pour éprouver du désir physique. Ce mode de vie préservait la cellule familiale, mais pas l'amour.

Ces hommes ignoraient qu'ils possédaient la capacité de réveiller la sensualité endormie de leur partenaire. Ils ne connaissaient pas les approches amoureuses dont nous parlons ici.

――――――――――――――――――
Les hommes recouraient aux aventures extraconjugales avant tout parce qu'ils ignoraient leur capacité à réveiller la sensualité de leur femme.
――――――――――――――――――

Chacun de nous peut ranimer la flamme de la passion au sein de son couple, même si celle-ci paraît totalement éteinte. Le prochain chapitre sera consacré à l'art et la manière de procéder pour y parvenir.

CHAPITRE 8

Comment ranimer la flamme de la passion

Un homme et une femme qui se sentent sexuellement attirés l'un par l'autre lorsqu'ils sont séparés – pendant la journée, par exemple – voient fréquemment leur désir s'envoler dès qu'ils se retrouvent à la maison. L'homme qui fantasme sur sa femme au beau milieu de l'après-midi aura perdu cette envie d'elle une fois dans leur chambre, et vice versa. Ce dysfonctionnement peut résulter d'une foule de raisons.

Il arrive tout d'abord souvent que le quotidien et son cortège de problèmes domestiques ainsi que le temps consacré aux enfants aient insensiblement pris le pas sur les sentiments amoureux. La routine est l'ennemie de la passion, on le sait.

La persistance d'un ressentiment lié à une conversation désagréable ou à une dispute peut également inhiber la sexualité du couple. Même si, en apparence, le problème a été réglé, il ne l'a pas été à la satisfaction des deux parties et un déplaisir latent resurgit inconsciemment dès qu'ils sont en tête à tête. Bilan : ils n'éprouvent plus de désir l'un pour l'autre.

Bien qu'en règle générale il faille d'abord améliorer la communication dans la relation de couple avant de se préoccuper de sexualité, il arrive qu'une étreinte tendre fasse des miracles. La disponibilité sexuelle d'une femme peut lui ouvrir le cœur de son partenaire. De même, lorsqu'ils sont en froid, faire l'amour avec lui et sentir qu'il lui exprime ses sentiments à travers son ardeur pourra parfois aider sa femme à s'ouvrir à lui.

Une fois la passion ravivée, l'émoi partagé pendant une étreinte sexuelle aide à arrondir les angles et à oublier les petites blessures d'amour-propre.

Bien qu'en règle générale, il faille d'abord améliorer la communication dans la relation de couple avant de se préoccuper de sexualité, il arrive qu'une étreinte tendre fasse des miracles.

Il se peut aussi que les deux partenaires aient tout simplement perdu l'habitude de faire l'amour. Quand ils sont hors de chez eux, leurs désirs se manifestent normalement, mais une fois à la maison ils retombent sous l'emprise d'une routine qui ne laisse aucune place aux étreintes. Il devient alors indispensable de recourir à une autre approche amoureuse afin de débloquer la situation.

ESCAPADES ROMANTIQUES

La méthode la plus simple pour raviver une passion languissante est de s'accorder une escapade romantique à deux. Passez la nuit à l'hôtel, changez de décor, brisez la routine et oubliez momentanément vos responsabilités domestiques. Choisissez évidemment pour cette parenthèse amoureuse un cadre aussi agréable que possible.

Efforcez-vous de vous échapper ainsi au moins une nuit par mois. Si vous n'avez pas la possibilité de vous rendre dans un lieu de villégiature ou dans une autre ville, réservez une chambre dans un hôtel de votre ville. Il suffit souvent de changer de lit pour obtenir l'effet escompté.

Les femmes ont particulièrement besoin de tels changements de décor pour laisser libre cours à leur sensualité. Hors de son cadre familier, une femme peut en effet plus facilement oublier ses responsabilités d'épouse et de mère. Se trouver en un lieu esthétiquement agréable lui permet en outre de s'éveiller à sa beauté intérieure.

Les femmes ont particulièrement besoin de changements de décor pour laisser libre cours à leur sensualité.

QUAND S'ÉCHAPPER ?

Bien souvent, les hommes attendent que leur partenaire leur adresse des signaux sexuels clairs pour décider d'une petite escapade. C'est une erreur. Le but de l'escapade est d'aider sa compagne à se mettre d'humeur érotique. Si elle l'est déjà, l'opération perd de son intérêt.

Lorsqu'une femme n'a pas pu quitter son foyer ni laisser libre cours à sa sensualité pendant une longue période, son appétit sexuel est souvent assoupi. Elle a besoin pour retrouver son ardeur, et pour se sentir belle et aimée, de rompre avec le quotidien. Le simple fait d'envisager un week-end ou une soirée en amoureux l'aide à commencer à reprendre contact avec ses sens.

Son partenaire doit également se rappeler qu'une femme a souvent besoin de parler pour se détendre et évacuer son stress avant de pouvoir s'abandonner à l'amour. Si leur escapade romantique comporte un trajet en voiture, ils pourront discuter en chemin et elle arrivera à destination détendue, de bonne humeur, et capable de se laisser aller à des sentiments qui n'auraient pu s'exprimer à la maison. Parfois elle voudra faire l'amour immédiatement, parfois elle préférera faire d'abord une promenade ou dîner au restaurant. Se sentir choyée lui permet d'oublier que c'est d'ordinaire elle qui prend soin des autres. Et cela réveille ses désirs les plus profonds.

Pour aider une femme à se relaxer, son partenaire peut aussi l'emmener faire les boutiques, si elle aime cela. Je sais que cela demandera à la plupart des hommes un immense effort, mais nombre de magasins mettent aujourd'hui des chaises à la disposition des Martiens éreintés à proximité des cabines d'essayage. Peu importe que votre compagne trouve ou non son bonheur pendant cette expédition, car le simple fait de déambuler entre les rayons et de se demander ce qui lui plaît suffit à l'aider à reprendre conscience de ses propres désirs.

Il est primordial pour une femme d'explorer ainsi à loisir ses besoins, ses goûts, ses souhaits et ses aspirations. Cela la prépare à une nuit de folle sensualité et de passion débridée. D'où l'intérêt pour son partenaire de se plier de bon gré à une petite expédition-vitrines !

D'ailleurs, quand une femme est manifestement heureuse et apprécie tout ce qui l'entoure, son partenaire se laisse également gagner par son enthousiasme, même s'il était au départ un peu réticent. Il est fier et heureux de la rendre aussi joyeuse. En d'autres termes, laisser leurs problèmes au vestiaire leur permet de profiter pleinement l'un de l'autre.

Les escapades inopinées sont bien entendu les plus romantiques, mais nos responsabilités diverses nous interdisent en général de nous éclipser à l'improviste. De plus, connaître la date de sa prochaine escapade à deux permet à une femme d'en rêver par avance, ce qui l'aide à rester en contact avec sa sensualité.

ÉCRIRE UNE LETTRE COQUINE

Raviver la sexualité de son couple peut aussi passer par l'écriture d'une lettre coquine à son partenaire. Si vous constatez que vous fantasmez sur lui ou sur elle quand il ou elle n'est pas là, mais que vous n'éprouvez plus rien en sa présence, essayez de noter vos émois sexuels lorsqu'ils vous envahissent. Comme je l'ai déjà dit, les tracas quotidiens tuent facilement le désir et celui-ci s'exprime parfois difficilement sous le toit familial.

Quand vous êtes seul(e), mettez-vous à l'écoute de vos ardeurs et imaginez que vous et votre partenaire les assouvissez. Racontez par écrit à votre partenaire ce que vous rêvez de faire avec lui (ou elle). Efforcez-vous de décrire la scène et vos émotions comme si vous les viviez réellement. Voici un exemple de lettre adressée par un homme à sa femme.

Chère...,
Tu me manques terriblement. J'ai très envie de toi et je voudrais te voir et te toucher. J'adore caresser ton corps superbe. Ta peau de soie et tes seins sensuels me rendent fou de désir et d'excitation. J'adore agacer et sucer tes mamelons durcis.
En ce moment j'imagine que je te tiens dans mes bras. Je sens ton corps chaud et moite contre le mien. Tu te serres contre moi et c'est délicieux. Ton enivrant parfum emplit mes narines et je t'aime à chaque instant un peu plus. J'embrasse tes lèvres douces et mon corps tout entier

est parcouru de frissons. Nos baisers se font plus ardents et tes lèvres s'entrouvrent sous la pression de ma langue. Pénétrer ainsi ta bouche chaude et humide accroît encore mon excitation.

Je tiens ton visage entre mes mains et je caresse tes merveilleux cheveux. Mes doigts explorent lentement ton corps et je me délecte de tes gémissements. J'adore sentir tes doigts courir sur ma peau. J'aime deviner que mes caresses te procurent autant de plaisir que les tiennes m'en donnent.

À présent, j'ôte ton soutien-gorge pour effleurer tes seins ronds aux mamelons tendus. Je sais que tu me désires autant que je te désire. Je t'aime tant... Tu es tout ce que je veux. Je brûle du désir de m'unir à toi, de me fondre en toi et de m'introduire dans la chaleur de ton corps.

Mon ardeur croît encore quand je pose la main sur ton sexe humide. Lentement et en rythme, mes doigts contournent ta féminité, se rapprochant encore et encore jusqu'à frôler ton clitoris. Tu halètes de plaisir et j'accélère mes mouvements et la pression de mes doigts.

Tes caresses se font plus audacieuses ; tu me mets au supplice. Enfin, ta respiration change et j'entends la douce musique de ton plaisir naissant. Mon pénis dur et tendu va enfin pouvoir pénétrer la grotte sacrée de ta féminité. Quel délice ! Si tu savais quel amour emplit mon cœur et quelle passion embrase mon âme...

Lentement, je me glisse en toi et le temps suspend son vol. Enfin nous ne faisons plus qu'un. Je m'enfonce encore et tu te donnes à moi dans un petit cri. Je ressors, je rentre, je ressors, puis je rentre, encore et encore. Mon pénis est de plus en plus gonflé et dur. Être en toi soulage les fibres les plus délicates de mon âme. Je crois exploser, mais tes gémissements de bonheur m'aident à me retenir encore un instant.

Ensemble, nous nous envolons vers des sommets de passion, de plaisir et d'extase. Mon amour t'englobe tandis que les premiers frissons du plaisir s'emparent de toi.

Quand tes gémissements s'exacerbent, je te rejoins. Un éclair aveuglant de plaisir traverse mon corps et je jouis à mon tour.

À présent, nous reposons tous deux serrés l'un contre l'autre, nos corps nus enlacés et repus, et je me sens en paix, réconcilié avec moi-même. Je remercie le Ciel pour ta présence à mes côtés, pour ton amour et pour le don merveilleux qu'il représente.

Effleurant tes cheveux, je plonge mon regard dans tes yeux magnifiques et te dis : « C'était merveilleux ! » Tu me souris. J'ai beaucoup de chance.

Je t'aimerai toujours.

SI VOUS N'ÊTES PAS HABILE DE VOTRE PLUME

Tout le monde ne s'exprime pas aussi facilement par écrit, surtout lorsqu'il s'agit de sentiments délicats. Cela ne signifie pas que l'on n'éprouve pas ces sentiments, mais seulement que l'on sait mal les traduire en mots.

Si tel est votre cas et que vous êtes un homme, c'est fort dommage car les femmes adorent lire de telles phrases – ce qui explique l'immense succès des romans « à l'eau de rose ». Essayez de lui adresser une carte dépeignant de manière poétique ce que vous ressentez. N'ayez pas honte de ne pas savoir exposer vos émois comme ils le mériteraient et sachez que choisir une carte qui vous servira de porte-parole est tout aussi méritoire que rédiger une lettre.

Choisir une carte qui vous servira de porte-parole est tout aussi méritoire que rédiger une lettre.

Le même principe s'applique aux lettres coquines. N'hésitez donc pas à vous inspirer autant que vous le souhaitez de l'exemple donné ci-dessus ou de phrases tirées de vos lectures. Il est bien plus important de capter vos sensations pour les transcrire sous forme de mots que de faire preuve d'originalité.

Une fois votre missive achevée, annoncez à votre partenaire que vous aimeriez la lire avec lui (ou elle). Réservez-vous une plage de tranquillité pour ce faire (prévoyez au moins quarante-cinq minutes). Vous pouvez laisser votre partenaire la lire en silence ou à haute voix, ou encore la lui lire. Très vite l'émoi qui vous habitait pendant que vous rédigiez votre lettre vous envahira de nouveau, et bientôt la passion embrasera votre couple.

Cette technique nous a souvent aidés, ma femme et moi, à raviver la flamme de notre ardeur mutuelle. Je n'ai pris conscience de leur importance pour Bonnie que lorsqu'elle m'a avoué conserver mes lettres et les relire quand elle avait l'impression que je l'aimais moins.

Les lettres coquines présentent une double utilité car, outre leur effet stimulant sur la sexualité du couple, elles aident votre partenaire à comprendre ce que vous ressentez pendant l'amour. Sans elles, Bonnie n'aurait jamais aussi bien compris l'intensité de ma passion pendant nos étreintes.

LE SEXE AU TÉLÉPHONE

Lorsqu'un couple est séparé par la distance à cause d'une déplacement professionnel ou parce que les deux partenaires n'habitent pas la même ville, ceux-ci éprouvent parfois le besoin de se masturber. La solitude d'une chambre d'hôtel ou d'une maison vide peut susciter de puissantes pulsions sexuelles. Pourquoi dans ce cas, au lieu de vous caresser en solo, ne pas appeler votre partenaire et faire l'amour au téléphone ?

Procédez comme pour rédiger une lettre coquine, mais évidemment par oral. Commencez par expliquer à votre partenaire combien vous avez envie de lui ou d'elle et combien vous aimeriez qu'il ou elle soit auprès de vous. Demandez-lui de se caresser en gardant les yeux fermés et en imaginant que c'est vous qui le caressez. De même, vous imaginerez que vos doigts sont en fait ceux de votre partenaire. Tour à tour, chacun de vous parlera, puis écoutera. Décrivez de temps à autre ce que vous éprouvez et ce que vous rêvez que votre partenaire vous fasse, ou ce que vous rêvez de lui faire.

De cette manière, un couple peut arriver à partager un véritable rapport sexuel.

Un tel ersatz ne remplace bien entendu pas une étreinte brûlante, mais il s'en approche honnêtement. Évitez seulement d'utiliser un téléphone mobile, dont la fréquence est parfois captée par certaines radios...

AU MILIEU DE LA NUIT

Faire l'amour au milieu de la nuit combine sexe « trois étoiles » et « formule express ».

C'est pour un homme une sensation enivrante que d'être réveillé en pleine nuit par une femme qui frotte son sexe chaud et humide contre sa jambe et ses seins nus contre son torse. Mieux encore, une femme peut commencer par se caresser pendant vingt à trente minutes, jusqu'à frôler l'orgasme, puis enfourcher son partenaire. Il adorera être ainsi réveillé. Et comme il ne lui faut que quelques minutes pour répondre ardemment aux avances de sa compagne, ils pourront tous deux atteindre le plaisir.

Si, en revanche, c'est l'homme qui se réveille au milieu de la nuit d'humeur coquine, les choses sont un peu plus compliquées. En effet, une femme met plus longtemps à rejoindre un homme sur ce terrain que l'inverse.

Mais comme il est particulièrement exaltant pour un homme de se savoir autorisé à parfois réveiller sa partenaire en pleine nuit afin de lui faire l'amour, il est utile de se pencher sur la question. Pour que la chose soit envisageable, il faut tout d'abord qu'un certain nombre de conditions soient réunies. Le couple doit notamment avoir une vie sexuelle régulière et communiquer librement et sereinement. L'homme doit par ailleurs demander à l'avance à sa partenaire si elle accepte qu'il la réveille de temps à autre pour un intermède amoureux. Certaines femmes préfèrent qu'on les laisse dormir, sauf pendant les vacances, si elles sont vraiment bien reposées ou si elles peuvent se lever tard le lendemain.

Et même si sa partenaire lui a donné son consentement, il doit se montrer beaucoup plus doux qu'elle ne le serait avec lui dans le cas de figure inverse. Il peut par exemple commencer par se rapprocher d'elle, puis se serrer contre elle et la caresser doucement tout en se frottant contre elle. À elle de décider alors si elle souhaite accueillir ses assauts ou non. Elle doit toujours se sentir libre de lui dire : « Pas ce soir. »

Dès que son partenaire peut entendre ces mots sans se sentir rejeté, elle acquiert la liberté de les prononcer. Il s'agit là d'une étape primordiale de la communication du couple, car une femme qui n'ose pas refuser un rapport sexuel perd aussitôt en contrepartie la faculté de l'accepter réellement. Et rien ne flétrit plus l'attirance sexuelle que faire l'amour quand on n'en a pas envie.

Une femme qui n'ose pas dire « non » à son partenaire perd aussitôt en contrepartie la faculté de lui dire réellement « oui ».

En respectant les besoins sexuels spécifiques de son partenaire, chacun peut apporter à l'autre et recevoir de lui le soutien dont il a besoin. Dans le chapitre suivant, nous étudierons une approche du sexe qui permet aux deux amants d'être toujours satisfaits.

CHAPITRE 9

Le sexe par phases

Pour nous garantir une sexualité épanouie et préserver la passion au sein de notre couple, il est essentiel de comprendre qu'en matière sexuelle il existe deux pôles : donner du plaisir et en recevoir. Dans les échanges amoureux, quand l'un des partenaires donne des caresses, l'autre les reçoit. Afin de faire monter le plaisir, il est important de penser à inverser les pôles en changeant, comme en électricité, de phase. On pourrait appeler cela le sexe par phases. L'un des partenaires s'attache à procurer des caresses à l'autre, puis tous deux intervertissent les pôles : celui qui donnait reçoit et vice versa.

De manière générale, le sexe par phases se déroule en deux étapes.

Pendant la première phase, l'homme reçoit des caresses et de l'attention. Il n'a guère envie de passer du temps à préparer sa partenaire pour l'amour. Bien sûr il souhaite qu'elle apprécie ses attentions, mais il se préoccupe avant tout de lui. Elle, de son côté, ne s'attend pas à être immédiatement excitée, ni à suivre le rythme de son amant et peut donc lui prodiguer sans impatience ces caresses.

Dans la seconde phase, c'est au tour de la femme de recevoir, pendant que son partenaire s'attache à lui prodiguer ses attentions. Ayant suffisamment donné, elle peut désormais se laisser aimer sans retenue. Et maintenant qu'il est véritablement excité, il souhaite donner du plaisir à sa partenaire. De cette manière, chacun d'eux obtient ce qu'il désire.

POURQUOI PRATIQUER LE SEXE PAR PHASES

Le concept du sexe par phases m'est venu parce que je sais qu'un homme n'a pas *toujours* envie de se consacrer longtemps aux préliminaires indispensables pour que sa partenaire atteigne l'orgasme. Non qu'il ne se préoccupe pas de son plaisir, mais son corps rêve de se laisser aller à ses désirs et d'en venir rapidement au rapport sexuel proprement dit puis à l'orgasme. Ce décalage temporel pose souvent problème.

L'homme sait que poursuivre son bonhomme de chemin sans se soucier de préliminaires engendrera le ressentiment de sa partenaire, mais, d'un autre côté, attendre qu'elle soit prête à le rejoindre le frustre. Il arrive qu'à la fin d'une dure journée un homme soit fatigué et manque de patience. Dans ce cas, la perspective de longs préliminaires peut agir sur lui comme une douche froide. Il sait en outre que s'il s'autorise à jouir le premier, il ne disposera plus après de l'énergie suffisante pour s'occuper de sa compagne et lui donner ce dont elle a besoin.

La femme, elle, préfère se passer de sexe que voir son partenaire s'évertuer à la faire décoller le plus vite possible et deviner la frustration que cet exercice lui procure. Pour apprécier une étreinte, une femme a besoin de sentir qu'elle n'est pas tenue de réagir immédiatement. Elle ne sait pas toujours combien de temps il lui faudra pour atteindre l'orgasme, ni même si elle y parviendra cette fois-ci.

Pour apprécier une étreinte, une femme a besoin de sentir qu'elle n'est pas tenue de réagir immédiatement. Le sexe par phases apporte une solution à ce problème.

Le couple risque rapidement de se retrouver dans une impasse, l'homme résistant aux étreintes pour échapper aux préliminaires. Le sexe par phases apporte une solution à ce problème et présente en outre une foule d'autres avantages. Loin de ronger son frein en attendant que le plaisir gagne sa partenaire, l'homme commence par laisser libre cours à son ardeur et à son excitation. Puis, lorsqu'il est sur le point d'atteindre l'orgasme, il s'arrête et s'occupe de sa partenaire, accordant tout le temps nécessaire aux préliminaires. Et, après l'avoir conduite au septième ciel, il pourra, heureux d'avoir procuré du plaisir à sa partenaire, se laisser aller à son propre plaisir.

PRATIQUER LE SEXE PAR PHASES

Le sexe par phases peut aussi démarrer avec un homme excité et prêt à faire l'amour et une femme qui apprécie simplement le désir manifesté par son partenaire. Il peut alors la tenir dans ses bras, l'embrasser, la caresser, se frotter contre elle, la déshabiller, bref, faire tout ce qu'il souhaite pour exacerber son propre émoi. Elle, de son côté, peut se contenter de se laisser adorer et apprécier d'être si violemment désirée.

Elle sait qu'il n'attend pas d'elle une ardeur égale à la sienne, mais seulement qu'elle le soutienne dans celle qu'il éprouve et qu'il attend que son désir grandisse. Ensuite, on change de phase en inversant les pôles. Elle peut alors à son tour attiser encore son partenaire en caressant ou massant son pénis, ou en lui prodiguant des caresses buccales. Tout ceci a pour but d'exacerber le désir de son partenaire. Il est très clair que celui-ci reçoit et qu'elle est donneuse.

Au bout de cinq minutes environ, quand l'émoi de l'homme est presque à son comble et qu'il se sent au bord de l'orgasme, il lui fera comprendre qu'elle peut interrompre ses caresses soit en émettant un gémissement plus vif, soit en prenant une profonde inspiration, puis en la repoussant doucement pour inverser les rôles. Il peut aussi se contenter d'écarter délicatement les mains de sa partenaire, ou changer de côté dans le lit.

Tous ces signaux sont destinés à signaler à sa compagne qu'il est à présent disposé à lui donner à son tour autant de bonheur qu'elle lui en a procuré. En changeant à nouveau de phase, elle peut alors se détendre et se concentrer sur les sensations qu'il fait naître en elle. Il ne doit pas oublier que si lui n'a besoin que de deux ou trois minutes de stimulation, il devra en accorder vingt à trente à sa partenaire.

L'homme doit toujours se rappeler que, bien que lui n'ait besoin que de deux ou trois minutes de stimulation pour frôler l'orgasme, il faut à une femme vingt à trente minutes pour atteindre le même résultat.

INVERSER LES PHASES

Au début, il paraîtra sans doute difficile à l'homme de s'interrompre en si bon chemin pour inverser les pôles. Il sera peut-être trop excité pour s'arrêter. Cela arrive en particulier lorsque la femme prend son partenaire dans sa bouche ou qu'il la pénètre pendant la première phase. Pour mieux se contrôler et passer avec succès à la deuxième phase, l'homme peut songer au besoin que sa compagne a de le sentir excité quand elle-même atteint l'orgasme.

> *Pour mieux se contrôler, l'homme peut songer au besoin que sa partenaire a de le sentir excité quand elle-même atteint l'orgasme.*

Les hommes et les femmes sont biologiquement programmés pour réagir de façon différente après l'orgasme. Les femmes demeurent excitées car leur taux d'hormones sexuelles[1] reste très élevé et elles apprécient encore plus d'être pénétrées. L'homme, lui, voit son excitation et son érection retomber très rapidement. Quand il a fini, il a bien fini. Et les hormones gouvernant son plaisir se dissipent et s'évacuent elles aussi sans délai.

S'il jouit le premier, il ne lui reste plus d'énergie pour sa partenaire lorsque celle-ci est prête à atteindre l'orgasme. Si en revanche c'est la femme qui jouit la première, elle reste suffisamment excitée pour attendre qu'il la suive dans cette voie et prend plus de plaisir à l'orgasme de son partenaire.

EN MATIÈRE D'ORGASMES, HONNEUR AUX DAMES

Bien des couples s'évertuent à coordonner leurs orgasmes pour qu'ils surviennent simultanément. Ce n'est pas la solution la plus satisfaisante. Il est extrêmement déconcentrant pour une femme de se demander quand elle va atteindre l'orgasme. Elle profitera

---

1. Endorphines, catécholamine et neurotransmetteurs.

beaucoup mieux d'une étreinte si elle peut s'abandonner à ses sensations sans tenter de les contrôler. Une fois qu'elle aura atteint l'orgasme, son partenaire pourra jouir à son tour immédiatement ou attendre un peu pour le faire.

Quand l'homme et la femme jouissent ensemble, chacun d'eux est si absorbé par l'intensité de son propre plaisir qu'il en oublie en quelque sorte son partenaire, ce qui brise leur intimité.

Atteindre simultanément l'orgasme n'est pas la solution qui comble le plus intensément un couple.

Sa partenaire qui, une minute auparavant, était l'objet de toutes ses attentions, se trouve soudain délaissée. L'homme est trop obnubilé par son propre orgasme pour profiter pleinement de celui de sa compagne, alors qu'il se délectait jusqu'alors de sentir le plaisir de cette dernière grandir.

En s'arrangeant pour que sa partenaire atteigne l'orgasme la première, il l'aide à s'abandonner encore plus au plaisir et peut en ressentir la plénitude. Et lorsqu'il succombera à son tour à sa jouissance, elle en profitera elle aussi plus intensément. C'est un peu comme s'ils avaient deux orgasmes chacun, au lieu d'un seul. Tous deux commencent par vivre pleinement celui de la femme, puis celui de l'homme.

Rappelons que si l'homme jouit le premier, sa partenaire devra, pour se mettre à l'écoute de son plaisir, détourner momentanément son attention de ses propres sensations. Il lui faudra ensuite retrouver le fil de son émoi, ce qui n'est pas toujours facile, et même si elle atteint à son tour le septième ciel, son partenaire ne le sentira pas car il ne sera plus suffisamment excité.

Le sexe par phases donne aux femmes la possibilité d'un orgasme chaque fois qu'elles le souhaitent. Et si elles s'aperçoivent qu'elles n'y parviendront pas cette fois, le fait que leur partenaire leur ait accordé son attention sans rien exiger en retour suffira à les combler.

Si un couple pratique le sexe en deux temps, la femme a la possibilité d'avoir un orgasme à chaque étreinte.

LES AVANTAGES ANNEXES DU SEXE PAR PHASES

Avantage supplémentaire du sexe par phases : une fois que son partenaire a reçu des caresses pendant la première phase, une femme estime mériter pleinement les attentions qu'il lui prodigue quand vient la deuxième phase. Certaines éprouvent des difficultés à atteindre l'orgasme sans cette certitude de leur « bon droit ».

Souvent, celles qui donnent beaucoup à leur entourage ont des difficultés à recevoir les attentions d'autrui. Au lit, elles se préoccupent tant des besoins de leur partenaire et de son plaisir qu'elles ne s'autorisent pas à écouter leurs propres sensations. Il s'agit souvent d'une réaction inconsciente.

Lors d'un de mes ateliers, une des participantes s'est redressée en s'exclamant : « C'est exactement ça ! Comment l'avez-vous deviné ? » Nous avons tous compris qu'elle avait vécu une telle expérience. Je lui ai demandé de nous la relater. Voici son récit.

« Je viens de comprendre le mécanisme de l'unique orgasme de mon existence. J'ai quarante-deux ans, je n'ai joui avec un partenaire qu'une seule fois et je viens à l'instant de réaliser pourquoi.

» Voici environ six ans, mon partenaire a voulu

faire l'amour après une dispute. J'ai d'abord refusé car j'étais encore pleine de rancœur à son égard. Je lui reprochais de se donner beaucoup moins à notre relation que je ne le faisais. Comme il insistait, j'ai fini par accepter, mais je me suis promis de demeurer passive et de me contenter de recevoir ses caresses. Il s'est montré très attentionné, mais pour la première fois depuis notre rencontre je n'ai rien fait pour lui. Et j'ai eu un orgasme. Aujourd'hui je comprends pourquoi : comme je ne me préoccupais pas de son plaisir, j'ai pu me concentrer sur le mien. Et je me rappelle que, malgré ma passivité, il était lui aussi très satisfait de notre étreinte.»

Cet exemple montre que c'est quand une femme sait accueillir des caresses qu'elle apprécie le mieux une relation sexuelle. Le sexe par phases l'aide à oser accepter cette symétrie puisque, dans une première phase, elle donne suffisamment pour pouvoir ensuite changer de rôle sans éprouver de culpabilité.

QUAND UN HOMME PARVIENT À SE CONTRÔLER

Une femme qui ressent que son partenaire contrôle son plaisir et sera capable de se retenir de jouir avant elle tire plus de bonheur de leurs étreintes car elle sait qu'elle n'est pas obligée de se dépêcher pour atteindre l'orgasme avant lui. Cela lui permet de se détendre et de s'abandonner pleinement à ses sensations. Voilà un autre avantage du sexe par phases. Au cours d'une première phase, l'homme apprécie les caresses, mais ne jouit pas ; la phase suivante étant, elle, entièrement consacrée à sa partenaire. Et celle-ci le sait.

Plus une femme sent son partenaire capable de contrôler son plaisir et de se retenir de jouir avant elle, plus elle pourra se détendre et s'abandonner pleinement à ses sensations.

Il arrive parfois qu'un homme soit excité au point d'être prêt à jouir avant sa partenaire. Il doit alors absolument empêcher celle-ci de stimuler son pénis, s'écarter un peu d'elle avant qu'il ne soit trop tard et changer les pôles en procurant des caresses à sa partenaire. Se consacrer au plaisir de sa partenaire aide un homme à faire retomber son excitation.

Une femme apprécie que son partenaire lui donne parfois un orgasme avant de la pénétrer. N'oubliez pas que la quasi-totalité des femmes ont un orgasme par la caresse du clitoris. Dans ce cas de figure, l'homme poursuivra la deuxième phase jusqu'à conduire sa partenaire à l'orgasme, le rapport sexuel proprement dit n'intervenant qu'après. Il pourra alors s'abandonner à son tour à son plaisir. Sachez à ce propos, messieurs, qu'un homme qui pénètre sa compagne après qu'elle a joui se sent extrêmement bienvenu en elle.

APRÈS L'ORGASME DE LA FEMME

C'est après avoir elle-même eu un orgasme qu'une femme apprécie le plus d'être pénétrée, à la fois parce que tous ses sens sont en éveil et parce qu'elle peut alors mieux profiter de la jouissance de son partenaire. Ayant pris son plaisir, elle est en mesure de se concentrer sur son amant et de lui faire sentir l'étendue de son amour. Elle expérimente alors une autre sorte de stimulation. Avant l'orgasme le plaisir monte en elle et, après, elle se sent comme une alpiniste qui a vaincu une montagne et danse au sommet avec son partenaire.

De plus, après l'orgasme, le vagin d'une femme se contracte et aspire à être empli par le pénis de son amant. Quel meilleur moment choisir pour y faire son entrée ? Non seulement elle apprécie d'être pénétrée mais, en plus, son partenaire est libre de bouger en elle à sa guise, sans se préoccuper d'elle.

Peu importe à sa compagne qu'il jouisse en une minute ou en dix, puisqu'elle-même est déjà comblée. Les hommes ignorent souvent cela et croient à tort que, pour une femme, « plus c'est long, plus c'est bon ». En réalité, une pénétration durant plus de trente minutes devient en général douloureuse pour la femme et peut en outre provoquer chez elle une infection vaginale. Le souci de « durer » qui inquiète tant d'hommes s'envole complètement avec le sexe par phases et assure à la femme la certitude de recevoir toute la stimulation nécessaire à son plaisir avant que son partenaire jouisse.

Peu importe à une femme qu'un homme jouisse rapidement ou non en elle si elle-même est déjà comblée.

INTENSIFIER LE PLAISIR DE LA FEMME

Les hommes se préoccupent souvent plus du but recherché que du chemin y menant. Au lit comme ailleurs, ils souhaitent avant tout se montrer efficaces. Et lorsqu'ils ont mené leur partenaire au bord de l'orgasme, leur tendance naturelle les pousse à intensifier les stimulations qu'ils lui prodiguent afin de la faire jouir au plus vite. C'est une erreur car un homme accentue bien mieux le plaisir de sa partenaire en lui faisant approcher l'orgasme, puis en ralentissant ses caresses pour que son excitation retombe un peu, puis en la ramenant frôler le sommet sans l'y conduire tout à fait et ainsi de suite. S'il fait cela deux ou trois fois, il lui procurera une jouissance incomparablement plus puissante et enthousiasmante.

Plus une femme approche de l'orgasme, plus son envie de jouir s'exacerbe. Cette tactique raffinée laisse de surcroît à son corps le temps de se préparer pleinement au plaisir afin de le vivre encore plus intensément.

Lorsque lui et sa partenaire pratiquent le sexe par phases, l'homme doit d'abord s'attacher – dans la première phase – à accumuler de l'énergie en vue de son propre orgasme. Quand il passera à la deuxième phase et se consacrera au plaisir de sa partenaire, cette énergie retombera, mais lorsqu'il s'abandonnera enfin à l'orgasme, ce dernier sera magnifié par l'attente.

Pour indiquer à son partenaire qu'elle est sur le point d'atteindre l'orgasme, une femme peut utiliser une phrase comme « oui, je viens », qui signifie à la fois « s'il te plaît, arrête-toi, sinon je vais jouir » et « s'il te plaît, continue, c'est si bon ». L'homme pourra alors choisir entre lui donner un orgasme immédiat ou suspendre toute stimulation directe du clitoris pendant trente secondes à quelques minutes, avant de recommencer pour la rapprocher encore de l'orgasme.

Il ne s'agit pas pour lui d'interrompre totalement ses caresses, mais seulement d'abandonner quelques instants le clitoris de sa partenaire. Rien ne lui interdit, en revanche, de promener ses mains et ses lèvres sur le reste de son corps de manière très érotique. Ainsi, sa partenaire verra son excitation retomber un peu pour mieux regrimper par la suite vers des sommets encore plus élevés.

ÉTENDRE NOTRE POTENTIEL DE PLAISIR

Chaque fois que nous laissons notre énergie sexuelle décroître avant de grandir de nouveau, nous étendons la capacité de plaisir de notre corps. J'ai fait une expérience passionnante à cet égard. Un de mes amis, qui dirige une clinique spécialisée dans le traitement de la douleur, m'a un jour expliqué que l'on traitait les douleurs chroniques en plantant une aiguille en un point clé du corps du patient, dans laquelle on faisait circuler un courant électrique. Au cours de la séance, d'une durée d'une heure, l'intensité du courant électrique circulant dans l'aiguille était progressivement accrue. Les médecins avaient remarqué que plus ils augmentaient lentement l'intensité du courant, plus l'organisme de leurs patients supportait une intensité élevée.

Bien que ne souffrant pas de douleurs chroniques, j'ai voulu tester ce traitement. On m'a donc planté une aiguille dans le bras, puis le médecin a lentement tourné le bouton du générateur électrique jusqu'à ce que je ressente une sensation de brûlure. Il a alors réduit un soupçon l'intensité du courant jusqu'à qu'il redevienne indolore.

Dix minutes plus tard, une infirmière est venue tourner de nouveau le bouton afin de doubler l'intensité du courant. J'ai effectivement ressenti une différence, mais aucune douleur. Au bout de dix minutes de traitement, mon corps s'était adapté au courant électrique, son seuil de tolérance s'était élevé, et je pouvais supporter sans difficulté une intensité double de celle que l'on m'avait jusqu'alors appliquée.

Dix minutes plus tard, l'infirmière est revenue et a porté sans que j'en souffre la puissance du courant électrique au triple de son niveau d'origine. Pendant une heure, elle a ainsi continué à accroître régulièrement l'intensité du courant circulant dans l'aiguille fichée dans mon bras. À la fin, je recevais allégrement une tension six fois supérieure à la puissance maximale que je supportais au début de la séance. Rien d'exceptionnel à cela, à en croire mes mentors : je réagissais tout à fait normalement au traitement. Je suis revenu à la clinique le lendemain pour une seconde séance. Mais cette fois, j'ai tenté de tourner le bouton du générateur sans attendre les dix minutes réglementaires, pour atteindre directement l'intensité maximale que j'avais supportée la veille. Je me suis brûlé et infligé un choc électrique. J'avais la preuve que le corps s'adapte... pourvu qu'on lui en laisse le temps.

Le même phénomène se vérifie en matière sexuelle : si nous prenons le temps de laisser l'énergie monter en nous puis de nous interrompre pour nous habituer à elle avant de recommencer à la faire grandir, notre capacité de plaisir s'accroît considérablement. Avec cette méthode, nous jouissons plus pleinement de nos étreintes et éprouvons des orgasmes plus intenses et qui nous comblent mieux.

Laisser l'énergie monter en nous, puis nous interrompre pour mieux recommencer accroît notre capacité de plaisir et nous permet d'apprécier plus pleinement nos étreintes et de vivre des orgasmes plus intenses et plus épanouissants.

Quand on prend le temps de laisser le plaisir monter en soi encore et encore, on vit un orgasme de tout son corps, alors qu'une jouissance obtenue plus rapidement est en général plus concentrée sur la zone génitale et nettement moins spectaculaire.

BON VIEUX SEXE « FAIT MAISON » ET SEXE « TROIS ÉTOILES »

Sauf lorsqu'il s'offre une « formule express », un homme doit s'efforcer de faire aller et venir sa partenaire au bord de l'orgasme au moins deux ou trois fois avant de l'y amener : c'est le secret d'une étreinte éblouissante. Comptez environ trente minutes pour qu'elle parvienne à l'orgasme.

Voilà ce que j'appelle du sexe « fait maison », sain et savoureux comme les plats que votre grand-mère cuisinait. Cette « recette » prend, je l'ai dit, environ une trentaine de minutes : cinq pour la première phase, vingt pour la deuxième phase et, après que l'homme a joui à son tour, cinq pour demeurer étendus et heureux dans les bras l'un de l'autre.

Il est bon pour un couple de savoir qu'une telle étreinte, en définitive relativement courte, peut pleinement satisfaire les deux partenaires. En effet, si chaque étreinte prend obligatoirement des heures, la passion n'y résistera pas. Difficile de caser des moments interminables dans nos emplois du temps surchargés. En revanche, le planning le plus serré laisse toujours au moins une demi-heure de libre une ou deux fois par semaine.

À côté de ces étreintes « maison », un couple doit se réserver des plages d'intimité plus longues – d'une durée de deux heures environ – à consacrer au sexe « trois étoiles », déjà évoqué dans cet ouvrage. Au cours de ces moments, les deux partenaires peuvent chacun à leur tour amener l'autre au bord de l'orgasme avant d'intervertir les rôles. Par exemple, la femme commencera par exciter son amant, puis il la mènera presque au sommet deux ou trois fois, après quoi elle s'occupera de nouveau de lui et ainsi de suite jusqu'à ce qu'elle ne parvienne plus à contenir son plaisir.

Pour l'homme, de telles étreintes ne sont pas seulement agréables. Elles l'aident aussi à améliorer le contrôle qu'il exerce sur son énergie sexuelle. Tout en vivant un plaisir plus intense, il découvre l'excitation accrue que procure le fait de ralentir pour mieux recommencer.

Une fois que l'on a frôlé l'orgasme plusieurs fois, on est moins pressé de jouir et plus enclin à savourer chaque instant, chaque saveur, chaque senteur, chaque souffle, chaque son et chaque sensation. Et cela permet de ressentir plus pleinement le flux d'amour qui circule entre vous et votre partenaire.

Les étreintes « trois étoiles » accordent une place plus importante à la première phase que les rapports normaux ne le font. L'homme frisera l'orgasme à plusieurs reprises avant que le couple n'aborde la deuxième phase, à l'issue de laquelle sa partenaire l'approchera à son tour deux ou trois fois. Ils pourront alors à nouveau inverser les pôles. Et, à mesure que leurs corps se chargeront d'électricité sexuelle, tous deux deviendront capables de donner et de recevoir simultanément.

Attention, même si dans ce cas vous n'êtes plus obligés de suivre à la lettre les règles de la sexualité par phases, veillez cependant à ce que la femme atteigne bien l'orgasme la première.

UNE NOUVELLE DIMENSION
AUX « FORMULES EXPRESS »

La « formule express » prend en moyenne trois à cinq minutes. Elle se limite à une seule phase et est exclusivement destinée au plaisir de l'homme. La plupart des femmes acceptent en général de se prêter à des rapports de ce type lorsqu'elles se sentent bien dans leur relation de couple et savent qu'elles bénéficient de magnifiques étreintes « fait maison » régulièrement pimentées d'intermèdes « trois étoiles ».

Les femmes acceptent en général de se prêter occasionnellement à des « formules express » lorsqu'elles se sentent bien dans leur relation de couple et savent qu'elles bénéficient de magnifiques étreintes « fait maison » régulièrement pimentées d'intermèdes « trois étoiles ».

La pratique régulière de la « formule express » est plaisante pour l'homme, mais sa partenaire doit savoir qu'elle présente également des avantages pour elle. En effet, bien que cela ne lui procure pas le plaisir physique que lui apportent des étreintes plus longues, elle pourra pour diverses raisons se sentir comblée sur le plan émotionnel.

Depuis que j'enseigne aux couples l'art d'intégrer la « formule express » à leur vie sexuelle et le pourquoi d'un tel conseil, j'ai reçu les remerciements de beaucoup d'hommes, mais aussi de femmes. Voici quelques exemples des propos que celles-ci m'ont tenus.

« Maintenant, quand nous faisons l'amour et que je m'aperçois que je ne suis pas vraiment d'humeur à cela, je n'ai plus besoin de simuler. Il me suffit de dire : "Contentons-nous d'une formule express." Mon mari ne fait plus la tête et je n'ai plus besoin de lui expliquer que tout va bien et que c'est juste moi qui, etc. »

« C'est merveilleux car parfois j'ai juste envie d'un câlin et d'intimité, mais je veux aussi satisfaire mon mari. Avec cette façon de faire, j'ai mon câlin et lui son plaisir mais sans que j'aie besoin d'essayer de me mettre dans l'ambiance. »

« Enfin, mon partenaire comprend qu'il m'arrive

d'avoir juste envie d'un rapport sexuel sans pour autant tenir à atteindre l'orgasme. »

« Le concept de la "formule express" est génial. Je n'ai plus besoin de me demander si je suis suffisamment excitée pour faire l'amour. Parfois, ce qui avait commencé comme une "formule express" se termine par une véritable étreinte car je me sens soudain d'humeur amoureuse. Je demande alors à mon mari de me caresser et il se montre tout disposé à changer son fusil d'épaule et à me conduire à l'orgasme. Mais je n'aurais jamais deviné mon envie de faire l'amour si je n'avais pas d'abord accepté une "formule express". »

« Avant, quand je disais à mon partenaire que je ne voulais pas d'orgasme, mais que je ferais volontiers l'amour s'il était d'humeur à cela, il s'énervait, persuadé que quelque chose clochait. Depuis qu'il a écouté vos cassettes sur la sexualité du couple, tout a changé. Vous entendre en parler lui a enfin permis de m'écouter. Et à présent que je ne me sens plus tenue d'avoir du plaisir à chaque étreinte, j'apprécie plus nos rapports sexuels et, paradoxalement, j'ai plus souvent envie d'avoir un orgasme. »

« Parfois, je n'ai pas envie que cela dure longtemps. J'aspire à en finir rapidement. Grâce à vos conseils, je n'ai plus besoin de simuler l'orgasme car je peux désormais lui suggérer une "formule express" et ne pas y consacrer plus de quelques minutes. »

« Quand nous sortons, il arrive que nous soyons entourés de femmes plus jeunes. Dans ces cas, même si je n'ai pas envie de faire l'amour, j'apprécie de sentir que j'excite toujours mon partenaire et cela m'incite à lui adresser des signaux sexuels sans équivoque. Mais quand nous rentrons, je lui fais comprendre qu'il n'a pas besoin de beaucoup s'occuper de moi. Ces soirs-là, mon plus grand plaisir est de savoir que mon homme me désire. »

Ces commentaires apportent une nouvelle dimension à la « formule express ».

Nous étudierons donc dans le chapitre suivant la différence entre le sexe programmé et le sexe spontané.

CHAPITRE 10

Sexe programmé et sexe spontané

Laissez-moi vous livrer un autre petit secret pour perfectionner votre vie sexuelle : il n'est de bon sexe sans variété. Les femmes aiment que chaque étreinte diffère un peu de la précédente, ce que les hommes comprennent souvent mal parce qu'ils sont trop obnubilés par le but à atteindre pour se soucier de tels détails. L'homme aspire à mettre au point une formule qui lui assurera d'arriver là où il le souhaite et, une fois qu'elle fonctionnera, à la réutiliser systématiquement sans jamais en changer une ligne. Sa devise est : « On ne change pas une équipe qui gagne. »

Beaucoup d'hommes jugent angoissant de devoir à chaque étreinte tenter une nouvelle approche. Ils préféreraient qu'on leur fournisse une recette au succès garanti leur permettant de se détendre et d'être certains de savoir ce qu'ils font. Cela les rassurerait. Malheureusement pour eux, ce qui excite le plus une femme, c'est de ne pas savoir ce que son partenaire va faire après. Un amant prévisible attiédit à coup sûr son ardeur.

> *Ce qui excite le plus une femme, c'est de ne pas savoir ce que son partenaire va faire après. Un amant prévisible attiédit à coup sûr son ardeur.*

Si excellente que soit une approche amoureuse, elle perd de son attrait dès qu'elle est utilisée plusieurs fois d'affilée et ne tarde pas à se muer en une ennuyeuse routine. Sauf quand elle est au sommet de l'excitation une femme a besoin de caresses inventives, et si son partenaire répète sans cesse exactement le même mouvement, elle s'en lasse. Changer de rythme et inventer de nouveaux gestes peut apparaître aux yeux d'un homme comme fastidieux et inutile, mais c'est très important pour sa partenaire.

> *Changer de rythme et inventer de nouveaux gestes peut apparaître aux yeux d'un homme comme un luxe, mais c'est très important pour sa partenaire.*

Varier les plaisirs passe aussi par varier les positions. Parfois l'homme s'allongera sur sa partenaire, parfois il se placera au-dessous d'elle et il n'hésitera pas à changer de place avec elle en cours d'étreinte. Ces mouvements aident une femme à cesser de penser pour s'abandonner totalement à ses sensations. Ne vous inquiétez pas : loin de se demander pourquoi vous la déplacez ainsi, elle attendra avec impatience la prochaine surprise que vous lui réservez. L'élément d'inattendu est très important pour une femme.

LE SEXE ET LE FOOTBALL

Pour expliquer aux hommes ce qui excite une femme au lit dans des termes qui leur parlent vraiment, laissez-moi user de références sportives. Le plus exaltant, quand on regarde un match, est de se demander ce qui va se passer. Qui va s'emparer du ballon ? À qui va-t-il le passer ? Tel joueur va-t-il réussir à marquer un but ? Qui va gagner ? Devant un match, l'homme sent la tension monter en lui puis retomber avec chacune des actions. Chaque fois qu'un joueur fait une passe, il bout d'excitation et il évacue la tension qui l'habite en poussant des hurlements de joie ou de rage selon que son équipe marque un but ou perd le ballon. Le match le plus enthousiasmant perd vite de son intérêt lorsqu'on le regarde pour la seconde fois. Et après quelques visionnages, il devient ennuyeux et dénué de tout suspense. Le même processus intervient lorsqu'un homme emploie toujours la même « recette » pour faire l'amour à sa partenaire : elle sait à chaque instant ce qu'il va faire après et s'ennuie dans ses bras.

Les hommes doivent aussi se méfier de leur penchant naturel à optimiser une formule éprouvée. Ainsi, par exemple, un homme pourra vouloir gagner du temps en bâclant les préliminaires pour passer directement au rapport sexuel lui-même. Voilà qui est aussi décevant que se précipiter sur le journal télévisé pour savoir qui a gagné un match au lieu de prendre le temps de le regarder dans son intégralité. Voir en accéléré les moments phares d'un match dans un magazine sportif est certes intéressant, mais n'apporte rien du plaisir que l'on aurait éprouvé à vivre chacune des actions qui le composent.

Assister à un match entier rend son issue beaucoup plus émouvante. Pour les femmes, c'est la même chose au lit : les préliminaires rendent le sexe et l'orgasme beaucoup plus fascinants. Une femme ne tire pas seulement son plaisir de sa jouissance finale mais de l'étreinte dans son ensemble.

LA PREMIÈRE ACTION DU MATCH

Pour pousser la comparaison entre le sexe et le football un peu plus loin, entrons dans les détails. Quand l'homme commence à effleurer les seins de sa partenaire, cela correspond à la première belle action d'un match : les choses se précisent. Puis, à mesure qu'il approche du mamelon, la tension monte en elle, comme parmi la foule qui voit les passes se succéder et le ballon approcher du but adverse. Au moment où elle se demande s'il va marquer, il rebrousse chemin pour mieux enflammer ses sens : ballon hors jeu et fin de la première action. La foule soupire de dépit et la femme aussi. Mais bientôt une nouvelle action débute et l'excitation redouble...

Cette fois, il la caressera différemment de la précédente, avec deux doigts seulement, par exemple. Cette petite variation va accroître l'excitation qu'elle éprouve. Marquera-t-il, cette fois-ci ?

Plus tard, quand il l'y aura bien préparée, il pourra caresser un des seins de sa partenaire tout en léchant ou suçant la pointe de l'autre. Puis, sans crier gare, son autre main s'aventurera vers le vagin de sa compagne. C'est aussi exaltant pour elle qu'un match serré dont le score final est totalement imprévisible.

Quand enfin l'amant réussit un coup franc et pénètre sa partenaire, la foule et elle crient de joie.

LA MAGIE DES PRÉLIMINAIRES

À la lumière de ce parallèle entre le sexe et le football, les préliminaires prennent une dimension nouvelle. Je pense qu'il aidera les hommes à comprendre réellement l'importance qu'ils revêtent pour leurs partenaires. C'est un peu comme si la nature avait donné aux femmes un corps fait de courbes pour rappeler aux hommes de tourner autour de ses points sensibles au lieu de foncer droit au but !

La nature a donné à la femme un corps fait de courbes pour rappeler aux hommes de tourner autour de ses points sensibles au lieu de foncer droit au but !

La femme est dotée de trois zones érogènes principales, les deux seins et le vagin, ce qui signifie que l'homme a aussi plus d'un « but » à atteindre. Les points sensibles de la femme sont trois, tout comme les « outils » dévolus à l'homme pour stimuler ceux-ci : ses deux mains et sa langue.

Quand il caresse sa partenaire d'une main, l'amant peut n'utiliser que quelques doigts. Il peut aussi alterner parcours droits et parcours sinueux. Parfois sa main se posera fermement sur sa compagne et parfois, il ne fera que l'effleurer et quand il décrit des cercles sur sa peau, il ira alternativement dans un sens puis dans l'autre. Et ainsi de suite à l'infini. Toute variation sera dûment appréciée.

Toutes les variations qu'un homme apporte à ses caresses nourrissent le besoin d'imprévu de sa partenaire.

En prenant le temps de l'exciter par des caresses expertes, l'amant accroît le plaisir de sa partenaire. N'oubliez jamais qu'en général une femme a besoin de dix fois plus de préliminaires que vous. À mesure que vous avancerez en âge, vous aurez peut-être besoin d'un peu plus de temps, tandis qu'il est possible qu'il en faille moins à votre partenaire. Une règle de base : ce n'est pas tant ce que vous faites que le temps que vous prenez pour le faire qui comble une femme.

> *Ce n'est pas tant ce que vous faites que le temps que vous prenez pour le faire qui comble votre partenaire.*

Si au bout de vingt minutes de préliminaires une femme n'approche pas de l'orgasme, on peut a priori en déduire qu'elle ne va pas en avoir. Toutefois, il pourra arriver qu'elle y parvienne si son partenaire insiste encore un peu. À elle de lui fournir quelques indications claires, pour lui signaler ce qu'il doit faire.

> *Pour aider un homme à deviner ce qu'il doit faire, sa partenaire doit lui fournir des indications claires.*

S'il la stimule depuis longtemps, qu'elle se sait encore bien loin de jouir, mais tient réellement à atteindre l'orgasme et souhaite donc que son partenaire poursuive ses efforts, elle pourra par exemple lui dire :

« J'aime vraiment ce que tu me fais. »
« Je sais que je suis lente, aujourd'hui, mais c'est vraiment agréable. »
« Je ne veux pas que tu jouisses encore. J'adore ce que tu me fais. »

Si, alors qu'il la caresse, elle éprouve juste le besoin d'apprécier en silence le contact de ses mains et de sa bouche, son partenaire risque de s'inquiéter et de penser qu'il ne lui fait aucun effet. Pour le rassurer, elle pourra recourir à un commentaire de ce type :

« Je sais que je suis très silencieuse, mais j'aime vraiment ce que tu fais. »
« J'adore ce que tu me fais. Cela m'aide à me détendre et à m'ouvrir. »
« Oh, c'est exactement ce dont j'avais besoin. »

Ces propos rassurants aident un homme à poursuivre ses caresses sans crainte de mal faire. Il a besoin de cette certitude.

Un homme a besoin d'être rassuré en quelques mots, sinon il redoute de mal s'y prendre.

COMMENT UN HOMME PEUT GAGNER EN SPONTANÉITÉ

Comme nous l'avons vu, il est parfois malaisé pour un homme de se détendre au lit s'il ne peut se reposer sur une formule magique garantissant l'extase de sa partenaire. Pour pallier ce problème, je conseille de collectionner les « recettes » et de les employer à tour de rôle. Sa tactique préférée fonctionnera d'autant mieux qu'il en utilisera aussi d'autres.

De cette manière, les deux partenaires sont satisfaits : l'homme recourt toujours à une tactique éprouvée, ce qui lui permet de se détendre, tout en comblant efficacement le besoin de variété de sa compagne. Comme il pique dans un vaste stock de gestes et d'approches, celle-ci ne sait jamais ce qu'il va faire après, tandis que lui a une rassurante impression de compétence. En procédant ainsi, il en viendra insensiblement à créer ses propres méthodes. Et peu à peu, ses étreintes se feront moins mécaniques, plus spontanées et plus créatives.

COMMENT L'HUMEUR SEXUELLE D'UNE FEMME ÉVOLUE

Lorsque son amant se montre moins programmé et donc plus imprévisible au lit, une femme devient en mesure d'explorer et d'exprimer son humeur et ses sentiments du jour. Elle peut plus facilement se montrer spontanée et laisser libre cours à ses réactions. Et puisqu'elle se sent libre de changer d'un jour à l'autre et même d'une minute à l'autre, comme la météo, elle exprime ainsi sa sexualité. Ces variations sont très importantes pour préserver la magie du sexe.

LES SAISONS DU SEXE

Tout comme les saisons, les étreintes changent au fil des mois afin de demeurer intéressantes. Ces fluctuations se produisent naturellement dès que la femme sent que son partenaire la soutient dans son exploration de ce nouveau mode d'expression sexuelle.

Ce n'est que pendant la relation intime qu'une femme découvre ce qui lui plaît ce jour-là. Elle ne veut donc surtout pas que son amant se lance dans un plan d'action rigide et préétabli. À ses yeux, le sexe doit toujours demeurer spontané afin de refléter ce que les deux partenaires ressentent au moment précis où ils font l'amour. Cela exige de l'homme un talent supplémentaire, qui s'apparente à un talent de chercheur.

Comme je l'expliquais voici quelques paragraphes, les hommes préfèrent se reposer sur des « recettes » éprouvées qui leur garantissent la satisfaction de leur partenaire. Celle-ci souhaite également qu'il sache ce qu'il fait, mais de manière différente. Une femme souhaite que son partenaire comprenne que son humeur varie entre chaque étreinte et elle aspire à le voir apprendre à découvrir avec elle ce qu'elle ressent. Elle désire un amant sensible à ses réactions et qui en tienne compte pour la mener jusqu'à des cimes toujours plus hautes.

Pour acquérir ce talent, un homme doit avant tout connaître les principes de base d'une sexualité épanouissante et être prêt à faire des expériences en alternant les techniques amoureuses. Tel un artiste, il doit maîtriser à fond les couleurs primaires du sexe, puis s'exercer à les combiner savamment pour créer une œuvre d'art. Tel un musicien, il doit dominer les notes et les accords afin d'écrire un morceau unique.

Tel un artiste, il doit maîtriser à fond les couleurs de base du sexe, puis s'exercer à les combiner savamment pour créer une œuvre d'art.

SE LAISSER GUIDER PAR SON AMANT

En prenant la direction des opérations en amour, un homme permet à sa partenaire de penser moins et de ressentir plus. Cela ne signifie pas qu'elle doive demeurer passivement étendue auprès de lui, mais qu'elle peut se détendre, cesser de songer à ce qui « devrait » se passer et s'abandonner à ses sensations et au rythme de sa sensualité et de sa sexualité. Comme sur une piste de danse, elle ondule avec lui sur le tempo de son humeur du jour.

Parfois, elle se sentira serpent s'enroulant autour du corps de son partenaire, se mêlant à lui et l'embrasant au contact de sa chair nue. À d'autres moments, elle se verra plutôt vierge innocente goûtant pour la première fois à ses caresses. Il arrivera aussi qu'après des débuts plutôt réservés elle se laisse envahir par un désir brûlant. Elle pourra également tour à tour se montrer autoritaire, enjoignant à son partenaire de s'allonger pendant qu'elle s'attache à le rendre fou de désir ou, au contraire, se blottir contre lui en silence et se détendre sous ses caresses habiles. La femme extériorise ainsi les différentes facettes de sa personnalité sexuelle. Il ne s'agit là ni de jeux, ni de scénarios, mais bien de l'expression de sa disposition du moment.

> *Une femme ne réfléchit pas à la manière dont elle va se comporter et ne la détermine pas non plus à l'avance, car il s'agit pour elle d'exprimer la facette de sa personnalité sexuelle qui prédomine en cet instant.*

Quand une femme a la possibilité de se montrer spontanée, certains fantasmes pourront naturellement surgir. Si son partenaire prend le temps de la stimuler sans attendre d'elle des réactions déterminées, elle se sentira au fil du temps de plus en plus libre de faire et d'exprimer ce qu'elle ressent pendant l'amour. Cette liberté d'expression sexuelle lui permettra de vivre plus pleinement ses sensations et d'atteindre de nouveaux sommets de plaisir.

DISCUTER DE SEXE

Les hommes comme les femmes ont besoin que leur partenaire leur fasse clairement comprendre ce qui le comble le plus. Je recommande aux couples de se réserver une demi-heure de temps à autre – de préférence à un moment où les choses vont plutôt bien sur le plan physique – pour discuter de sexe. Prévoyez aussi des remises à niveau périodiques, au bout de quelques années.

Voici quelques questions utiles pour donner à la discussion un tour instructif :

« Qu'est-ce que tu aimes, dans le fait de faire l'amour avec moi ? »

« Quel effet cela te fait-il, quand je fais telle chose ? »
« Aimerais-tu que nous fassions plus souvent l'amour ? »
« Combien de fois par semaine (à peu près) souhaiterais-tu que nous fassions l'amour ? »
« Aimerais-tu que nous consacrions parfois plus longtemps aux préliminaires ? »
« Aimerais-tu que nous consacrions parfois moins longtemps aux préliminaires ? »
« Y a-t-il une chose précise que tu aimerais que je te fasse pendant l'amour, au cours du mois prochain ? »
« Y a-t-il une nouvelle caresse que tu voudrais me voir tenter ? Et si oui, voudrais-tu me la montrer ? »
« Tu voudrais essayer quelque chose de nouveau ? Et si oui, quoi ? »
« Est-ce qu'il y a une chose que nous n'avons jamais expérimentée en matière de sexe et que tu voudrais essayer ? »
« Y a-t-il des choses que tu souhaiterais que je fasse plus souvent ? »

Vous pouvez avoir une conversation de ce type quelle que soit la qualité de votre relation sexuelle avec votre partenaire. Si toutefois vous ne faites plus beaucoup l'amour ou que vous êtes insatisfait(e) sur le plan intime, veillez à écarter soigneusement sentiments négatifs, doléances et critiques. Le sexe est un sujet extrêmement sensible.

Il est toujours délicat d'évoquer ses besoins au lit car on redoute à la fois de décevoir son partenaire et de devoir faire des choses peu tentantes ou guère naturelles à son sens. Quand vous répondez aux questions ci-dessus, prenez donc soin de ne jamais vous montrer exigeant.

Vous ne devez jamais vous sentir obligé(e) de vous

plier à des actes qui vous déplaisent. De même, si votre partenaire semble rebuté par vos suggestions, sachez l'accepter et vous abstenir de tout jugement de valeur. Veillez toutefois à conserver un esprit ouvert. Si votre partenaire propose des choses qui a priori vous déplaisent ou vous semblent ridicules, réfléchissez avant de les écarter. Vous pouvez par exemple répondre : « Pour l'instant je me vois mal faire cela, mais je te promets d'y repenser. »

Pour faire comprendre à votre partenaire qu'un point revêt pour vous une réelle importance, remettez-le sur le tapis dès que vous discutez de sexe. Attention, il ne s'agit pas d'insister lourdement, mais juste d'aborder de nouveau le sujet. Votre vie sexuelle sera beaucoup plus gratifiante si vous apprenez à en renforcer les aspects positifs sans vous laisser obnubiler par les problèmes ou par ce que vous croyez manquer. Beaucoup de couples m'ont raconté qu'après avoir écouté mes cassettes relatives à la sexualité, ils avaient tout naturellement rompu avec certains de leurs préjugés « prudes » et réellement découvert les plaisirs de la chair avec la personne qu'ils aimaient.

Le secret d'une vie sexuelle gratifiante est d'en renforcer les aspects positifs sans se laisser obnubiler par les problèmes ou par ce que l'on croit manquer.

Le chapitre suivant montrera que c'est la monogamie qui préserve le mieux la vie sexuelle, tant sur le plan quantitatif que sur le plan qualitatif.

CHAPITRE 11

La monogamie passionnée

Certaines personnes jugent bien ennuyeuse la perspective de ne faire l'amour, toute leur vie durant, qu'avec une seule personne. Elles aspirent à plus d'imprévu. Mais en fait, un couple qui apprend à rendre le sexe spontané et inventif ne risquera plus jamais de s'ennuyer. Ainsi, au fil des ans, la personnalité sexuelle de chacun continue à s'enrichir et la passion à grandir.

Je suis pour ma part intimement persuadé que le succès de mon mariage résulte en grande partie de l'étroite entente sexuelle qui nous unit, ma femme et moi. Beaucoup d'hommes ne comprennent pas la valeur d'une relation monogame, ni combien leur partenaire se sent aimée et choyée dans un tel cadre. Or, une femme qui ne se sent pas aimée ne peut s'ouvrir aux étreintes de son partenaire. Et elle ne peut continuer à éprouver du désir pour un homme en qui elle n'a pas confiance.

Une femme ne peut continuer à éprouver du désir pour un partenaire en qui elle n'a pas confiance.

Un homme désire presque automatiquement toute femme qui l'attire, mais pour que cette attirance perdure il faut qu'il la sente attirée par lui. Il a besoin de savoir qu'il peut la rendre heureuse.

Pour demeurer attiré par une femme, un homme a besoin de vérifier régulièrement sa capacité à la rendre heureuse.

POURQUOI LA PASSION EST FACILE, AU DÉBUT

Au début d'une relation, quand un homme plonge son regard dans celui de sa partenaire, il y lit clairement qu'il pourrait être celui qui la rendra heureuse. Cette certitude lui donne le courage de prendre le risque de se voir repousser par elle et d'entamer une liaison amoureuse.

Plus tard, lorsqu'il l'a à plusieurs reprises déçue, elle cesse de le regarder de cette manière et il se met alors à douter de sa capacité à assurer son bonheur. Soudain, ou progressivement, leur attirance mutuelle s'envole. Il se peut qu'il aime toujours sa partenaire, mais il ne la désire plus.

Dès lors, l'homme se met à fantasmer sur d'autres femmes ou simplement à étouffer ses pulsions sexuelles. Il reste monogame mais n'éprouve plus aucune passion. Et peu de personnes sont aujourd'hui prêtes à rester prisonnières dans ce type de relations.

L'utilisation de bonnes approches relationnelles au lit et ailleurs aide un couple à garder vivante la passion des premiers jours et permet à sa sexualité d'aller en s'enrichissant.

LE FLUX ET LE REFLUX DE LA PASSION

Il est à la fois sain et naturel qu'au sein d'un couple la passion déferle et recule comme une vague. De même qu'il est parfois normal de ne pas se sentir amoureux de son partenaire, il est normal qu'il ou elle ne nous inspire certains jours aucune attirance sexuelle.

De même qu'il est parfois normal de ne pas se sentir amoureux de son partenaire, il est normal qu'il ou elle ne nous inspire certains jours aucune attirance sexuelle.

Considérez ces jours « sans » comme des jours nuageux : ce n'est pas parce que le soleil est masqué par les nuages qu'il a disparu du firmament ; il en va de même pour le désir.

Mais attention : c'est en ces jours de grisaille que la tentation vient frapper à notre porte. Quand on n'éprouve momentanément plus d'attirance pour sa partenaire, on regarde plus facilement ailleurs. Mieux vaut ne céder ni à ces coups de cœur ni à ces fantasmes si l'on veut préserver les chances de voir la passion renaître au sein de son couple.

Il m'est arrivé d'avoir envie d'autres femmes. Cela ne signifie pas que j'aime moins Bonnie, mais que ma sexualité n'est pas totalement concentrée sur elle. Il faut des années de monogamie passionnée avant que l'ardeur d'un homme ne se dirige plus jamais que vers sa compagne.

GÉRER LES TENTATIONS

Quand je me sens attiré par une femme qui n'est pas la mienne, je baisse les yeux et me félicite *in petto* que tout fonctionne correctement dans mon pantalon. Puis je me fais sévère : « Couché, fiston ! » C'est ce que l'on appelle se discipliner.

Et au lieu de me fustiger parce qu'une inconnue m'a émoustillé, je conserve cette excitation et je la rapporte à ma femme. Si, à mon arrivée à la maison, mon ardeur est retombée, je sais qu'il me faudra user de mes compétences relationnelles pour faire sentir à Bonnie combien je l'aime et combien elle est unique à mes yeux. Et, peu à peu, le désir qu'elle m'inspire renaît toujours.

Maîtriser ainsi mes pulsions sexuelles et les rediriger systématiquement vers ma femme renforce mon attirance pour elle.

DE L'IMPORTANCE DE LA MONOGAMIE POUR UNE VIE SEXUELLE BRÛLANTE ET SANS INHIBITIONS

Quand un homme est conscient de ses pulsions et les redirige vers sa partenaire, cela produit un effet certain sur celle-ci.

Chaque fois qu'un homme tenté par une aventure y renonce par attachement à son couple, il crée une bulle de sécurité qui permet à sa partenaire de mieux apprécier leurs étreintes. Ne pas céder à ses fantasmes ou à ses envies lui apprend à gérer son énergie sexuelle de manière à ralentir le rythme de son plaisir et à le contenir plus longtemps pour elle. Bien sûr, il arrivera que des images et des idées traversent son esprit mais, pourvu qu'il en revienne toujours à sa partenaire, sa passion et son contrôle continueront à grandir.

Certains hommes n'ont pas de problème pour retarder leur jouissance, mais ne sont guère passionnés ; d'autres sont très excités et ardents, mais se contrôlent mal. Une fois qu'ils ont commencé, ils ne savent pas s'arrêter. Et leur orgasme n'atteint pas l'ampleur qu'il prendrait s'ils se maîtrisaient mieux. Si la pratique du sexe par phases peut les aider à tenir plus longtemps, la monogamie passionnée leur apprendra à se contrôler plus efficacement pour donner plus de plaisir à leur partenaire et éprouver eux-mêmes une jouissance plus profonde.

REJOUER UN SCÉNARIO ÉPROUVÉ

Un après-midi, Donald et Connie ont fait l'amour avec une passion fulgurante. Plus tard, Donald a avoué à Connie qu'il avait particulièrement apprécié sa façon d'onduler au-dessus de lui. Cela lui avait donné la délicieuse impression de l'avoir rendue folle de désir, et de n'avoir plus besoin de rien faire d'autre que de s'abandonner à la passion éveillée par lui au creux des reins de sa compagne.

Lorsqu'ils ont refait l'amour, deux jours plus tard, Connie s'est immédiatement placée au-dessus de Donald, répétant ses caresses de la fois précédente mais, cette fois, cela n'a pas du tout excité son époux.

Au début, il n'a pas compris ce qui lui arrivait, puis il a réalisé que ce qui lui avait tant plu la première fois était le caractère spontané des gestes de Connie, qui répondaient aux siens. La seconde fois, elle s'était contentée de les répéter de manière mécanique dans le but avoué de l'exciter et c'est pour cette raison que cela n'avait pas fonctionné. Loin d'être un réflexe naturel suscité par les caresses de Donald, la passion qu'elle manifestait reflétait en réalité uniquement son souci de lui plaire.

Quand nous avons discuté de leur problème, Connie a compris que des réactions sincères excitaient bien plus Donald que les caresses les plus compliquées, surtout pendant que lui-même s'attachait à embraser ses sens. Savoir cela lui a permis de laisser sa sexualité s'exprimer plus librement.

ÉQUILIBRER LES PLAISIRS

Un homme qui se sent sur le point d'atteindre l'orgasme avant que sa partenaire ne soit prête à en faire autant peut sans peine reprendre le contrôle de ses émotions en réduisant ses propres stimuli et en intensifiant ceux qu'il prodigue à sa partenaire. Pour ce faire, il lui suffit de se concentrer sur le plaisir de cette dernière tout en l'empêchant de s'occuper trop activement de lui. Dès qu'elle commencera à recevoir plus de plaisir que lui, sa maîtrise de lui-même lui reviendra.

Rappelons par exemple que, durant un rapport sexuel, un homme peut caresser le clitoris de sa compagne sans pour autant quitter le nid douillet de son vagin. Il peut aussi la faire passer au-dessus de lui et lui faire comprendre qu'elle doit cesser de bouger en immobilisant doucement ses hanches, puis, pendant qu'elle se trouve dans cette position, stimuler son clitoris. À mesure que sa partenaire s'abandonne à son plaisir, l'homme se détend et reprend le contrôle de son ardeur.

CHOISIR DE RALENTIR

Bien des hommes croient démontrer leur virilité en faisant aller et venir leur pénis en leur partenaire tel un piston, sans jamais s'interrompre. Ils croient qu'elle attend d'eux qu'ils la pénètrent plus profondément à chaque fois. C'est une erreur. En fait, une femme aime sentir qu'elle inspire à son partenaire un tel désir qu'il menace à chaque instant de perdre le contrôle de son émoi. Cela l'excite. Quand son amant éprouve le besoin de faire une pause, elle perçoit donc cela comme un hommage rendu à sa féminité et apprécie la considération dont il fait preuve en dominant ainsi son élan. Tant qu'il n'a pas compris cela, un homme risque de se sentir « mauvais » et incapable de maîtriser ses pulsions s'il ne parvient pas à continuer à se mouvoir en elle sans jouir, alors qu'au contraire c'est en attendant que sa partenaire se mette au diapason de son excitation qu'il se montrera bon amant et accroîtra son plaisir.

Si vous êtes excité au point d'avoir la certitude que le moindre contact génital supplémentaire déclencherait votre orgasme, immobilisez-vous en elle pendant quelques minutes, le temps de vous calmer ou interrompez le rapport sans cesser de caresser votre partenaire.

L'erreur est humaine et nul ne doit s'attendre à ce que les étreintes soient toujours « parfaites ». C'est pourquoi, lorsqu'il advient qu'un homme jouisse avant sa partenaire, il ne doit pas se sentir coupable mais juste se promettre de veiller à se montrer plus vigilant la prochaine fois afin de la laisser atteindre l'orgasme avant lui. Il peut par exemple lui dire, sur le mode plaisant :

« J'ai une dette envers toi, chérie ! »

« Tu étais totalement irrésistible, ce soir, mais je te promets que la prochaine fois je prendrai soin de toi. » « Je t'aime, mon amour. La prochaine fois, je ne m'occuperai que de toi. » Et c'est tout. Mieux vaut s'abstenir d'épiloguer sur ce « raté » et agir par la suite comme si de rien n'était. Une femme qui voit son partenaire déçu et maussade a tout avantage à feindre de ne pas le remarquer et à le laisser digérer seul sa déconvenue. Si, en revanche, elle-même est déçue et éprouve le besoin d'avoir à son tour un orgasme, elle peut se caresser et se faire jouir pendant que son partenaire la tient dans ses bras ou la caresse.

QUAND UN HOMME N'A PAS D'ÉRECTION

Il arrive aussi qu'un homme ne parvienne pas à avoir une érection. Beaucoup de couples commettent alors l'erreur de concentrer leur attention sur l'homme, pour résoudre son « problème », alors qu'il leur faudrait réagir comme lorsque ce dernier redoute de perdre le contrôle de ses sens, c'est-à-dire inciter l'homme à se concentrer sur le plaisir de sa partenaire. À mesure que celui-ci s'accroîtra et qu'elle s'abandonnera, lui retrouvera sa maîtrise de lui-même. Si en revanche sa partenaire s'escrime sur son pénis, celui-ci deviendra de moins en moins enclin à se raidir.

Quand un homme n'a pas d'érection ou a du mal à garder son self-control, il doit simplement se concentrer plus étroitement sur le plaisir de sa partenaire.

Bien qu'il soit parfois utile de consulter un spécialiste, mieux vaut avant d'en arriver là dédramatiser les problèmes d'érection et mettre l'accent sur les moyens par lesquels un homme peut malgré tout témoigner son amour à sa partenaire.

Sur le plan sexuel, tous deux peuvent s'attacher pour un temps au plaisir exclusif de la femme. Un couple peut partager un bonheur très intense même quand l'homme n'a pas d'érection. Et au fur et à mesure qu'il s'ingéniera à procurer des sensations aussi exaltantes que possible à sa partenaire, sa capacité d'érection renaîtra.

Même s'il est primordial, on l'a vu, de ne pas faire l'amour de manière mécanique, une bonne compréhension des mécanismes de base de l'acte sexuel est indispensable. C'est pourquoi nous consacrerons le chapitre suivant à l'étude de l'anatomie sexuelle masculine et féminine et aux différentes méthodes de stimulation mutuelle efficace.

CHAPITRE 12

Anatomie sexuelle et rapports sexuels buccaux

Nous avons déjà évoqué le rôle crucial du clitoris dans le plaisir féminin. Celui-ci étant minuscule et facilement oublié, j'aimerais revenir un instant sur le vocabulaire basique de l'anatomie féminine et rappeler que le terme « vulve » désigne l'ensemble des organes génitaux externes de la femme, c'est-à-dire les grandes lèvres, les petites lèvres, le clitoris et l'orifice vaginal.

Les grandes lèvres ressemblent à celles qui ourlent notre bouche. Elles se situent autour des petites lèvres, replis de chair plus petits et plus proches du vagin. Les petites et grandes lèvres sont parcourues de milliers de terminaisons nerveuses ; c'est pourquoi les caresser délicatement procure des sensations enivrantes et une excitation intense.

À une extrémité des lèvres se trouve le vagin, le canal dans lequel l'homme introduit son pénis pour pénétrer sa partenaire. Le clitoris se situe à l'extrémité opposée des lèvres. Comme il est minuscule et que l'homme n'en possède pas, nombreux sont ceux qui ignorent combien il est délicieux pour une femme d'être caressée à cet endroit. En somme, un bon amant doit toujours se rappeler d'aller se promener vers le nord avant de foncer vers le sud.

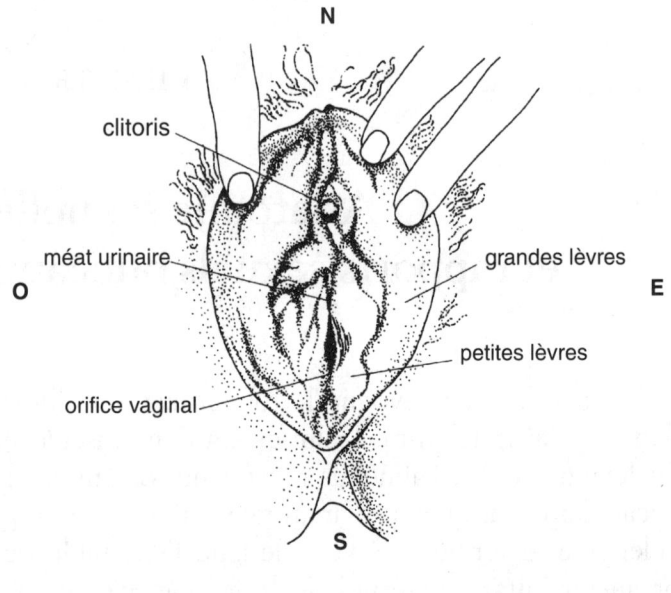

Un homme doit toujours se rappeler d'aller vers le nord avant de foncer vers le sud.

CARESSER LE CLITORIS

Le clitoris est partiellement recouvert par un repli de peau, aussi appelé capuchon. Quand une femme est sexuellement excitée, son clitoris se gonfle et se gorge de sang. Et, tout comme le pénis de son partenaire, plus il est tendu plus il aspire à être touché.

Une fois sa partenaire très excitée, l'homme pourra porter son plaisir à son comble en dégageant complètement le clitoris. Il doit cependant procéder avec précaution car caresser le clitoris d'une femme trop énergiquement ou trop vite peut empêcher celle-ci d'atteindre l'orgasme, même si elle en a très envie. Appuyer trop fort sur le clitoris peut également endormir momentanément ses sensations.

En règle générale, un homme doit s'attacher à pratiquer des caresses légères et délicates. Si sa partenaire souhaite des attouchements plus appuyés, elle le lui fera aisément comprendre en pressant son clitoris contre ses doigts ou en plaçant sa main sur celle de son amant pour lui indiquer ce qu'elle désire.

DESCENDRE « VERS LE SUD »

Rappelez-vous également, messieurs, de faire preuve d'inventivité. Par exemple, au lieu de toujours utiliser le même doigt, testez-en un autre, ou employez-en deux, ou trois, ou laissez la paume de votre main glisser lentement mais fermement sur le sexe de votre partenaire, d'arrière en avant.

Calez-vous confortablement sur un oreiller, détendez-vous et consacrez-vous à elle. Cela vous permettra d'expérimenter en toute quiétude les quelques suggestions qui suivent.

Commencez par laisser courir vos doigts sur la face interne des cuisses, jusqu'aux lèvres, puis caressez celles-ci. Vos doigts enduits de sécrétions vaginales glisseront ensuite vers le clitoris de votre compagne. Décrivez des cercles autour de lui en veillant à toujours bien le lubrifier, sinon vos caresses seront douloureuses, puis glissez doucement de bas en haut, puis latéralement, puis de nouveau de bas en haut. Procédez par mouvements réguliers.

Essayez de suivre le rythme de la respiration de votre partenaire. Augmentez la cadence de vos gestes à mesure que son excitation croît, puis modérez-la. Accélérez et ralentissez tour à tour : vous disposez de tout votre temps. Si elle caresse simultanément votre pénis, vous pouvez vous aligner sur le rythme qu'elle adopte.

Après avoir caressé le clitoris de votre partenaire verticalement et latéralement, décrivez des cercles autour de lui. Tournez dans le sens des aiguilles d'une montre, puis dans l'autre, alternez grands cercles et petits cercles, puis adoptez un mouvement de spirale. Dessinez une spirale commençant par des grands cercles contournant la vulve et se rétrécissant pour s'achever en cercles de plus en plus petits autour du clitoris. Une fois que vous aurez ainsi approché celui-ci, éloignez-vous-en de nouveau, et ainsi de suite.

Lorsque vous découvrez le clitoris, au lieu de le caresser directement, stimulez les terminaisons nerveuses situées juste au-dessus de lui. Des attouchements variés et imprévus à cet endroit procureront à votre compagne une excitation intense.

Tout en variant vos gestes, restez à l'écoute des réactions de votre partenaire afin de déterminer ceux qu'elle apprécie le plus ce jour-là et de concentrer vos efforts sur eux. Montrez-vous imaginatif. Déclinez une caresse qui lui plaît avant d'y revenir. Sachez que la caresse la plus enivrante peut lasser à la longue. Toutefois, quand une femme est très excitée, s'en tenir à un geste apprécié peut l'aider à atteindre plus de plaisir.

> *Quand une femme est très excitée, s'en tenir à un geste qu'elle apprécie peut l'aider à atteindre plus de plaisir.*

Vous pouvez aussi tracer du bout des doigts les lettres de l'alphabet sur son clitoris et voir lesquelles d'entre elles procurent le plus de plaisir à votre partenaire.

Si vos doigts se fatiguent, laissez-les se reposer en poursuivant vos caresses à l'aide de votre langue. Votre partenaire adorera cela et éprouvera des sensations totalement différentes. Le contact de votre langue sur son clitoris est extrêmement enivrant, surtout pour une femme déjà très excitée.

CARESSER UNE FEMME AVEC LA BOUCHE

Je me rappelle très clairement la première fois que j'ai prodigué de telles caresses à une femme. Alors que je m'apprêtais à faire l'amour pour la première fois après sept années de chasteté monacale, ma partenaire m'a dit : « Oh, avant de me pénétrer, j'adorerais que tu lèches mon clitoris. C'est si agréable... »

Je suis resté abasourdi, les trois mots « lèche mon clitoris » résonnant dans ma tête. Jusqu'à cet instant, j'ignorais que de telles pratiques pouvaient exister. Jamais je n'avais envisagé procurer ainsi du plaisir à une femme.

Je me suis cependant exécuté − avec un peu la même impression que celle que l'on ressent en s'aventurant en apnée pour la première fois dans les mers du Sud. « C'est si agréable... », avait dit ma partenaire : cette petite phrase me donnait du courage. Quelques instants plus tard, je découvrais le bonheur de combler une femme à l'aide de ma langue. Elle a adoré ce que je lui faisais et toutes les femmes que j'ai connues depuis aussi.

Une femme ne tient pas obligatoirement à ce que son partenaire embrasse son sexe à chaque fois, mais elle apprécie grandement qu'il le fasse de temps à autre. Rappelons aux hommes que tant qu'une femme est en bonne santé et respecte des règles d'hygiène normales, il est parfaitement sain de mettre leur bouche en contact avec ses sécrétions vaginales. En Extrême-Orient, on a même longtemps considéré ces fluides comme un élixir d'immortalité. Si toutefois un homme ne souhaite pas lécher celles-ci, il peut tout de même caresser sa partenaire de la langue, en utilisant sa propre salive en guise de lubrifiant.

Répétez avec votre langue les mêmes gestes que ceux que vous accompliriez avec vos doigts. Votre partenaire y trouvera les avantages supplémentaires d'une meilleure lubrification et d'un contact plus doux. Pour changer, un homme peut aussi prendre délicatement le clitoris de sa compagne dans sa bouche, puis l'effleurer du bout de la langue, ou encore le faire doucement aller et venir dans sa bouche.

Tout en léchant ou suçant son clitoris, il peut alors glisser un ou deux doigts dans le vagin de sa partenaire et les y faire aller et venir en rythme, de manière à accroître son plaisir. La caresser ainsi le met en mesure de stimuler un point de son vagin que certains sexologues appellent le « point G », qui se situe à environ cinq centimètres de l'orifice vaginal sur la face antérieure du vagin (voir schéma). Cela apporte souvent une nouvelle dimension à l'excitation d'une femme.

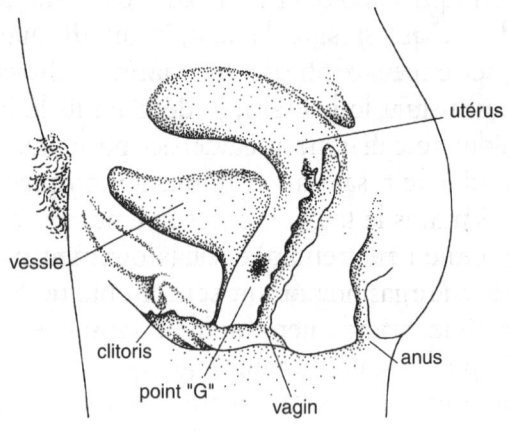

Attention : ces explications techniques ne doivent en aucun cas vous inciter à vous transformer en technicien du sexe. La quête acharnée du fameux point G peut faire croire à votre femme qu'elle *doit* réagir de manière favorable. C'est pourquoi, en règle générale, veiller à s'occuper correctement de son clitoris suffit.

CARESSER UN HOMME AVEC LA BOUCHE

C'est là l'un des rares moyens par lesquels une femme peut directement manifester son amour à son partenaire. Mais ce magnifique acte de tendresse met bien des femmes mal à l'aise. Quelques explications et règles de base devraient régler la question et aider les femmes à apprécier de prodiguer ce don merveilleux.

Parlons tout d'abord d'un problème qui, d'après mon expérience de thérapeute, est universel. Aux quatre coins du monde, les femmes qui assistent à mes ateliers se plaignent de ce que leur compagnon empoigne leur tête lorsqu'il commence à jouir, et l'attire vers lui. Ce n'est pas agréable du tout pour une femme. Elle qui, jusque-là, faisait un cadeau à son partenaire en lui donnant du plaisir, a désormais l'impression qu'il le prend plus qu'il ne le reçoit.

Un homme qui souhaite voir sa partenaire continuer à lui offrir sa bouche doit donc apprendre à garder ses mains le long du corps et à ne plus chercher à s'enfoncer en elle tel un bélier. N'oublions pas qu'au moment de l'orgasme nous ne sentons plus notre force, ce qui est assez terrifiant pour une femme.

Nos compagnes déplorent également souvent que leur partenaire attende d'elles qu'elles avalent son sperme quand il jouit dans leur bouche. Si une femme le fait, très bien, mais un homme ne doit pas être déçu qu'elle préfère s'en abstenir. Il s'agit d'un choix personnel qui ne regarde qu'elle et que nul ne doit exiger d'elle.

Rappelons que certains experts considèrent que le fait d'avaler le sperme de son partenaire augmente le risque éventuel de contamination par le virus HIV. C'est pourquoi un homme doit d'autant plus respecter les possibles réticences de sa compagne et les comprendre. En revanche, ingérer le sperme d'un homme en bonne santé et qui n'est pas porteur du virus HIV ne présente aucun danger sur le plan médical.

Les femmes évoquent aussi fréquemment un désagrément d'ordre pratique : les crampes de la mâchoire ! Quand une femme fait aller et venir le pénis d'un homme dans sa bouche en suçant, ses maxillaires ne tardent guère à donner des signes de fatigue. Et tandis qu'il gémit de plaisir, elle gémit aussi... mais de douleur !

L'ART DE LA FELLATION INDOLORE

Prendre son partenaire dans sa bouche doit toujours être une expérience positive pour tous deux. Pas question donc que la femme souffre pour donner du plaisir à son amant. Elle évitera cela en apprenant à tirer parti d'un réflexe masculin qui fait qu'à peu près au moment où les mâchoires de sa partenaire commencent à demander grâce, l'homme renverse invariablement la tête en arrière, les yeux clos, et manifeste sa béatitude en tournant la tête de gauche à droite. Dès qu'elle le voit faire, sa compagne peut écarter sa bouche de son pénis et la remplacer momentanément par sa main. Il ne s'en apercevra même pas.

Au bout d'un certain temps, remarquant une différence, il rouvrira les yeux pour voir ce qu'elle fait. À ce moment, elle pourra le reprendre dans sa bouche et lui se replonger dans ses sensations célestes. Peu à peu, il appréciera tout le plaisir qu'elle peut aussi lui procurer avec sa main.

FRICTIONNEZ ET COMPRIMEZ

Le pénis réagit favorablement à deux principaux types de stimulations manuelles : par friction et par compression. Dans le premier cas on le caresse de haut en bas et, dans le second, on le tient dans sa main, on le serre, puis on relâche. Il est donc tout aussi excitant pour un homme que sa partenaire laisse glisser sa main le long de son pénis ou qu'elle le serre et le relâche comme si elle actionnait une pompe.

Si les hommes apprécient en général toutes les stimulations qu'une main féminine peut prodiguer à leur pénis, certains gestes les rendent littéralement fous de plaisir.

DE HAUT EN BAS, PLUS HAUT, SERREZ ET RELÂCHEZ

Pendant qu'elle laisse sa mâchoire se reposer, une femme commencera par des caresses standard de bas en haut et de haut en bas.

Au bout d'un certain temps, elle apportera quelques enjolivements au mouvement, à la position de sa main, à la pression exercée par ses doigts et au rythme qu'elle suit. Après cela, elle pourra laisser glisser sa main jusqu'au sommet du pénis, en en caressant l'extrémité, et au lieu de redescendre par le même chemin, passer par-dessus la pointe du pénis pour redescendre par son autre face. Répétez ce geste à plusieurs reprises.

Ensuite, lorsqu'elle sentira le plaisir de son partenaire s'intensifier, la femme pourra se contenter de tenir son pénis dans sa main en le serrant entre ses doigts puis en relâchant sa pression, en rythme. Après quoi, elle pourra tout recommencer en prenant le pénis de son partenaire dans sa bouche et en faisant glisser celle-ci de haut en bas sur lui, en veillant à le protéger de ses dents à l'aide de ses lèvres.

Parfois elle ralentira son rythme, puis accélérera de nouveau. Tout en caressant son partenaire de la bouche, elle peut simultanément se servir de ses mains pour empoigner le pénis par sa base. Sa main suivra alors le mouvement de sa tête, remontant à sa suite et la précédant au retour.

Lorsqu'elle voudra de nouveau reposer ses mâchoires, elle poursuivra ce mouvement vertical basique d'une main légère et à un rythme rapide. Ce mouvement vif aide l'homme à contrôler son éjaculation car il est beaucoup moins intense qu'une pénétration vaginale.

Pour augmenter l'intensité de sa caresse, il suffit à la femme d'accentuer la pression de ses doigts sur le pénis de son partenaire. Elle veillera également à maintenir celui-ci bien lubrifié grâce à sa salive. Les caresses « à sec » sont tout aussi irritantes pour le pénis que pour le clitoris.

De temps à autre, la femme pourra aussi utiliser un autre geste de base, lequel consiste à imprimer à son poignet un mouvement de torsion, à combiner avec une caresse verticale. Sa main monte en tournant et redescend en tournant en sens inverse. Cela procure à son amant des sensations nouvelles et exaltantes.

De même, lorsqu'elle tient dans le creux de sa main l'extrémité du pénis de son partenaire, elle peut le caresser en imaginant qu'elle cherche à ouvrir la capsule d'une bouteille. Cette variante du mouvement de torsion apporte encore un type différent de stimulation. De tels jeux sont très excitants pour lui et amusants pour elle.

DIFFUSER LE PLAISIR

Quand le pénis d'un homme a été stimulé pendant un certain temps, le reste de son corps devient beaucoup plus sensible. Pour augmenter son plaisir, sa partenaire peut alors s'attacher à le diffuser dans les autres parties de son être.

À mesure que l'excitation génitale d'un homme monte, il éprouve un désir croissant d'être caressé partout. Tout en serrant son pénis dans sa main, sa partenaire pourra commencer par lécher ses testicules. Cela peut le rendre fou de désir.

Pour le calmer un peu, elle léchera alors doucement son pénis dressé sur toute sa longueur, ce qui laissera à l'énergie de son conjoint le loisir de retomber un peu, tout en lui procurant un plaisir intense.

Reprenant le sexe de son amant dans sa main, elle laissera sa bouche se promener sur son corps, léchant ici, mordillant là, pour terminer par des baisers passionnés.

Le gland doit aussi être l'objet de tous ses soins. Elle le caressera légèrement et rapidement, un peu comme s'il s'agissait d'un clitoris, puis elle pourra intensifier ses caresses. Un autre point sensible est le périnée, la zone située entre le pénis et l'anus, qui est très innervée. Le caresser, le lécher ou le comprimer fermement peut faire décoller un homme vers des sommets de plaisir insoupçonnés. Quand son partenaire est très excité, la femme peut intensifier son plaisir tout en l'aidant à mieux se contrôler en appuyant fermement la paume de sa main sur son périnée. Un tel contact peut être extrêmement agréable lorsque l'on approche de l'orgasme. En faisant varier la pression exercée par ses doigts et en alternant caresses intenses et effleurements plus légers, une femme peut tour à tour stimuler l'énergie sexuelle de son partenaire et la laisser retomber. Le plaisir de son amant ira s'accroissant à mesure qu'elle soufflera ainsi le chaud et le froid. Comme les hommes, les femmes ont besoin de sentir les réactions de leur partenaire. Quand une femme fait quelque chose qu'il apprécie particulièrement, son partenaire doit le lui indiquer par un compliment ou par des soupirs ou des gémissements.

CARESSES BUCCALES SIMULTANÉES

Les femmes aiment les caresses buccales, mais les hommes les apprécient encore plus qu'elles. La plupart des hommes jugent aussi très excitantes les caresses buccales simultanées et mutuelles. Il est vrai que c'est amusant. Rappelez-vous cependant que, surtout pour une femme qui donne beaucoup d'elle-même en général, il est difficile de donner et de recevoir en même temps. Pour qu'elle apprécie vraiment de recevoir du plaisir, elle doit idéalement pouvoir se concentrer sur ses propres sensations sans plus se préoccuper de celles de son partenaire. De ce fait, elle prisera moins la simultanéité qu'il ne le fait. De plus, une femme n'est pas toujours d'humeur à recevoir de telles caresses, qui lui paraissent parfois trop intenses. Ne vous évertuez donc pas à en prodiguer à votre partenaire à chaque fois. Sachez vous réserver pour les jours où elle désire de telles attentions. Rappelez-vous, une fois de plus, le besoin de variété des femmes.

Si les hommes font grand cas de la fellation, leurs compagnes, elles, sont plus sensibles aux attentions tendres. Quand sa partenaire le prend dans sa bouche, un homme se détend et se délecte de l'amour qu'il reçoit. De son côté, c'est en prodiguant des attentions romantiques à sa partenaire qu'il lui donne de lui-même et lui manifeste son amour et le bonheur qu'elle lui apporte. Dans le chapitre suivant, nous examinerons divers rituels propres à préserver le romantisme au sein du couple.

CHAPITRE 13

Préserver la magie de l'amour

Les hommes rêvent d'étreintes torrides, les femmes veulent de l'amour. Chaque année, les romans sentimentaux se vendent par millions. Et même les plus dures, les plus ambitieuses et les plus puissantes *businesswomen* accordent une grande importance au romantisme. Bref, l'amour fait rêver toutes les femmes. Pour satisfaire le besoin d'amour de sa compagne, un homme doit avant tout comprendre en quoi celui-ci consiste. Un petit mot tendre, un bouquet de fleurs ou un petit cadeau, une soirée au clair de lune, une surprise ou un dîner au restaurant : voilà des gestes romantiques aux yeux d'une femme.
Ce n'est pas que les hommes répugnent à créer une atmosphère tendre, mais plutôt qu'ils n'en saisissent pas toujours l'intérêt. Au début d'une relation amoureuse, ils se montrent volontiers romantiques pour prouver à leur partenaire combien elle compte à leurs yeux, mais une fois ce cap franchi ils comprendront mal pourquoi ils doivent continuer à le faire. S'ils avaient vu leur père agir ainsi avec leur mère, cela leur semblerait sans doute plus naturel...

LA MAGIE D'UN BOUQUET DE FLEURS

Je me rappelle avoir un jour suggéré à ma femme de rapporter un bouquet de fleurs du marché. Je savais que – comme beaucoup de femmes – elle aimait les fleurs, mais je ne voyais pas pourquoi je devrais toujours me charger de leur achat. À mon sens, Bonnie pouvait tout aussi bien les choisir elle-même en passant devant l'échoppe du fleuriste. Mon manque de romantisme consterna mon épouse.

Il m'a fallu longtemps pour deviner la valeur d'un bouquet de fleurs à ses yeux. Cela m'a par la même occasion éclairé sur l'utilité de toutes les attentions qu'un homme peut prodiguer à la femme de sa vie.

Ce n'est pas tant la fleur qui compte que le geste. Lorsque son partenaire pense de lui-même à lui offrir des fleurs, une femme se sent aimée. Le romantisme du geste s'envole un peu si elle doit lui demander de le faire. Par ce simple bouquet, l'homme manifeste son amour à sa partenaire et lui affirme qu'il comprend ses besoins. Les actes symboliques de ce type revêtent une immense importance aux yeux d'une femme.

> **En offrant des fleurs à sa partenaire, un homme lui manifeste son amour et sa compréhension de ses besoins.**

Pourquoi une femme préfère-t-elle une composition florale qui se fanera en quelques jours à une belle plante en pot ? Parce que ainsi, dans quelques jours, son partenaire pourra de nouveau lui exprimer son amour en lui offrant des fleurs fraîches ! Une plante en pot n'est pas romantique du tout. Au contraire, c'est une chose de plus dont votre femme devra s'occuper...

COMMENT UNE FEMME PEUT AIDER SON PARTENAIRE À DEVENIR ROMANTIQUE

Quand j'omets de lui acheter des fleurs, Bonnie me le rappelle de manière subtile. Ainsi, par exemple, au lieu d'en acheter elle-même ou de me demander de passer chez le fleuriste, elle met en évidence un vase vide. Je le remarque, ne dis mot et rapporte de bon cœur un bouquet à ma femme. Avec ce système je me sens plein de charme, séduisant, et Bonnie mesure mieux la profondeur de mon amour.

Si, malgré la présence des vases vides, je persiste dans mon oubli, il lui arrive de m'en parler carrément. Bien sûr mon bouquet lui paraîtra moins romantique, mais elle l'appréciera néanmoins.

De mon côté, je me sens plus proche d'elle parce que j'ai tout de même accompli le geste qu'elle espérait de moi.

Et quand je vois combien mon attention l'a touchée, je ne délaisse plus de sitôt l'étal de mon fleuriste.

POURQUOI LES ATTENTIONS ROMANTIQUES PRODUISENT TANT D'EFFETS

Organiser une soirée, s'occuper de réserver des places de théâtre ou de concert et régler les petits détails d'intendance s'y rapportant est agir en homme romantique. En prenant ainsi tout en charge, vous permettez à la femme qui vous accompagne de se détendre et de se sentir dorlotée. Elle perçoit cela comme de mini-vacances qui l'aident à renouer avec son côté féminin.

Une femme perçoit une soirée romantique comme de mini-vacances qui l'aident à renouer avec son côté féminin.

Les intermèdes tendres sont particulièrement importants pour les femmes qui éprouvent des difficultés à exprimer leurs sentiments.

En effet, pendant une soirée romantique, une femme se sent appréciée, adorée, comprise et soutenue à demi-mot, si bien qu'elle en retire une bénéfice identique à celui d'une conversation, sans même devoir se donner la peine de parler.

En agissant galamment un homme rappelle sans cesse à sa partenaire combien elle compte pour lui et, en anticipant ses besoins, il lui exprime sa compréhension et son respect.

De telles attentions lui apportent un soutien comparable à celui que lui fournit une conversation intime car, dans les deux cas, elle se sent entendue.

DE L'IMPORTANCE DU ROMANTISME

Le romantisme joue un rôle particulièrement primordial de nos jours car il aide les femmes d'aujourd'hui, qui exercent tout au long de la journée une activité professionnelle faisant plutôt appel à leur côté masculin, à renouer avec leur côté féminin. Pour y parvenir, l'assistance du partenaire leur est indispensable.

Un contexte tendre replace une femme dans une position féminine traditionnelle, puisqu'elle est dorlotée et admirée. Quand un homme se concentre passionnément sur ses besoins, elle devient capable de rompre avec sa tendance naturelle à prendre soin d'autrui.

Cela dit, le romantisme ne peut se développer au sein d'un couple que si une bonne communication règne entre les deux partenaires.

ROMANTISME ET COMMUNICATION

En effet, pour que le romantisme subsiste, il faut que la femme se sente entendue et comprise au quotidien. Au début d'une relation amoureuse, alors que la femme ne connaît pas encore son partenaire, il lui est facile d'imaginer qu'il répond à toutes ses attentes. Ce sentiment positif nourrit sa tendresse et sa passion. Mais le charme se rompt avec les premières déceptions.

Si l'homme n'a pas appris à écouter et à comprendre sa compagne ou si celle-ci n'ose pas exprimer ses émotions, elle se sentira rapidement incomprise et se détachera de son partenaire. Bien souvent, elle ne saura même pas pourquoi elle s'est éloignée de lui. Dans ce cas, les attentions les plus romantiques de son compagnon la laisseront de glace, car le bouquet le plus somptueux ne peut remplacer une bonne compréhension au quotidien.

N'oublions pas que discuter est pour les femmes un besoin fondamental. J'ai longuement évoqué cette question dans mes livres relatifs au couple et à la communication entre partenaires. Créer des rituels d'amour qui signifient « je t'aime et tu comptes plus que tout au monde pour moi » peut cependant grandement aider à communiquer sans mot dire. En d'autres termes, le romantisme facilite les rapports de couple.

CRÉER DES RITUELS ROMANTIQUES

Avec Bonnie, nous avons plusieurs rituels qui font hommage à sa féminité tout en renforçant ma masculinité. Par ces gestes tendres, je lui montre combien je l'aime et elle me fait sentir qu'elle m'apprécie. En voici un exemple.

Les rituels amoureux permettent à l'homme de montrer à sa partenaire combien il l'aime et à celle-ci de lui faire sentir combien elle l'apprécie.

Étant écrivain, je travaille chez moi. Dès que j'entends Bonnie rentrer à la maison, j'abandonne mon ordinateur pour aller l'accueillir et la serrer contre moi. Ce petit rituel de bienvenue lui rappelle mon amour tout comme le ferait un bouquet de fleurs. Quand je vois son visage s'illuminer, je me sens à mon tour aimé et apprécié.

Si j'oublie de sortir de mon bureau, elle vient me chercher – pas obligatoirement sur-le-champ – pour réclamer un câlin et me montrer ensuite combien elle l'apprécie.

Pour bien des femmes solliciter un câlin est paradoxal car, si une telle manifestation de tendresse s'interprète pour elles comme un soutien, avoir à le quémander signifie que l'on n'est pas si soutenue que cela. Bien sûr, il est bien plus romantique que l'homme prenne l'initiative, mais s'il oublie de le faire mieux vaut réclamer un baiser que se taire et se laisser gagner par le ressentiment.

Il est plus romantique que l'homme prenne l'initiative d'un câlin, mais s'il oublie de le faire mieux vaut en réclamer un que se taire et se laisser gagner par le ressentiment.

SOLLICITER UN GESTE D'AMOUR :
UN GRAND PAS

Je me souviens fort bien de la première fois que Bonnie m'a demandé de la serrer contre moi. Sa requête a marqué une étape décisive pour notre couple car, à compter de ce jour, au lieu de m'en vouloir en secret de mon manque de tendresse, elle a pris l'habitude de me demander ce qu'elle souhaitait.

Pour moi, ce fut un merveilleux cadeau. Ma femme comprit alors que la meilleure façon de m'aimer était de m'aider à l'aimer au mieux. Il s'agit d'une technique de bonne communication essentielle.

Ce jour-là, je me rappelle que je me tenais devant mon placard. Bonnie a poussé un soupir d'épuisement : « Oh, quelle journée ! » Dans son langage elle sollicitait un câlin, mais moi je n'ai entendu qu'une personne épuisée et en ai déduit à tort qu'elle préférait sans doute que je la laisse en paix.

Au lieu de maudire mon aveuglement et mon incompréhension, Bonnie a franchi le pas immense qui consistait à me signaler clairement ce qu'elle désirait, même si, à ses propres yeux, cela coulait de source.

– John, tu veux bien me faire un câlin ? m'a-t-elle demandé.

J'ai aussitôt répondu :
– Bien sûr.

Et je l'ai prise dans mes bras. Une fois blottie contre ma poitrine, elle a laissé échapper un nouveau soupir avant de me remercier de mon geste.

– Quand tu veux, ai-je répondu.
Bonnie a éclaté de rire.
– Comment ? Tu n'imagines pas combien cela m'a été difficile de te demander cela !
– Pourquoi ça ? me suis-je étonné. En quoi est-ce

difficile ? Tu sais bien que je suis toujours disposé à te câliner.
— Je sais, mais c'est tellement humiliant de devoir le demander. J'ai l'impression de mendier ton amour. J'ai besoin de sentir que tu as aussi envie de me câliner que moi de l'être par toi. Au fond de moi, je rêverais que tu remarques toujours lorsque j'ai soif de tendresse et que tu m'en témoignes automatiquement.
— Ah ! Écoute, je te promets d'essayer de le faire désormais, mais si j'oublie n'hésite pas à me demander de nouveau un câlin.

DÎNER DEHORS

Pour rappeler subtilement à leur conjoint leurs rituels romantiques favoris, les femmes gagneront à exprimer leurs souhaits.

Quand Cindy est fatiguée, son mari, Bob, lui propose de se charger de préparer le dîner ou de l'emmener au restaurant. S'il ne remarque pas son épuisement ou omet de suggérer ces solutions, Cindy n'hésite pas à prendre les devants en lui demandant d'emmener sa famille au restaurant, de passer acheter une pizza ou encore de préparer le dîner.

Détail très important : à la fin d'un repas au restaurant, Cindy veille à toujours remercier Bob de cette agréable sortie. Peu importe qu'il ait réglé l'addition avec *leur* argent. De même, quand il rapporte une pizza ou prépare le dîner, elle sait lui montrer combien elle apprécie cette attention.

PASSER LA COMMANDE AU RESTAURANT

Je recommande aux hommes le petit rituel suivant : lorsque vous dînez au restaurant, demandez à votre compagne ce qu'elle souhaite manger, puis chargez-vous de transmettre sa commande au maître d'hôtel. Il n'est bien entendu pas obligatoire de le faire à chaque fois, mais votre prévenance marquera le repas d'un sceau spécial. Un tel geste indique à la femme qui vous accompagne que vous êtes attentif à ses désirs et à ses goûts.

Le fait qu'un homme se charge de passer la commande pour sa compagne n'implique nullement qu'il la juge incapable de le faire seule. Il s'agit seulement d'un rituel chevaleresque qui vise à la décharger d'une partie de ses responsabilités. « Tu en fais tant pour moi et pour les autres, alors laisse-moi faire cela pour toi », lui dit-il en substance.

Pour apporter une touche romantique supplémentaire à un dîner au restaurant, laissez sous-entendre à votre compagne que vous devinez ce qu'elle va commander. Savoir que vous connaissez ses goûts confirmera votre sollicitude à son égard.

En revanche, paradoxalement, lorsqu'une femme suggère à un homme de choisir tel ou tel plat, il aura souvent l'impression qu'elle se comporte avec lui en mère, ce qui n'a rien de romantique ! Bref, ce qui paraît romantique à l'une n'est pas toujours perçu de la même manière par l'autre.

CE QUI EMPLIT UN HOMME DE FIERTÉ

Le meilleur moyen pour une femme de faire d'un dîner au restaurant un repas empreint de poésie est tout simplement de passer un bon moment, de le montrer et d'apprécier les mets et le cadre. En effet, émotionnellement, un homme tire fierté des moindres détails d'un dîner. Tout se passe comme si, lorsque sa compagne fait l'éloge d'un plat, il pensait : « Merci, c'est moi qui l'ai préparé. »

Un dîner dehors est donc pour une femme une merveilleuse occasion de faire sentir à son compagnon combien il compte pour elle.

De même, lorsqu'un couple va voir un film et que la femme apprécie celui-ci, une partie de l'homme en tire fierté. Il songe : « Merci, c'est moi qui en ai écrit le scénario, qui l'ai mis en scène et qui en tiens le rôle principal. » Bien entendu, son cerveau sait parfaitement qu'il n'a pas réalisé ledit film, mais émotionnellement il réagit ainsi.

Pour préserver la magie du couple, inutile d'exposer en détail à votre compagnon tout ce qui vous a déplu dans le film que vous venez de voir ensemble. Sachez que c'est quand il sent qu'il a su procurer du bonheur à sa partenaire qu'un homme est le plus romantique.

SE CONCENTRER SUR LES ASPECTS POSITIFS

Lorsqu'un homme devine que la femme qui l'accompagne n'a pas adoré un film, il arrive qu'il cherche à se rassurer en demandant : « As-tu aimé ce film ? » Dans ce cas, il préférera de beaucoup à une réponse sincère quelques commentaires gentils qui lui assureront qu'elle ne juge pas leur soirée ratée.

Pour soutenir son partenaire dans ces moments délicats, une femme doit apprendre à se concentrer sur le bon côté des choses et à toujours chercher à souligner ce qui lui a plu ou ce qu'elle a apprécié. Elle commencera, par exemple, par demeurer silencieuse quelques instants afin de lui faire comprendre qu'elle cherche à formuler un commentaire positif. Plus elle mettra de temps à répondre, plus son compagnon comprendra que le film lui a déplu et plus il appréciera qu'elle s'abstienne de le critiquer. Lorsqu'elle parlera enfin, elle pourra se montrer honnête même si elle s'interdit toute critique, disant par exemple : « J'ai vraiment aimé cette scène finale au soleil couchant. Quelles magnifiques images ! »

Si elle a jugé le film détestable de bout en bout, elle restera évasive avec, par exemple, un : « Je n'ai jamais vu un film comme ça. » Il comprendra très bien le sens caché d'une telle formule et n'insistera pas. Vous pourrez aussi préférer détourner la conversation en insistant : « Je suis ravie d'avoir passé la soirée auprès de toi. » Votre compagnon saura apprécier votre magnanimité. Il devient plus facile pour une femme d'accomplir ces petits efforts dès qu'elle comprend qu'en fait cet homme lui demande avant tout de l'aider à sauver la face.

Les petits cadeaux et les attentions délicates aident une femme à se sentir aimée et romantique ; chez l'homme, se savoir apprécié produit le même effet. Il est essentiel pour sauvegarder la magie de l'amour de savoir prêter attention aux petits détails de ce type. Rien ne tue plus sûrement le romantisme que considérer que l'amour de l'autre vous est acquis.

TOUTES LES VÉRITÉS
NE SONT PAS BONNES À DIRE

Un jour que j'évoquais, au cours d'un atelier, l'exemple de la soirée au cinéma, une femme m'a rétorqué qu'elle jugeait malhonnête l'attitude que je préconisais.

– Pourquoi ne devrais-je pas dire à mon mari ce que je pense réellement d'un film ? a-t-elle ajouté.

– Je comprends votre sentiment de frustration, mais laissez-moi vous poser une question qui vous aidera sans doute à mieux comprendre la situation. Que doit répondre un homme à qui sa femme demande en s'habillant : « Tu trouves que j'ai grossi ? »

Mon interlocutrice a éclaté de rire. Elle avait instantanément compris où je voulais en venir.

Toutes les vérités ne sont pas bonnes à dire, surtout dans les moments de grande sensibilité. Mais comme on ne comprend pas toujours bien la sensibilité différente de l'autre, on tend souvent à le blesser involontairement. L'homme se demande pourquoi il doit continuer à offrir des fleurs à sa compagne ou à lui tenir la porte et cette dernière voit mal l'utilité de toujours le ménager. À mesure que l'on acquiert une meilleure connaissance du sexe opposé, ces petits rituels se muent en jeux et surtout – c'est là le point le plus important – on les perçoit comme des actes d'amour, de tendresse et de considération.

À mesure que l'on se comprend mieux, ces petits rituels se muent en jeux et surtout – c'est là le point le plus important – on les perçoit comme des actes d'amour, de tendresse et de considération.

TECHNIQUES DE SURVIE
POUR LES RENDEZ-VOUS AMOUREUX

Une femme qui n'a pas compris l'importance de tels efforts risque de froisser sans le vouloir son partenaire. Voici une anecdote à ce propos.

Un soir, Bonnie et moi sortions d'une salle de cinéma, où nous venions de voir un film excellent que nous avions tous deux adoré. La femme qui marchait devant nous était d'un autre avis. Quand l'homme qui l'accompagnait lui a demandé si elle avait apprécié le film, elle a répondu qu'elle l'avait détesté. J'ai vu les épaules du pauvre garçon s'affaisser. Il l'a alors interrogée sur ce qu'elle souhaitait faire après, et elle a rétorqué qu'elle aurait envie de se planter devant l'entrée du cinéma et de prévenir tous les spectateurs potentiels de la nullité du film projeté. Je me rappelle encore l'expression vaincue de son compagnon.

Cette femme ne se rendait même pas compte qu'en disant cela elle réduisait à néant toute possibilité de romantisme ce soir-là. Ni que son compagnon hésiterait certainement à la réinviter au cinéma...

DIRE LA VÉRITÉ

La sincérité est un ingrédient essentiel à la survie de l'amour et de l'intimité, mais il est également primordial de savoir choisir son moment avant de parler. Pour préserver durablement la magie de l'amour, il faut apprendre à s'exprimer au moment adéquat et d'une manière qui n'offense, ne blesse ou ne suscite pas le ressentiment de votre partenaire.

La sincérité est un ingrédient essentiel à la survie de l'amour et de l'intimité, mais il est également primordial de savoir choisir son moment avant de parler.

Partager une large gamme de rituels romantiques apporte aux hommes comme aux femmes le soutien émotionnel nécessaire pour se montrer plus honnêtes, surtout sur les sujets importants. Un homme qui se sent apprécié éprouvera plus de facilité à écouter les besoins et les sentiments de sa compagne et à y répondre avec tendresse. S'il craint en revanche qu'elle ne l'apprécie pas à sa juste valeur, il percevra toute expression d'un problème comme une critique dirigée contre lui.

Partager une ribambelle de rituels romantiques apporte aux hommes comme aux femmes le soutien émotionnel nécessaire pour se montrer plus sincères, surtout sur les sujets importants.

Écouter les sentiments de sa partenaire est pour les hommes un art acquis. Traditionnellement, on n'attendait pas d'eux qu'ils prêtent une oreille empathique aux soucis de leur compagne. Leur réflexe premier face à une femme bouleversée était de « faire quelque chose » ou de « trouver une solution » pour qu'elle se sente mieux. Quand une femme avait besoin de sympathie ou de réconfort, elle ne s'adressait pas à son compagnon, mais à d'autres femmes. Et jusqu'à une époque récente, les femmes ne souhaitaient même pas discuter de leurs émotions avec un membre du sexe opposé.

POURQUOI PARLER NOURRIT L'AMOUR

Aujourd'hui, les femmes disposent de moins de temps à consacrer à leurs amies et la plupart d'entre elles se sentent à un degré ou à un autre dépassées par les responsabilités pesant sur elles. Privées du soutien de leurs amies et obligées de surcroît de limiter leur conversation pendant la journée aux sujets relatifs à leur activité professionnelle, nombre de nos contemporaines rentrent chez elles, le soir, littéralement affamées de compréhension. Ce problème de nos sociétés modernes peut se transformer en une excellente occasion d'entretenir la magie de l'amour au sein d'un couple.

Comme nous l'avons déjà vu, les hommes ont besoin de se sentir utiles et appréciés. C'est là leur carburant émotionnel de base. Un grave problème se dresse donc entre les sexes quand la femme peut s'assumer et se protéger seule car l'homme se retrouve alors en quelque sorte au chômage. Il a été « viré » de l'« emploi » qu'il occupait depuis des millénaires.

Mais si les femmes n'ont plus besoin des hommes pour survivre ou se protéger des dangers environnants, elles leur découvrent un nouveau rôle : une personne à qui se confier, un partenaire qui se préoccupe réellement de leur sort et qui les écoute vraiment. La femme d'aujourd'hui éprouve le besoin vital de parler et de se sentir écoutée à la fin de la journée.

DE L'IMPORTANCE D'UNE BONNE COMMUNICATION

Il arrive d'ailleurs souvent qu'il lui faille d'abord discuter avec son compagnon pour pouvoir apprécier un geste tendre. Tout comme le sexe aide l'homme à renouer avec ses sentiments, communiquer aide la femme à retrouver le besoin et le goût du romantisme.

Tout comme le sexe aide l'homme à renouer avec ses sentiments, communiquer aide la femme à retrouver le besoin et le goût du romantisme.

Depuis une vingtaine d'années, le manque de communication au sein de leur couple est le principal motif de plainte des femmes. L'explication de ce phénomène est simple : plus une femme est débordée, plus elle a besoin de discuter de ses sentiments pour supporter sans craquer ses multiples responsabilités.

Plus une femme est débordée, plus elle a besoin de discuter de ses sentiments pour supporter sans craquer ses multiples responsabilités.

Apprendre à satisfaire cette nouvelle requête féminine permet aux hommes de « se remettre en selle » et de retrouver le rôle de pourvoyeur et de protecteur indispensable à leur équilibre. En écoutant leurs compagnes, ils les aident en effet à ne pas se sentir dépassées par les tâches qui leur incombent et fournissent par là même une excellente occasion aux femmes d'apprécier l'écoute de leur partenaire.

OUVRIR LA PORTIÈRE DE LA VOITURE

Les rituels et les habitudes romantiques sont un moyen d'exprimer ses sentiments les plus profonds. Ainsi, ouvrir la portière de la voiture pour sa partenaire va bien au-delà de la simple politesse : c'est une façon déguisée de lui dire « je t'aime ». Et lorsqu'elle apprécie les efforts de son compagnon et le lui fait savoir, il se sent plus proche d'elle et son cœur s'ouvre à elle.

Les rituels et les habitudes romantiques sont le moyen d'exprimer ses sentiments les plus profonds.

Un homme doit toujours prendre la peine d'aller jusqu'à la portière de sa passagère et l'ouvrir pour elle de l'extérieur, même si les serrures de son véhicule se déverrouillent automatiquement au moyen d'un petit boîtier. S'il oublie de le faire, sa partenaire pourra discrètement le rappeler à ses devoirs, la prochaine fois qu'ils sortiront, en glissant tout simplement son bras sous le sien, ce qui le conduira naturellement à l'escorter jusqu'à sa portière. Rappelons à ce propos que même si votre conjoint pense toujours à vous ouvrir la portière, vous blottir si fémininement contre lui nourrira votre tendresse mutuelle.

NOTER LES REQUÊTES DE L'AUTRE PAR ÉCRIT

Il est également très romantique de coucher une requête par écrit. Lorsqu'une femme sollicite une chose que son partenaire ne peut lui apporter dans l'immédiat, il la rassérénera immensément s'il note sa demande, car il lui semblera qu'il a enregistré celle-ci, si bien qu'elle n'aura pas à la lui rappeler. Elle se sent donc presque autant écoutée et entendue que s'il avait accédé à son vœu. Tout comme les hommes apprécient que les femmes réagissent à leurs avances sexuelles, celles-ci aiment que leur partenaire réponde à leurs petites requêtes.

Tout comme les hommes apprécient que les femmes réagissent à leurs avances sexuelles, celles-ci aiment que leur partenaire réponde à leurs petites requêtes.

Dès qu'il est possible d'accéder immédiatement à la demande de sa compagne, un homme devrait le faire. Cette attitude préserve au mieux la magie de l'amour et comble une femme. Si elle annonce par exemple qu'une ampoule a rendu l'âme dans l'escalier, son partenaire doit veiller à songer que la changer ne lui prendra que deux minutes et se forcer à le faire aussitôt. « Je vais la changer tout de suite », répondra-t-il donc sans se faire prier. Comme beaucoup de mes semblables, j'ai mis longtemps à comprendre combien les petits gestes de cet acabit comptaient aux yeux d'une femme, et lorsque la mienne évoquait une ampoule grillée, je me contentais de noter la chose sur ma liste mentale de choses à faire, en me disant que, les autres ampoules de la pièce fonctionnant encore, rien ne pressait. Je ne m'occupais de cette lampe que bien plus tard. Aujourd'hui, je me dis que changer une ampoule prend deux minutes chrono. Quand une femme exprime une petite requête de ce type, l'homme intelligent s'empresse de la satisfaire, ce qui ravit sa compagne.

Ne vous méprenez pas : je ne veux pas dire par là que les hommes doivent se tenir au garde-à-vous, prêts à accomplir toute tâche que leur partenaire juge opportune de leur confier. Un homme peut être très occupé ou fatigué et il a aussi besoin de prendre soin de lui-même. Si votre femme vous signale que le garage est un cloaque, ne croyez pas devoir vous précipiter pour le ranger. L'accomplissement d'une telle requête prend des heures. Elle peut donc aller rejoindre la liste des choses à faire « plus tard ».

La femme, elle, préservera la magie de l'amour dans ce domaine en veillant à ne pas considérer comme un dû les efforts que son partenaire accomplit pour lui plaire. Bien sûr, il lui arrivera de ne pas manifester d'appréciation, tout comme parfois son compagnon fera la sourde oreille lorsqu'elle exprimera un vœu, mais dès lors que tous deux s'efforceront de toujours se rappeler ces mécanismes émotionnels de base, leur couple progressera sur la bonne voie.

D'ailleurs, plus un couple s'entraîne à nourrir ainsi son amour, plus cela lui devient facile. Un homme qui sait que ses efforts seront appréciés les juge beaucoup moins ardus et une femme qui sait que ses prières seront écoutées et exaucées apprécie beaucoup plus facilement les efforts de son compagnon et montre plus d'indulgence lorsqu'il fait des erreurs ou lui paraît paresseux ou égoïste.

Dès lors que sa femme le remercie des petites choses qu'il accomplit pour elle, un homme continuera à les faire. Elle l'aide ainsi à donner le meilleur de lui-même. Si en revanche elle ne le soutient pas de la sorte, il se laissera probablement de nouveau obnubiler par des préoccupations plus vastes que les menus services qu'elle sollicite, telles que gagner de l'argent et prendre soin de sa famille sur le plan matériel.

De son côté, il la rassure quant à la constance de son amour pour elle par ces petits rituels. La femme la plus amoureuse aura du mal à éprouver des élans romantiques envers un homme qui ne fait jamais rien pour elle.

Établir des rituels amoureux prend du temps, mais chaque fois qu'un homme prend l'habitude de faire quelque chose que sa compagne apprécie et que celle-ci veille à lui exprimer sa satisfaction au lieu de considérer son geste comme un dû, elle lui fournit la motivation nécessaire pour persévérer dans cette voie.

FAIRE UNE PROMENADE ENSEMBLE

Un des rituels romantiques de Robert et de Cher est de se promener ensemble. Au début de leur relation, Robert était obsédé par son travail et, dès que Cher lui proposait une promenade, il invoquait un dossier à terminer ou un projet à étudier.

Puis, un jour, il s'est rendu compte qu'une promenade pouvait ne prendre qu'un quart d'heure et que, puisque Cher adorait marcher, soustraire de temps à autre quinze minutes à son travail pour lui faire plaisir ne pouvait qu'être bénéfique pour leur couple. Il se rappela que, quand elle était de mauvaise humeur, Cher maugréait volontiers : « Nous sommes tellement occupés que nous n'avons jamais une seconde à nous consacrer l'un à l'autre. »

À titre d'expérience, il prit l'habitude de faire avec elle de courtes balades. Au début, cela ne lui procurait aucun plaisir. Cher bavardait tout en marchant, mais il ne l'écoutait souvent que d'une oreille, encore obnubilé par le travail interrompu. Au lieu de s'agacer de le voir continuer à réfléchir à ses dossiers, Cher s'est sagement contentée d'apprécier la présence de Robert à son côté, sans rien attendre de plus de lui. Admirer à haute voix les arbres lui convenait tout à fait.

Peu à peu, l'évident bonheur que lui procuraient ces promenades à deux a fini par porter ses fruits : Robert y a pris goût. Aujourd'hui, il lui arrive même de se promener seul ! Cela lui permet de faire une pause. À son retour, il se sent plus détendu, efficace et l'esprit plus clair.

UNE NUIT DE SORTIE

Philip et Lori veillent à se réserver au moins une soirée par semaine pour sortir tous les deux en oubliant leurs responsabilités familiales et domestiques. Il leur arrive bien entendu de sortir plusieurs fois par semaine, mais ils ne sont jamais à la maison le mardi soir. Ce soir-là est consacré au cinéma, leur passion commune. Une semaine sur deux, ils ajoutent à leur séance traditionnelle une autre activité plus culturelle comme une exposition ou un concert.

Les petits rituels de ce type sont particulièrement importants pour les femmes car ils leur apportent un sentiment de sécurité en leur assurant le soutien émotionnel indispensable à la gestion du stress de leur vie quotidienne.

SORTIR AVEC LES COPAINS

Craig consacre une soirée par semaine à ses copains. Ils vont au cinéma et choisissent en général un film d'action « pour mecs », de ceux qui ne tenteraient guère Sarah, la femme de Craig.

À première vue, un tel rite ne semble guère favorable à leur couple, et pourtant... Passer du temps avec ses copains évite à Craig d'attendre de Sarah qu'elle lui apporte tout le soutien nécessaire à son équilibre. Pendant ces parenthèses masculines, il jouit en outre de la liberté d'être complètement lui-même, si bien que Sarah en vient à lui manquer et qu'il éprouve le désir de passer de plus en plus de temps auprès d'elle.

Sarah comprend d'autant mieux le besoin de Craig de passer une soirée avec ses copains qu'elle-même apprécie qu'il la laisse ainsi voir ses amies en paix. De son côté, lui admet qu'elle a besoin de ces moments entre filles et ne se sent plus tenu de remplir tous les besoins de sa femme.

Pourtant, il n'en a pas toujours été ainsi. Au début de leur relation, Sarah supportait très mal les soirées entre hommes de Craig. Le sourire qui remplace aujourd'hui l'expression blessée qu'elle arborait lorsqu'il partait fait vraiment sentir à Craig combien sa femme le soutient. Aujourd'hui, elle va même jusqu'à lui rappeler de rejoindre ses amis s'il oublie de le faire.

FAIRE DU FEU

Le rituel de Charley et de Carol tourne autour des feux de cheminée. Autrefois, lorsque Charley trouvait qu'il faisait froid dans le salon, il se contentait d'aller monter le chauffage. Aujourd'hui, il commence par aller trouver sa femme pour lui demander si elle a froid. Cette simple question témoigne à Carol de l'attention que son mari porte à son bien-être.

S'il veut créer une atmosphère romantique, Charley propose alors de faire du feu dans la cheminée du salon. Préparer un feu pour sa femme est un geste riche de symboles qui réveille certains instincts primitifs. Ce n'est pas par hasard si tant d'hôtels de charme ont des cheminées dans leurs chambres.

Quand Charley et Carol ont emménagé dans leur nouvelle maison au cœur de la forêt, la jeune femme fourmillait d'idées de décoration, que son époux partageait dans l'ensemble. Mais tout en soutenant sa femme dans son élan créateur, il songeait à certaines choses qu'il aimerait installer, notamment une cheminée automatique alimentée au gaz. Carol, elle, prisait peu ce genre de gadgets.

Quand il a évoqué son projet, elle a cependant su formuler une réponse positive : « Cela me semble une bonne idée. Je comprends que ce système te tente. » Ravi, Charley pensait que l'affaire était dans le sac quand sa femme poursuivit : « D'un autre côté, je ressens quelque chose de très fort, de très primitif, lorsque je te regarde préparer une flambée pour moi. » Conscient de l'importance des rituels romantiques dans un couple, Charley a abandonné son idée. Il n'a pas regretté son choix.

Aujourd'hui, il lui suffit de rassembler quelques bûches pour créer une atmosphère propice à l'amour. Il attend que Carol soit à la maison pour apporter du bois dans le salon et préparer son feu. Carol apprécie ses efforts et la tendresse qu'ils reflètent. Il lui arrive de faire du feu elle-même, mais cela n'est pas aussi romantique, loin s'en faut.

APPORTER DU BOIS

La femme moderne n'éprouve plus vraiment au quotidien l'impression que son partenaire prend soin d'elle. Bien sûr, il quitte toujours la maison afin de travailler pour assurer ses besoins, mais elle en fait à présent autant. Par ses attentions romantiques, il lui rappelle qu'elle n'est pas seule au monde et qu'il est là pour elle. Chaque petite chose qu'il fait pour elle lui exprime son amour et ravive la magie de leur tendresse.

À une certaine époque, Charley avait demandé à Jeff, le jardinier qui vient une fois par mois, de rentrer du bois près de la cheminée et de préparer une flambée. Il a alors remarqué que le voir enflammer les bûchers construits par Jeff ne produisait pas le même effet sur sa femme que lorsqu'il prenait la peine de préparer le feu lui-même. Puisqu'il payait Jeff pour le faire, il lui semblait pourtant que cela revenait au même, mais pour Carol le rituel perdait de sa valeur. Une femme a parfois besoin d'observer concrètement les efforts de son partenaire pour lui plaire.

Il s'agit là d'un aspect très important des rituels romantiques. Les femmes aiment voir leur compagnon travailler ou faire des sacrifices pour elles. Le spectacle d'un mari portant de lourdes bûches et les empilant soigneusement dans l'âtre éveille un écho au plus profond de sa femme, qui se sent alors aimée et choyée.

Travailler pour autrui, être rémunéré en conséquence et rapporter à la maison le fruit pécuniaire de ses efforts n'est pas du tout la même chose. En effet, lorsqu'il exerce son activité professionnelle, l'homme dirige son énergie vers ceux pour qui et avec qui il travaille et non vers sa partenaire. Or, une femme ne peut être d'humeur romantique que si elle sent que son compagnon consacre toute son énergie à la rendre heureuse.

Une femme ne peut être d'humeur romantique que si elle sent que son compagnon consacre toute son énergie à la rendre heureuse.

SORTIR LES POUBELLES

Les femmes apprécient tout particulièrement qu'un homme fasse pour elles quelque chose qui l'ennuie vraiment, comme sortir les poubelles par exemple. Larry ne le faisait jamais, mais à force de le lui demander sans l'agresser et de lui manifester son appréciation lorsqu'il lui rendait ce service, Rose l'a fait changer d'attitude.

Désormais, dès qu'il sent sa femme un peu distante ou agacée, il regarde discrètement si la poubelle de la cuisine a besoin d'être vidée. Il réagit ainsi car il a constaté à maintes reprises combien sa femme appréciait une telle attention.

Cela la soulage d'une corvée, bien sûr, mais cela va bien au-delà. En vidant la poubelle, Larry fait savoir à Rose qu'il est prêt à abandonner pour un temps son statut de jeune cadre en pleine ascension professionnelle pour faire le nécessaire afin de rendre leur vie quotidienne plus agréable, qu'il ne méprise pas les tâches ménagères, qu'elle n'est pas seule, qu'il est conscient des responsabilités qui pèsent sur elle et tout disposé à les alléger, ou encore qu'il tient à elle. À la maison, il se réjouit d'être l'« homme à tout faire » de sa femme.

L'AIDER À FAIRE LA VAISSELLE

Au début de notre mariage, j'ai annoncé à Bonnie que je comptais être un père présent pour nos enfants et que je l'aiderais volontiers pour les tâches ménagères, mais que je détestais faire la vaisselle. « Je n'aime pas faire la vaisselle et je ne veux pas me sentir coupable quand je n'y participe pas, alors si toi non plus tu n'aimes pas cela, nous embaucherons une femme de ménage pour la faire », ai-je dit. Bonnie m'a répondu que laver la vaisselle ne la dérangeait pas.

Quand elle attendait notre fille Lauren, j'ai vu combien la vaisselle d'après-dîner l'épuisait et j'ai décidé de m'en charger jusqu'à la fin de sa grossesse. Mais j'ai bien précisé qu'il ne s'agissait là que d'un arrangement provisoire. Le plaisir que mon initiative fit à Bonnie me réchauffait le cœur chaque soir. Elle se comportait comme si le menu service que je lui rendais faisait de moi le meilleur des époux. Je me sentais vraiment apprécié.

Quelques mois plus tard, après la naissance de Lauren, j'ai abandonné sans regret la vaisselle et, loin de me le reprocher, Bonnie m'a au contraire encore remercié de m'en être chargé pendant toutes ces semaines.

Seulement, à ma grande stupéfaction, je me suis aperçu que le plaisir que je tirais de la voir apprécier mes efforts me manquait ! Aussi ai-je pris l'habitude de lui proposer de la décharger de cette corvée dès que je la voyais un peu lasse. Chaque fois, sa joie et son soulagement m'emplissaient de bonheur. Aujourd'hui, bien des années plus tard, c'est souvent moi qui fais la vaisselle. C'est ma façon de lui exprimer mon amour au quotidien. Bonnie ne considère jamais cela comme un dû et apprécie toujours autant mes efforts.

Un jour que l'on demandait à mes enfants qui s'occupait le plus souvent de la vaisselle à la maison, ils répondirent d'une seule voix : « C'est papa. » Bonnie s'est récriée, affirmant que c'était elle. J'ai alors expliqué à mes enfants que leur mère avait raison, mais qu'ils avaient de bonnes raisons de croire qu'ils étaient dans le vrai... « Je ne fais la vaisselle que quand on me regarde », ai-je ajouté sur le mode badin.

Comme tout rituel romantique, faire la vaisselle est pour moi un moyen d'aider Bonnie et de lui donner l'occasion de m'apprécier comme j'ai besoin de l'être. Mes deux motivations sont indissociables l'une de l'autre.

FAIRE LA VAISSELLE PEUT TENIR LIEU DE PRÉLIMINAIRES

Parfois, quand ma femme est vraiment épuisée et monte se coucher sans avoir nettoyé la cuisine, je m'en charge sans rien dire. Cela me prend rarement plus de vingt à trente minutes et à son lever, le lendemain matin, elle est à la fois ravie et soulagée de trouver la pièce propre et nette. En un éclair son amour pour moi augmente incroyablement.

Il arrive alors qu'elle remonte me réveiller de la manière la plus délicieuse qui soit. Tout en caressant doucement ma cuisse, elle murmure à mon oreille : « C'est toi qui as rangé la cuisine ? » J'acquiesce en souriant, elle me sourit aussi et continue à me dispenser un très agréable plaisir matinal.

Cela ne signifie pas que chaque fois que je fais la

vaisselle Bonnie doit faire l'amour avec moi, car il ne s'agirait alors plus de romantisme mais d'un sordide contrat.

La vaisselle conduit souvent au sexe parce que quand je la fais Bonnie se sent aimée et, tout naturellement, cela la met d'humeur amoureuse. Et pour ma part, savoir combien elle apprécie mon aide transforme cette corvée en une activité très satisfaisante.

ASSISTER À DES MANIFESTATIONS CULTURELLES

Pour Grant et Theresa, le plus romantique des rituels consiste à assister ensemble à des manifestations culturelles. Tous deux apprécient le cinéma, mais Theresa aime aussi aller de temps à autre au théâtre ou au concert. Il a fallu des années à Grant pour comprendre l'importance pour sa compagne de ces incursions hors du domaine cinématographique. Jusque-là, il pensait qu'elle partageait forcément son goût pour le cinéma. De fait, Theresa aime aller au cinéma, mais elle apprécie aussi d'autres activités.

Leur rituel d'amour personnel se déroule de la façon suivante : Theresa mentionne des représentations auxquelles elle souhaiterait assister, puis Grant se charge de l'organisation de la soirée. Il suffit qu'elle annonce qu'on joue une nouvelle pièce pour qu'il saisisse la balle au bond et lui propose de prendre des places. « Bonne idée, s'exclamera-t-il. Que dirais-tu d'aller la voir jeudi prochain ? » Quand il gère les choses ainsi, elle se sent aimée et choyée.

Grant se souvient encore du jour où il a pris conscience de l'importance des sorties culturelles dans l'imaginaire romantique de sa femme. À l'époque, il ne lui proposait jamais de se rendre au théâtre, ni à l'opéra. Après lui avoir vainement tendu des perches, Theresa s'est elle-même occupée de prendre des places pour un concert classique.

Sur le chemin du retour, Grant a été stupéfait de l'enthousiasme de sa femme. Il savait qu'elle avait apprécié le concert, mais pas à ce point. Il n'était pas au bout de ses surprises car, l'ayant une fois de plus remercié avec effusion de l'avoir emmenée à ce concert et s'étant à nouveau extasiée sur la virtuosité de l'orchestre, Theresa a marqué une pause avant de reprendre :
– Je suis tout humide...
– Humide ? a répété Grant, interdit.
– Oui...

Cet aveu a tellement excité Grant qu'à peine la porte de leur garage refermée, ils se sont déshabillés et ont fait l'amour dans leur voiture.

Inutile de préciser que Grant s'est procuré dès le lendemain des abonnements pour la saison lyrique !

FAIRE DES COMPLIMENTS

C'est un rituel romantique classique que de complimenter une femme dès qu'elle s'habille pour sortir, porte une nouvelle robe ou a fait un quelconque effort vestimentaire. Les femmes se vexent facilement si leur partenaire ne remarque pas leur élégance.

Une fois prête, Lucille descendait l'escalier et s'arrêtait toujours à mi-étage pour permettre à Steve de l'admirer. Ignorant la signification de ce rituel féminin, au lieu de la féliciter Steve la pressait de se dépêcher. La soirée démarrait mal...

Voyant qu'il ne comprenait décidément rien à son manège, Lucille a décidé de l'aider. La fois suivante elle lui a demandé, lors de sa traditionnelle pause au milieu de l'escalier : « Comment suis-je ? » Steve, qui ne saisissait toujours pas l'importance de cette question, a répondu : « Tu es très bien. Dépêche-toi, maintenant. Nous sommes en retard. » Nouvel échec. Plus tard, quand Steve en a appris plus long sur les différences entre les sexes, il a enfin pris conscience de son erreur. Aujourd'hui, il prend le temps de regarder sa femme et de la complimenter sur sa beauté. À titre d'exemple, voici une liste de compliments bien tournés :

« Tu es si belle. »
« Tu es particulièrement ravissante, ce soir. »
« Cette robe te va à ravir. Je t'adore dedans. »
« Tu es merveilleuse. »
« Je n'aurai qu'un mot : fabuleuse. »
« Que tu es belle ! »
« Ces boucles d'oreilles sont magnifiques. »
« Cette couleur te va à ravir. »
« Tu vas provoquer des émeutes. »
« J'en ai le souffle coupé. »
« Tu es éblouissante. »
« Mmm, tu es très sexy, ce soir. »
« J'adore tes jambes. »
« Tu es radieuse. »
« Tu es plus belle que jamais, ce soir. »

N'hésitez jamais à user de superlatifs ou d'épithètes flatteuses du type « *très* belle », « *vraiment* belle » ou encore « *si* belle ».

LE POUVOIR DU TOUCHER

Les femmes apprécient qu'un homme leur prenne la main ou pose une paume caressante sur elles. Malheureusement, quoique la plupart des hommes le fassent au début d'une relation, ils ne tardent généralement pas à y mettre un terme, ce qui déçoit grandement leur partenaire. Les femmes aiment sentir que leur partenaire est soucieux d'établir un contact physique avec elles. Elles ne se sentent guère aimées si leur partenaire ne les touche que lorsqu'il veut faire l'amour.

Une femme ne se sent pas aimée si son partenaire ne la touche que lorsqu'il veut faire l'amour.

Apprenez, messieurs, que votre partenaire sera beaucoup plus réceptive à vos avances amoureuses si vous établissez souvent avec elle des contacts physiques tendres et dépourvus de connotation sexuelle. Prenez-lui la main, passez un bras autour de sa taille, caressez ses épaules et ses bras sans chercher à aller plus loin. Si vous ne la touchez que pour faire l'amour, elle se sentira vite traitée en objet et en déduira que vous n'estimez plus devoir faire d'efforts envers elle.

Si un homme ne touche sa partenaire que pour faire l'amour, elle se sentira vite traitée en objet et en déduira qu'il n'estime plus devoir faire d'efforts envers elle.

Veillez à demeurer attentif quand vous lui tenez la main. Bien souvent, les hommes laissent leurs pensées vagabonder, si bien que leur main se fait molle et indifférente. Lorsque vous sentez votre attention se relâcher, abandonnez la main de votre compagne. D'ailleurs, une femme ne souhaite pas qu'on lui tienne la main *tout* le temps, mais juste que l'on établisse un contact avec elle pendant quelques minutes.

Quand j'ai pris l'habitude de me montrer plus souvent tendre avec Bonnie, cela a apporté une véritable différence dans nos rapports. Je n'en revenais pas qu'une évolution aussi mince puisse produire un tel résultat. Ayant entendu dire que les femmes avaient besoin pour leur bon équilibre émotionnel d'être touchées de manière non sexuelle au moins vingt fois par jour, j'ai résolu de tenter l'expérience. J'ai commencé par me fixer un objectif de dix contacts physiques par jour et cela a fantastiquement marché. Bonnie était manifestement plus radieuse. Alors j'ai continué. Au début, je le faisais uniquement pour elle, parce que je voyais le bonheur que lui procurait chacune de mes attentions. Je pensais avoir fait la découverte du siècle en matière amoureuse. Puis, peu à peu, je me suis mis à apprécier moi aussi ce nouveau mode d'expression et l'intimité accrue qu'il suscite. J'ai également appris que se comporter ainsi était d'un grand secours dans les moments de tension, car cela aide à se rappeler que l'on s'aime. C'est pourquoi, aujourd'hui, je veille à toujours entourer Bonnie de gestes affectueux.

AMOUR, ROMANTISME ET ÉPANOUISSEMENT SEXUEL DURABLES

Pour être simples, les rituels romantiques que nous avons évoqués au fil de ce chapitre n'en sont pas moins puissants. Ils nous aident à retrouver l'attirance et la passion que nous n'éprouvons que lorsque nous sommes proches l'un de l'autre sur le plan émotionnel. Ils préservent toujours la possibilité pour l'homme de faire quelque chose dans le but d'attirer l'amour de sa partenaire et, pour la femme, celle de jouir de l'attention et du soutien qui lui sont nécessaires afin de rester passionnément attirée par son partenaire.

> *Ces rituels préservent toujours la possibilité pour l'homme de faire quelque chose dans le but d'attirer l'amour de sa partenaire et, pour la femme, celle de jouir de l'attention et du soutien qui lui sont nécessaires afin de rester passionnément attirée par son partenaire.*

Si vous veillez à sauvegarder ainsi la magie de l'amour et que vous mettez en pratique les approches amoureuses décrites dans les premiers chapitres de ce livre, vous serez en mesure de conserver toujours une sexualité épanouissante. Puissiez-vous chaque jour vous aimer plus et plus passionnément. Vous le méritez.

Les ateliers Mars-Vénus

Il existe des ateliers de formation qui permettent d'approfondir toutes les notions expliquées dans cet ouvrage ainsi que dans les autres ouvrages de John Gray.

Ces ateliers sont des moments privilégiés qui nous aident à mieux comprendre et intégrer tout ce qui est dit.

Ce qu'en dit John Gray : « Ces extraordinaires ateliers vous donneront l'occasion d'améliorer de manière permanente vos relations et votre vie. »

Ce que les participants en pensent :

« Cet atelier nous permet de grandir, de mieux vivre notre vie quotidienne à travers de meilleures relations. Un grand merci pour cet enseignement précieux » (Joëlle).

« Cet atelier m'a fait évoluer dans la compréhension du langage de l'autre. Moins théorique que le livre, il permet de mettre en pratique des éléments qui n'étaient que compris » (Marc).

« Très intéressant, voire passionnant de par le sujet mais aussi de par la qualité de l'animateur » (Éric).

« J'ai pris conscience que mon mari ne fonctionnait pas comme moi. Je serai donc beaucoup plus indulgente pour certaines choses que je ne comprenais pas et qui m'énervaient. J'ai appris plein de petits trucs qui vont me faciliter le quotidien » (Martine).

« J'ai beaucoup apprécié l'humour au cours de ce week-end, et notamment pour aborder les questions d'ordre sexuel » (Pascale).

Pour connaître les dates et lieux de ces ateliers qui ont lieu en France, en Belgique et en Suisse, téléphonez au numéro suivant :

Pour la Belgique et la Suisse :
ILYO SPRL
À l'attention de M. Paul Dewandre
Avenue Coghen, 278
B-1180 Bruxelles
Tél. : 00 32 475 45 76 65

Pour la France :
Paul Dewandre
340, chemin de la Bastide-des-Tourelles
13090 Aix-en-Provence
Tél. : 04 42 59 32 76
www.marsvenus.fr

Table des matières

Mars et Vénus se rencontrent

Introduction 11

PREMIÈRE PARTIE
Construire une relation étape après étape

1 – Première étape : l'attirance 21
2 – Deuxième étape : le questionnement 49
3 – Troisième étape : l'exclusivité 67
4 – Quatrième étape : la proximité 83
5 – Cinquième étape : l'engagement 99
6 – Le rythme différent des hommes et des femmes 113

DEUXIÈME PARTIE
Ce qui attire les hommes et les femmes

1 – Les hommes courtisent et les femmes flirtent 137
2 – Les hommes paradent et les femmes se livrent 145
3 – Les hommes aiment les femmes souriantes. 159
4 – Les femmes aiment les hommes décidés ... 173

TROISIÈME PARTIE
Trouver l'âme sœur

1 – De l'art de bien se préparer 187
2 – Pourquoi certaines femmes restent célibataires 193
3 – Où trouver votre âme sœur ? 203
4 – Idées pour rencontrer l'âme sœur 221

Conclusion 235

Mars et Vénus sous la couette

Introduction 241
Rappel important 251

1. De bonnes approches amoureuses pour une sexualité épanouie............................ 253
2. Sexe et passion................................. 265
3. Comment rendre une femme folle de plaisir. 279
4. Avoir confiance en soi et en ses capacités sexuelles... 291
5. Les femmes sont comme la Lune, les hommes sont comme le Soleil............... 313
6. Les joies de la « formule express » 325
7. Pourquoi les couples font moins l'amour.... 345
8. Comment ranimer la flamme de la passion. 367
9. Le sexe par phases............................ 379
10. Sexe programmé et sexe spontané 397
11. La monogamie passionnée 409
12. Anatomie sexuelle et rapports sexuels buccaux.. 419
13. Préserver la magie de l'amour 433

Les ateliers Mars-Vénus 465

Achevé d'imprimer par GGP Media GmbH, Pößneck
en mars 2007
pour le compte de France Loisirs,
Paris

N° d'éditeur : 48182
Dépôt légal : avril 2007

Imprimé en Allemagne